聖典セミナー

# 選択本願念仏集

浅井成海

法然上人鏡御影（金戒光明寺所蔵）

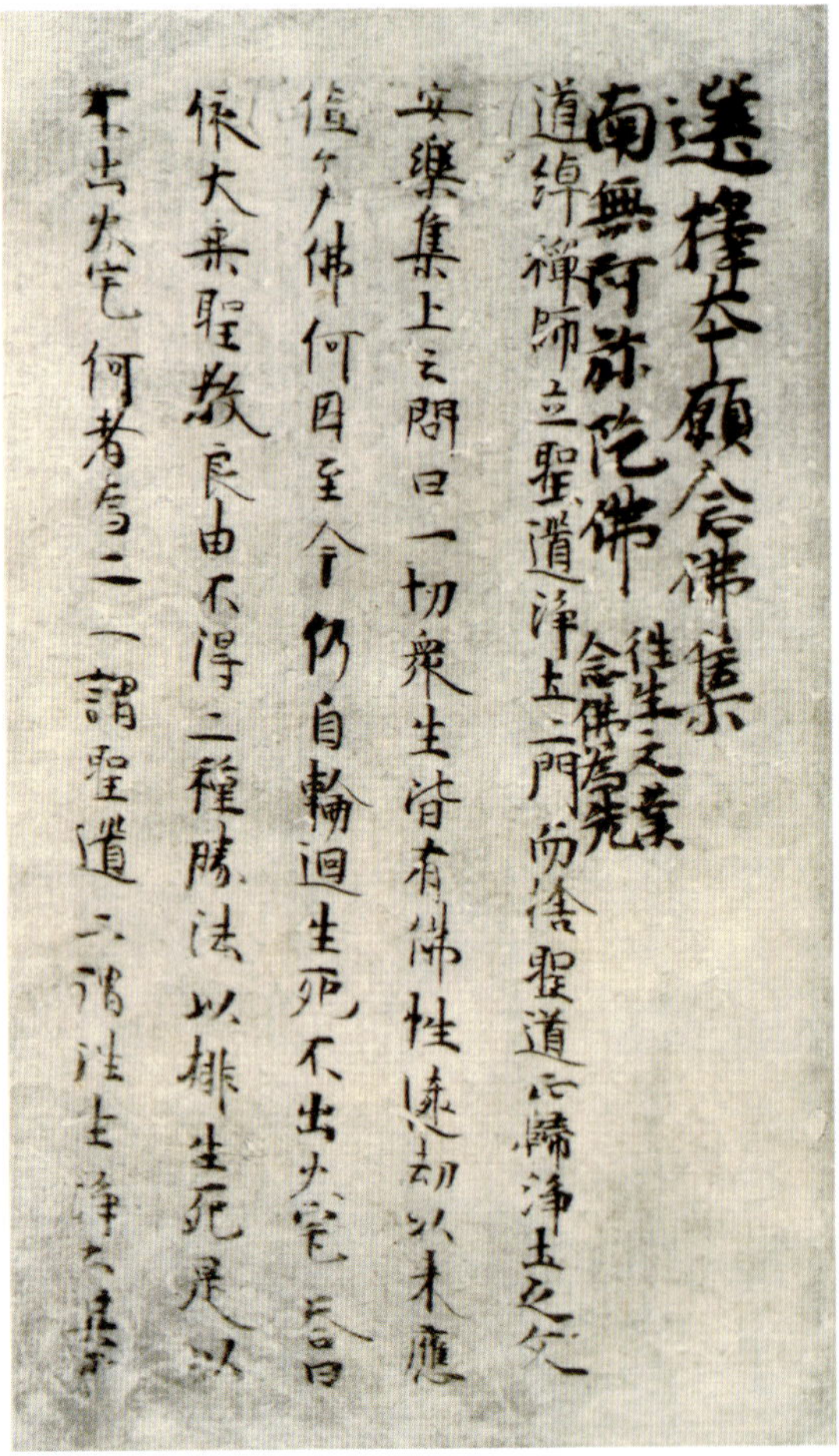

選擇本願念佛集
南無阿弥陀佛　往生之業念佛為先
道綽禪師立聖道淨土二門而捨聖道正歸淨土之文
安樂集上云問曰一切衆生皆有佛性遠劫以来應
値多佛何因至今仍自輪廻生死不出火宅答曰
依大乘聖教良由不得二種勝法以排生死是以
不出火宅何者為二一謂聖道二謂往生淨土

『選択本願念仏集』（京都市廬山寺蔵）冒頭部分

内題（選択本願念仏集）と標挙の文（南無阿弥陀仏　往生之業念仏為先）は法然聖人の直筆

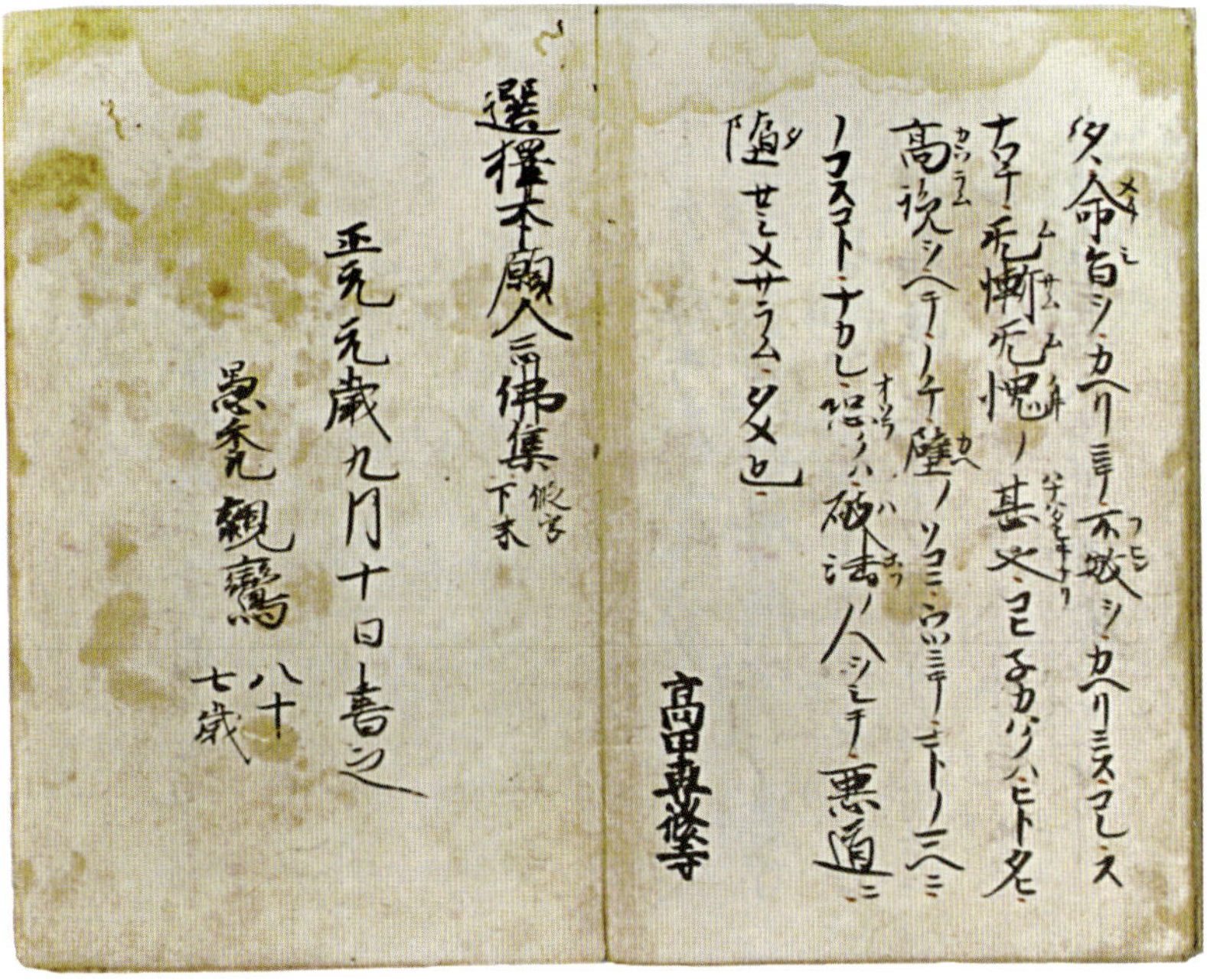


顕智上人書写『選択本願念仏集(延書本)』(高田専修寺蔵)末尾部分

奥書から親鸞聖人は八十七歳のとき『選択集』を書写されていることが知られる

# 目次

聖典セミナー「選択本願念仏集」

はじめに

前　序　『選択本願念仏集』の成立



第一章　二門章のこころ

## 第二章　二行章のこころ



## 第三章　本願章のこころ

## 第四章　三輩章のこころ

第九章　四修章のこころ

## 第十章　化讃章のこころ



## 第十一章　讃歎念仏章のこころ

## 第十二章　念仏付属章のこころ



## 第十三章　多善根章のこころ

第十四章　証誠章のこころ



第十五章　護念章のこころ



第十六章　慇懃付属章のこころ

## 第十七章　三選の文・後述のこころ

# 凡　例

一、本書は『選択本願念仏集』を体系的に学習することを目的として編集した。

二、本論のはじめに前序として『選択本願念仏集』の成り立ちについて解説を付した。

三、本論各章は【本文】【意訳】【講読】に区分した。

四、【本文】は『浄土真宗聖典　七祖篇（註釈版）』を底本として作成した。また適宜（中略）を用い省略した。

五、振り仮名は【本文】については原典に順じ、【意訳】【講読】については原則初出のみ付した。また引用文中の振り仮名については適宜必要に応じて付した。

六、本文中の聖教の略称は次の通り。ただし【本文】および引用文中の表記については原典のまま掲載している。

『選択本願念仏集』→『選択集』
『仏説無量寿経』――→『大経』
『仏説観無量寿経』→『観経』
『仏説阿弥陀経』――→『小経』
『浄土真宗聖典（註釈版）』→『註釈版聖典』
『浄土真宗聖典　七祖篇（註釈版）』→『註釈版聖典（七祖篇）』

# はじめに

本書は、龍谷大学名誉教授の浅井成海先生が『季刊せいてん』に連載されていた『選択本願念仏集』（選択集）の講義が、一冊にまとめられたものです。

浅井先生のご研究は多岐に亘りますが、とくに法然聖人とその門弟の教学を中心として、法然聖人から親鸞聖人への教学の継承と展開を明らかにされ、多くの業績をあげられました。このたび、先生の『選択集』の講義が「聖典セミナー」シリーズの一冊として書籍化されたことは、その学問成果の一端に浴するまたとない機会であり、後進にとってありがたい指南の書となると喜んでいます。

なお、浅井先生の講義は、平成十六年六月一日（『季刊せいてん』67号）から平成二十二年六月一日（『同』91号）まで二十五回にわたって連載されました。しかしながら、先生は、第十三章の「多善根章」（本書314頁）の講義を終えられたところで、往生の素懐を遂げられました。その後、編集の担当者から、門下生の私に連載継続のお話をいただき、先生の意を承けることなど到底かなわぬ身であると知りながら、第十四章の「証誠章」（本書326頁）以降を書き継がせていただきました。そうした経緯で、いまこの「はじめに」を書いています。

さて、法然聖人の門弟の一人、源智の作といわれる『選択要決』によれば、法然聖人ご往生の後、その主著『選択集』に対して門弟たちの間で様々な見解の相違があったようです。例えば、『選択集』は浅機のために説かれたものであり、深義は示されていないという見方や、その教えは未熟であり、当世の教学のほうが円熟しているといった主張です。しかしながら、親鸞聖人の受けとめ方は、これらの見解とは一線を画するものでした。『教行信証』の後序には、

真宗《しんしゅう》の簡要《かんよう》、念仏《ねんぶつ》の奥義《おうぎ》、これに摂在《しょうざい》せり。見《み》るもの諭《さと》り易《やす》し。まことにこれ希有最勝《けうさいしょう》の華文《かもん》、無上甚深《むじょうじんしん》の宝典《ほうでん》なり。

（『註釈版聖典』四七三頁）

とあり、『選択集』に対して最大限の讃辞が記されています。そこには、『選択集』に信心の意が十分に説き示されていない、悪人正機の意が表されていないなどという批判は微塵も感じられません。むしろ、『選択集』の「ただ念仏申す」という教えのなかに、親鸞聖人ご自身が出遇われた法義のすべてがこもっているという表明です。ですから、恩師法然聖人の教えは、親鸞聖人にとって決して古いものでも未熟なものでもなく、艱難辛苦の人生の歩みを通して、いよいよその意を問い、そこに帰っていくべき根源的なものであったということができるでしょう。私たちも『選択集』を学ぶにあたっては、こうした親鸞聖人の受けとめ方に改めて思いを致したいものです。

最後になりましたが、このたびの出版にあたり、本願寺出版社をはじめ、浄土真宗総合研究所の方々のご協力を賜りましたこと、心より御礼申しあげます。

平成二十八年十二月

高田文英

聖典セミナー「選択本願念仏集」

# 前序　『選択本願念仏集』の成立

## 法然聖人の生涯

『選択本願念仏集《せんじゃくほんがんねんぶつしゅう》』（選択集《せんじゃくしゅう》）は、法然聖人《ほうねんしょうにん》（一一三三―一二一二）の主著であり、ここにみ教えのすべてが集成されていると表しても過言ではないといえましょう。『歎異抄《たんにしょう》』第二条に、親《しん》鸞聖人《らんしょうにん》は、「ただ念仏《ねんぶつ》して、弥陀《みだ》にたすけられまゐらすべし」（『註釈版聖典』八三二頁）と「よき人」法然聖人のおおせを、唯円房《ゆいえんぼう》に語っておられます。この「ただ念仏申す」のすべてが、『選択集』の中に語りつくされているのです。

法然聖人は、美作国《みまさかのくに》（岡山県）久米《くめ》南条稲岡庄《なんじょういなおかしょう》に誕生されました。父は漆間時国《うるまのときくに》という地方豪族でありました。従って法然聖人は、平安時代の末頃、武士の子としてお生れになったのです。九歳の時（幼名勢至丸《せいしまる》）、明石定明《あかしさだあき》の夜襲にあい、父は亡くなります。その時、父は幼い法然聖人に「怨《うら》みに対して怨みでこたえるのではなく、共に救われていく道を見出してほしい」と遺言したと伝えられています。やがて十三歳（あるいは十五歳）の時、比叡山《ひえいざん》にのぼり、源光《げんこう》師の弟子となり、さらに皇円《こうえん》師に学び、十八歳の時、黒谷《くろだに》に住む叡空《えいくう》師について学びます。黒谷の地は、比叡山の中でも、いろいろな行を修めながら称名念仏《しょうみょうねんぶつ》を大切にする修行の地であり、このことは、法然聖人に大きな影響を与えました。お若い時の学びや修行は、法然聖人にとって、その生涯を通して重い意味を持つことになります。法然房源空《ほうねんぼうげんくう》という名前は、若い時に学ばれた源光・叡空の先師を依《よ》りどころにしていることが知られます。

比叡山の仏教は、あらゆる行を修めながら、さとりを開くというみ教えですから、法然聖人も称名念仏を申しつつ清らかな心身に到達していこうと厳しい修行をされました。二十四歳の時、比叡山を下りて、京都・嵯峨《さが》の清凉寺《せいりょうじ》にも籠《こも》られ、さらに奈良へも行かれて道を求められました。

比叡山では、すでに「南無阿弥陀仏《なもあみだぶつ》」と称名念仏を申し、浄土に往生することを願う道も説かれていましたが、それはあくまでも主流ではなく、さまざまの行を修め、身心を清め、この世で仏に成っていくことが主流の教えでした。あれもこれも修めながら、この世でさとりを開く、そして命終すれば浄土に往生するという浄土教が説かれていました。しかし、修行しても、修行しても、自己中心の欲望を砕いていくことが出来ない。この世でさとりをひらくことができない。どのような行によっても、さとりをひらくことができないこの身に苦しみ続けていかれました。

そして四十三歳の時、黒谷の経蔵《きょうぞう》において、中国浄土教の善導大師《ぜんどうだいし》の『観経疏《かんぎょうしょ》』の文にであわれて、専修称名一行《せんじゅしょうみょういちぎょう》の道に帰依《きえ》されました。有名な「一心《しん》にもつぱら弥陀《みだ》の名号《みょうごう》を念《ねん》じて、行《ぎょう》住坐臥《じゅうざが》に時節《じせつ》の久近《くごん》を問《と》はず念々《ねんねん》に捨《す》てざるは、これを正定《しょうじょう》の業《ごう》と名《な》づく、かの仏《ぶつ》の願《がん》に順《じゅん》ずるがゆゑなり（一心《いっしん》にひたすら阿弥陀仏《あみだぶつ》の名《みな》を称《とな》え、行くもとどまるも、坐《ざ》しても臥《ふ》していても、時間の長短にかかわらず、つねに称名念仏申すことが、往生の正定業《しょうじょうごう》です。何故《なぜ》ならそれは本願《ほんがん》の誓いに従った行であるからです）」（『註釈版聖典（七祖篇）』四六三頁）の文です。

こうして、本願のお誓いは、称名念仏一行を専修することを、往生の行業《ぎょうごう》としているとのお勧めとみられました。それ以後は、比叡山を下りて東山《ひがしやま》の吉水《よしみず》の草庵《そうあん》でこのみ教えを説かれました。偏《ひとえ》に善導一師《ぜんどういっし》に依って、あれもこれも修行する道から、念仏一すじを歩み続けられることになりました。人びとにこの念仏の道を勧められ、また理論的にも何ゆえに専修称名が往生浄土の行業であるかをまとめていかれます。五十八歳の時に奈良の東大寺《とうだいじ》で「浄土三部経《じょうどさんぶきょう》」について講説されますが、それは『選択集』に説かれる理論の前段階とみられ、やがて六十六歳の時に『選択集』を著されることになるのです。後に述べますが、ここで「浄土宗《じょうどしゅう》」の独立を明示し、先師《せんし》よりの継承も明らかにされています。

すべての人が、称名念仏一行の専修で救われると説くことは、大きな波紋となって、多くの人びとが吉水の草庵に集まりました。同時に伝統の仏教の人びとからは厳しい批判をうけることになりました。法然聖人のみ教えに帰依する人びとの中にも、その真意を誤解して、極端な主張をする人もあらわれました。すべての人が救われるのであるからどのような悪い行いをしてもよいと悪を勧める人や、他宗を誹謗《ひぼう》する人も現れました。ただ念仏で救われるのですから、他宗派では、救われないのですと説く人もあらわれました。

そこで法然聖人が七十二歳の時に、聖人をはじめ門弟が署名し、言行を慎《つつし》むことを誓った「七箇条《しちかじょう》起請文《きしょうもん》」を比叡山に提出しました。この頃には、親鸞聖人も法然聖人に入門されており、この起請文に「綽空《しゃくくう》」の名で署名されています。翌年、奈良の興福寺《こうぶくじ》より、「九カ条」にわたって法然教義の過失を指摘した「興福寺奏状《そうじょう》」が提出されました。法然聖人のみ教えに心より帰依していた政界の実力者、九条兼実《くじょうかねざね》らの努力も空《むな》しく、その他の事情も重なって、「念仏停止令《ちょうじれい》」が出され、吉水の教団は解散となり、法然聖人は、四国に流罪《るざい》になりました。七十五歳の時です。この時、親鸞聖人も越後《えちご》（新潟県）に流罪になりました。

いよいよ四国に出発される時も、法然聖人がお念仏申しておられるのでお弟子の信空房《しんくうぼう》が心配して、「お念仏を申すことは停止となっているのでおやめ下さい」と申しあげたところ、法然聖人は、「たとえ首をきられるような事になってもこの念仏はやめない」とおっしゃった事が伝えられています。聖人はあらゆる人びとをつつんでいくような温かくおだやかなお人柄ですが、この言葉からお念仏申すことへの強い決意が知らされます。

翌年、箕面《みのお》（大阪府）の勝尾寺《かつおじ》までお帰りになっておられますが、入洛はみとめられず、七十九歳の十二月に許されて京都に帰られ、翌年、一月二十五日に示寂《じじゃく》されました。そのご生涯は、ひたすら選択本願《せんじゃくほんがん》の念仏を明らかにするためであったといえます。

## 『選択集』撰述の由来とその主題

法然聖人が、比叡山での厳しい修行の中で悩み続けられたことは、どのような修行を積んでもさとりの境地に到達することが出来ないということでした。その伝記には「かなしきかな、〳〵。いかゞせん、〳〵。こゝに我等《われら》ごときはすでに戒定慧《かいじょうえ》の三学《さんがく》の器《うつわ》にあらず」（岩波文庫『法然聖人絵伝上』所収『法然聖人行状絵図』巻六、五六頁）と悲泣《ひきゅう》されています。「智慧第一《ちえだいいち》の法然房」と讃《たた》えられていた法然聖人が、ご自分のありようを悲しまれ、戒《かい》（生活を厳しく律していく）、定《じょう》（心を清らかに持《たも》って、乱れない）、慧《え》（自己中心の欲望が砕かれ、事実を見きわめる）の器量を持っていないと告白されるのです。自分をごまかしなく、見きわめられ、しかも厳しい行を実践され、いずれもその行によってさとりを得ることができない悩みを告白しておられます。四十三歳で比叡山を下りられた後、直接、伝道生活に入っていかれますが、六十六歳（建久九年・一一九八）の時、九条兼実の請いによって、「ただ念仏」の教えをこの書にまとめられたと伝えられております。

なお成立年時については、諸説があります。なかでも覚如上人《かくにょしょうにん》の『拾遺古徳伝《しゅういことくでん》』では、七十三歳（元久元年・一二〇四）成立説を説いています。いまその詳細を述べることはできませんが、法然聖人の門弟によって著された『選択集』の解釈書の多くが六十六歳の成立とし、なかでも同じ時代に浄土宗外の立場から、浄土教の概論書といわれる『浄土源流章《じょうどげんるしょう》』を著した華厳宗《けごんしゅう》の凝然《ぎょうねん》も六十六歳成立説を採っていますから、六十六歳成立と考えるのが、最も妥当でしょう。

『選択集』の全体は、十六章から構成されており、三つの主題が述べられているとみることが出来ます。第一は、選択本願の念仏について明らかにしていること。第二は、念仏以外の行が、選《せん》択《じゃく》されなかったのはなぜであるかということ。第三は、選択本願念仏を修める人は、どのような利《り》益《やく》が与えられているかという問題です。

これら三つの主題の中でも、第一の選択本願の念仏について明らかにすることが最も重要な主題となります。

次に注意すべきは、『選択集』十六章の中でも、はじめの三章が最も重要であることです。それは二門章《にもんしょう》、二行章《にぎょうしょう》、本願章《ほんがんしょう》の三章です。

第一の二門章では、仏教に聖道門《しょうどうもん》と浄土門《じょうどもん》があることを明示し、末法《まっぽう》の世においては、浄土門に帰すべきことを述べます。さらに浄土門の正しく依りどころとする経論は、三経一論《さんぎょういちろん》であることを明らかにします。それは『大経』、『観経』、『小経』の「浄土三部経」と天親菩薩《てんじんぼさつ》の『浄土論《じょうどろん》』です。またこの章で浄土宗に依るべきことを示し、浄土の教法がどのような先師によって継承され、法然聖人へ至ったかを述べるにあたり、曇鸞大師《どんらんだいし》、道綽禅師《どうしゃくぜんじ》、善導大師という相承《そうじょう》の師を挙げます。

次に二行章においては、称名念仏以外のさとりへの行業は雑行《ぞうぎょう》であることを述べ、これを捨てて、阿弥陀仏《あみだぶつ》の本願を依りどころとする称名念仏こそが、浄土往生の正定業であることを説きます。

第三、本願章では二行章で明らかになった称名念仏は、阿弥陀仏により選ばれた行であり、その称名念仏行が何ゆえ選ばれたかを示し、称《とな》える数にとらわれない他力《たりき》の行であることを述べます。この第三章において『選択集』の中心の主張が掘りさげられています。

また前述してきた、二門章、二行章、本願章の展開は、『選択集』の結びの文（結勧《けっかん》の文）として述べられる、三選《さんせん》の文（『註釈版聖典（七祖篇）』一二八五頁）と相応しています。このように『選択集』に説かれる最初の論理は、また結論の所で、もう一度明確に述べられるのです。

そのほかの章にも、注目すべきいろいろな課題があります。例えば第八、三心章《さんしんしょう》には信心《しんじん》の問題について、法然聖人は、選択本願の念仏と信心は、どのような関係にあるとみておられたのか、また、法然聖人の説かれる信心の内容はどのようにお教え下さっているのかなどが述べられています。このようにいろいろな課題がありますので、順次拝読していきたいと思います。

各章とも、標章《ひょうしょう》の文、引文《いんもん》、私釈《ししゃく》の順で述べられています。標章の文では、その章で述べようとしている結論を短い文章であらわします。次に引文では、標章の文を証明するために、経典や、先師の解釈の文が引用されています。これらを結んで、私釈が置かれ、「わたくしにいはく」として法然聖人の主張が示されます。その主張も理路整然と述べられて実にわかりやすく明快です。これは『選択集』を拝読して、誰もが感ずることでしょう。

## 『選択集』と標宗の文

【本　文】

選択本願念仏集《せんじゃくほんがんねんぶつしゅう》

南無阿弥陀仏《なもあみだぶつ》　往生《おうじょう》の業《ごう》には、念仏《ねんぶつ》を先《さき》となす。

（『註釈版聖典（七祖篇）』一一八三頁）

【意　訳】

選択本願念仏集

選択本願の南無阿弥陀仏の念仏は、浄土往生の行業であり、口称《くしょう》の念仏を最勝《さいしょう》とします。

**【講　読】**

はじめに『選択本願念仏集』という題号《だいごう》のこころについて述べておきたいと思います。

選択本願と述べられたことは、法然聖人独自の主張です。すでに善導大師が、四十八願の中、十八願に注目されていますが、法然聖人は「四十八願《がん》のなかに、すでに念仏往生《ねんぶつおうじょう》の願《がん》（第十八願）をもつて本願《ほんがん》中《ちゅう》の王《おう》となす」（『註釈版聖典（七祖篇）一二一八頁）と、十八願を王本願《おうほんがん》と表されます。四十八願の中、他の四十七願は、十八願の救いを表すための願とみておられます。

平安時代、十九願は、菩提心《ぼだいしん》を発《おこ》し、諸行《しょぎょう》を修する者に臨終来迎《りんじゅうらいこう》があり、浄土往生を誓われた願とみられていましたが、法然聖人は、十九願ではなく十八願の念仏者に臨終来迎ありとみられ、十九願は王本願の往生者の利益を表す願とみておられます。

ところで法然聖人は、王本願と表す十八願の内容を、「ただ念仏」を誓われた願とみていかれます。詳しくはこれから述べる本願章で明らかにいたしますが、十八願には、

たとひわれ仏《ぶつ》を得《え》たらんに、十方《じっぽう》の衆生《しゅじょう》、至心信楽《ししんしんぎょう》してわが国《くに》に生《しょう》ぜんと欲《おも》ひて、乃至十念《ないしじゅうねん》せん。もし生《しょう》ぜずは、正覚《しょうがく》を取《と》らじ。ただ五逆《ごぎゃく》と誹謗正法《ひほうしょうぼう》とをば除《のぞ》く。（『註釈版聖典』一八頁）

と誓われています。この誓いの中、特に「乃至十念」に注目し、これは「乃至十声《ないしじっしょう》」であり、称える数にとらわれない「称名念仏のすすめ」とみていかれます。しかも「選択本願」の念仏ですから、その念仏は、他の諸行を選び捨て（選捨《せんしゃ》）、念仏一行を選び取られた（選取《せんしゅ》）、あれかこれかを選ぶ厳しい誓いの内容になっています。法蔵菩薩《ほうぞうぼさつ》があらゆる人びとを救いたいとの誓いを発願《ほつがん》され、数にとらわれなく、他力の念仏を行ずることをお勧めくださいますが、他の一切の行は、如来のお誓いにより選び捨てられているのです。帰するところ十八願の「ただ念仏」のお勧めであることが知られます。

「集」とは、念仏に関わる経、釈の文を聚《あつ》めるという意で、特に「浄土三部経」、善導大師の解釈の文などがその中心になっています。

さて題号を表した後、「南無阿弥陀仏　往生之業　念仏為先」と標宗《ひょうしゅう》の文があります。浄土宗系に伝承される「廬山寺本《ろざんじぼん》」や「往生院本《おうじょういんぼん》」には「念仏為先」（念仏を先となす）となっていますが、親鸞聖人が『教行信証《きょうぎょうしんしょう》』の「行巻《ぎょうかん》」（『註釈版聖典』一八五頁）「化巻《けかん》」（『同』四七二頁）に引かれた文は、「念仏為本《ねんぶついほん》」（念仏を本となす）となっています。先師の研究によれば、九条兼実の請いによって著された一本と、門弟に写本を許された一本があったとみることができます。

なお「南無阿弥陀仏」は、曇鸞大師の『讃阿弥陀仏偈《さんあみだぶつげ》』（『註釈版聖典（七祖篇）』一六一頁）冒頭の表現を依りどころとしています。「往生之業　念仏為先（本）」は『往生要集』（『同』一〇三〇頁）を依りどころとしています。それぞれの別の聖教《しょうぎょう》を依りどころとしますが、この「十四文字」は、『選択集』全体の内容を表します。すでにみた、選択本願の誓いはただ称名念仏の専修にあり、この念仏こそが、往生浄土の根本業《こんぽんごう》であり、南無阿弥陀仏であると示されます。さまざまな解釈が成り立つと思いますが、中心の本願章の意よりうかがえば、称名一行の専修こそが正定業であり、その称名はまた南無阿弥陀仏の名号のはたらく相であることを示されたのです。この標宗の文が『選択集』全体の意をあらわし、『選択集』全体のこころは、標宗の文におさまるとみることができます。

# 第一章　二門章のこころ

## 本文と意訳（一）

### 【本　文】

【一】　道綽禅師《どうしゃくぜんじ》、聖道《しょうどう》・浄土《じょうど》の二門《もん》を立《た》てて、聖道《しょうどう》を捨《す》ててまさしく浄土《じょうど》に帰《き》する文《もん》。

『安楽集《あんらくしゅう》』の上《じょう》にいはく、「問《と》ひていはく、一切《さい》衆生《しゅじょう》はみな仏性《ぶっしょう》あり。遠劫《おんごう》よりこのかた多《た》仏《ぶつ》に値《あ》ひたてまつるべし。なにによりてか、いまに至《いた》るまでなほみづから生死《しょうじ》に輪廻《りんね》して火宅《かたく》を出《い》でざるや。答《こた》へていはく、大乗《だいじょう》の聖教《しょうぎょう》によらば、まことに二種《しゅ》の勝法《しょうぼう》を得《え》てもつて生死《しょうじ》を排《はら》はざるによる。ここをもつて火宅《かたく》を出《い》でず。何者《なにもの》をか二となす。一にはいはく聖道《しょうどう》、二にはいはく往生浄土《おうじょうじょうど》なり。それ聖道《しょうどう》の一種《しゅ》は、今《いま》の時証《ときしょう》しがたし。一には大聖《だいしょう》（釈尊）を去《さ》れること遙遠《ようおん》なるによる。二には理《り》は深《ふか》く解《さとり》は微《み》なるによる。このゆゑに『大集月蔵経《だいじゅうがつぞうきょう》』にのたまはく、〈わが末法《まっぽう》の時《とき》のうちの億々《おくおく》の衆生《しゅじょう》、行《ぎょう》を起《おこ》し道《どう》を修《しゅ》せんに、いまだ一人《にん》としてて得《う》るものあらじ〉と。当今《とうこん》は末法《まっぽう》、これ五濁悪世《じょくあくせ》なり。ただ浄土《じょうど》の一門《もん》のみありて通入《つうにゅう》すべき路《みち》なり。このゆゑに『大経《だいきょう》』にのたまはく、〈もし衆生《しゅじょう》ありてたとひ一生悪《しょうあく》を造《つく》れども、命終《みょうじゅう》の時《とき》に臨《のぞ》みて、十念相続《ねんそうぞく》してわが名字《みょうじ》を称《しょう》せんに、もし生《しょう》ぜずといはば、正覚《しょうがく》を取《と》らじ〉と。また一切衆生《さいしゅじょう》はすべてみづから量《はか》らず。もし大乗《だいじょう》によらば、真如実相第《しんにょじっそうだい》一義空《ぎくう》、かつていまだ心《しん》を措《お》かず。もし小乗《しょうじょう》を論《ろん》ぜば、見諦修道《けんたいしゅどう》に修入《しゅにゅう》し、乃至《ないし》、那含《なごん》・羅漢《らかん》、五下《げ》を断《だん》じ五上《じょう》を除《のぞ》くこと、道俗《どうぞく》を問《と》ふことなく、いまだその分《ぶん》あらず。たとひ人天《にんでん》の果報《かほう》あれども、みな五戒《かい》・十善《ぜん》のためによくこの報《ほう》を招《まね》く。しかるを持得《じとく》するものは、はなはだ希《まれ》なり。もし起悪造罪《きあくぞうざい》を論《ろん》ぜば、なんぞ暴《あら》き風《かぜ》駛《と》き雨《あめ》に異《こと》ならん。ここをもつて諸仏《しょぶつ》の大慈《だいじ》、勧《すす》めて浄《じょう》土《ど》に帰《き》せしめたまふ。たとひ一形悪《ぎょうあく》を造《つく》れども、ただよく意《こころ》を繋《か》けて専精《せんしょう》につねによく念仏《ねんぶつ》せば、一切《さい》の諸障自然《しょしょうじねん》に消除《しょうじょ》して、さだめて往生《おうじょう》することを得《う》。なんぞ思量《しりょう》せずしてすべて去《ゆ》く心《しん》なきや」と。

（『註釈版聖典（七祖篇）』一一八三～一一八四頁）

## 【意訳】

道綽禅師が聖道と浄土の二門を立て、聖道門を捨てて、まさしく浄土門に帰することを示された文。

『安楽集《あんらくしゅう》』の上巻にいわれてある。問うていう。すべての衆生《しゅじょう》にはみな仏性《ぶっしょう》（仏になる可能性）がある。そして、無限の過去の時から多くの仏に遇《あ》っているはずである。それなのになぜ今日まで、なお生死《しょうじ》の世界をめぐり、この変化きわまりなき無常《むじょう》の世界（火宅《かたく》）を出られないのか。答えていう。大乗の教えによれば、まことに、二種のすぐれた教法《きょうぼう》によって生死界を出離《しゅつり》しないからである。このような理由で迷いの世界を出離することができないのである。その二種とは、一つには聖道門であり、二つには往生浄土門である。その一つ聖道門では、今の時代にさとりを開くことはむつかしい。その理由は、一つには釈尊《しゃくそん》の在世中の時代から遙《はる》かに時間を経ているからであり、二つには、教理は深いのに、人びとの理解力は劣っているからである。これを証明するのが『大集月蔵経』（これは『大方等大集経《だいほうどうだいじっきょう》』に収められている「月《がつ》蔵分《ぞうぶん》」のこと）であり、次のように説いている。「わが末法の時代を生きる多くの人びとが、どれほど行を起し、道を修めても、いまだ一人としてさとりを得るものが無い」今は末法の世である。この五濁悪世《ごじょくあくせ》では、ただ浄土の教法だけがわれらがさとりに至ることのできる道である。この理由により『大経』には、法蔵菩薩の願いとして、「もし衆生があって、一生涯悪を造っても、臨終に臨んで、十念相続称名する者は、浄土に往生する。そうでなければさとりを開かない」と誓われている。またすべての衆生は、自分の力量をはかることができない。もし、大乗の法に依って考えるならば、衆生は真如実相第一義空《しんにょじっそうだいいちぎくう》のような深い真理に思いをよせたことがない。もし小乗の法に依って論じるならば、見道《けんどう》（見諦《けんたい》）・修道《しゅどう》と修行をすすめ、ついに阿那含果《あなごんか》・阿羅漢果《あらかんか》といった、すぐれた位を得た者であっても、欲界《よくかい》・色界《しきかい》・無色界《むしきかい》の迷いの三界《さんがい》のうち、欲界に衆生をつなぎ止める五下《ごげ》の煩悩《ぼんのう》（貪欲《とんよく》・瞋恚《しんに》・身見《しんけん》・戒取《かいしゅ》・疑《ぎ》）を断ち、さらに欲界・無色界に衆生をつなぎ止める五上《ごじょう》の煩悩（無明《むみょう》・憍慢《きょうまん》・掉挙《じょうこ》・色染《しきぜん》・無色染《むしきぜん》）を除くことは、僧侶・俗人にかかわらず不可能である。たとえ人間や天上界に生れたとしても、それは五戒《ごかい》や十善《じゅうぜん》をよく修めたからその果報《かほう》を得たのである。けれどもその十善をよく持《たも》ち得る者は、はなはだ希《まれ》である。もし悪を行い罪を造ることをいえば、それは暴風やにわかに降る大雨のごときと同じである。このようなわけで、諸仏は大慈悲心をもって人びとに勧めて浄土に帰することを説かれる。たとい一生のあいだ悪を造っても、ただよく専《もっぱ》ら想いをかけて、つねによく念仏すれば、すべての障《さわ》りが自然に除かれ必ず往生することを得る。どうしてこのことを思い量《はか》り、浄土往生を願わないのであろうか。

【講　読】

## 聖道門と浄土門の分立

『選択集』は、大変、論旨が明快です。各章とも標章の文とそれを証明する経論《きょうろん》が引かれ、法然聖人の私釈があります。もちろん、私釈では法然聖人の主張がはっきりと示されるのですが、その主張をより明確にするのが、標章の文です。

二門章では、道綽禅師の『安楽集』によって、聖道門、浄土門の二門があることを示し、聖道門を捨て浄土門に帰すべきことを明らかにします。法然聖人は、道綽禅師の『安楽集』に浄土門に帰すべき意があると説かれますが、これはまた、法然聖人の明確な主張とみることができます。なぜなら、「聖道門を捨て」と表現するところに、伝統の仏教では人びとの真の救いとはなりえないという法然聖人の強い主張をみることができるからです。

仏教には長い伝承の中で、全仏教の中において自らの教えの依りどころを明示する「教判《きょうはん》（教相判釈《きょうそうはんじゃく》）」があります。釈尊《しゃくそん》の教えは、一般に「八万四千《はちまんしせん》の法門《ほうもん》」といわれるように、長年にわたる広範囲な地域への展開の中で、多様な経論釈が成立し、複雑な教義理解が生れました。仏教の教判論は、この多様で複雑な教義理解を、体系化し、自らの依って立つ教えの位置を明らかにするものです。その場合に、仏教全体をどのように見ているのか、そして、その中で、自らの依りどころとする教法は、どのような内容で、なぜその教えに依るのかを明らかにすることは、同時に人びとにもその教法を勧めることになります。そこにその教えが承《う》け伝えられる契機があるのです。

すでに往生浄土の教法を説く浄土門において、龍樹菩薩《りゅうじゅぼさつ》が『十住毘婆沙論《じゅうじゅうびばしゃろん》』「易行品《いぎょうぼん》」（『註釈版聖典（七祖篇）五頁』の中で、難行道《なんぎょうどう》と易行道《いぎょうどう》の二道があり、易行道に依るべきことを説かれ、曇鸞大師は、『往生論註《おうじょうろんちゅう》』（『同』一五七頁）の中で、自力と他力があることを説き、他力とは阿弥陀如来の本願力《ほんがんりき》であり、これを最も依りどころとすべきことが述べられます。これらの先師を承けて、道綽禅師は『安楽集』第一大門、教興所由《きょうこうしょゆ》（『同』一八二頁）において、浄土の教えは時代と人びとの能力に最もふさわしいことを説き、浄土の教法に帰すべきことを示します。そして、五濁の世において、すでに釈尊が亡くなられ、時を経ていよいよ浄土の教法に帰すべきことを明らかにするのです。その基本主張が、後の『安楽集』（『同』二四一頁参照）第三大門、聖浄二門《しょうじょうにもん》になります。こうした先師の教判を承けて、法然聖人の教判は成り立っているのです。

## 『安楽集』引文の全体像

標章の文に続いてあるのは、『安楽集』の第三大門の中、第三輪廻無窮《だいさんりんねむぐう》について述べる中からの引文です。すなわち、無限の過去から、善業悪業《ぜんごうあくごう》の果報をうけ、迷いの世界を果てしなくめぐりつづけ、生れ変り死に変り迷いつづける生命について述べられる部分です。その第五節に聖道門・浄土門の分立と、末法の時代では浄土門のみが通入すべき教法であることが示されます。

この引文は、大きく三つに分けて論じられています。第一の部分は私たちが浄土門に帰さなければならない理由とその証明、第二の部分では末法の時代に生きる衆生の姿が示され、第三の部分では、諸仏の大慈悲心にしたがって念仏すべきことが強調されます。

## 二由一証について

第一の部分は、一切の衆生には仏性があり、遠く久しい過去より多くの仏に遇っているのに、現在も迷いの世界を流転《るてん》し、無常の世界（火宅）にいるのはなぜであろうかという質問に始まっています。

その答えは、大乗の聖教に依れば、生死を出離するには、聖道と往生浄土の二種があることを述べ、聖道の教法は、証《さと》ることが難しく、浄土の教法に帰入すべきと結論づけて、二つの理由をあげ、これを証明するために『大集月蔵経』をあげます。これを二由一証《にゆいっしょう》と呼んでいます。

聖道の教法では生死を出離することができない二つの理由とは、第一に釈尊在世中の時代より遠く隔《へだ》たっているからで、第二に教法が深く衆生の理解する力が劣っているからです。また『大集月蔵経』によって、末法の世であるから行業を修め、道を求めても、一人としてさとりを得る者が無いと示します。

このように浄土の教法のみ通入すべき理由は、末法思想にあることがわかります。

道綽禅師は、『大集月蔵経』によって、釈尊が入滅《にゅうめつ》された後の時代を五つに区切って考えます。入滅直後の五百年より、解脱堅固《げだつけんご》、禅定《ぜんじょう》堅固、読誦多聞《どくじゅたもん》堅固、造塔《ぞうとう》堅固、闘諍《とうじょう》堅固の五時代です。道綽禅師は、今は釈尊が入滅されて千五百年をすぎ、造塔、起像《きぞう》など、形式にとらわれる第四の造塔堅固の時代であることを指摘します（『註釈版聖典（七祖篇）』一八四頁）。また第六大門（『同』二七一頁）では、正法《しょうぼう》五百年、像法《ぞうぼう》千年、末法一万年説を述べていますので、すでに末法に入っているという強い危機感があったのです。時代も、そこに生きる人びとも釈尊入滅より遠く隔たり、いよいよ末法における救いを求めたのです。

『安楽集』引文の問答で注目すべきは、この後「『大経』にのたまはく」として「一生涯、悪を造っても、命終に臨んで、十念相続称名する者は、浄土に往生する。そうでなければさとりを開かない」という法蔵菩薩の願いを引いて、浄土の教法に入るべきことを証明することです。これは、『大経』第十八願文（『註釈版聖典』一八頁）の意と『観経』下品下生《げぼんげしょう》（『同』一一五頁）に説かれる一生涯悪を重ねた衆生が、臨終に善知識《ぜんぢしき》の勧めで称名念仏によって往生していくという文意をまとめた文です。あくまでも道綽禅師が、『大経』と『観経』を取意された文で、このような原文があるのではありませんが、ここに末法の時代には、称名念仏による浄土往生こそが、すべての人の救いの道であるという道綽禅師の強い主張をうけとめることが出来ます。

しかし、これら『安楽集』の文を『選択集』の冒頭に引くことは、また法然聖人の明快な主張でもあります。末法の時代においては、聖道門は閉ざされた教法であり、修行しがたく証り難いからこれを捨て、浄土門に帰すべきです。そしてそれは、いかなる時代の濁《にご》りの中にあり、機根《きこん》が劣り悪をかさねた者であっても、称名念仏で浄土に往生するという本願の誓いがあることを示します。これは、以下の私釈や、二行章、本願章の中で、いよいよ明らかになってくる主張ですが、すでに『安楽集』の引文において、法然聖人の強い主張を読みとることができます。

なお法然聖人の末法思想については、特留章《どくるしょう》（『註釈版聖典（七祖篇）一二二四頁）で詳しく述べられていますので、そこで考えたいと思いますが、聖人は次のようにも述べられています。

……近来《きんらい》の僧尼《そうに》を破戒《はかい》の僧《そう》、破戒尼《はかいに》といふべからず。持戒《じかい》の人《ひと》、破戒《はかい》を制《せい》することは、正法《しょうぼう》・像法《ぞうぼう》のときなり、末法《まっぽう》には無戒《むかい》名字《みょうじ》の比丘《びく》なり。……末代《まつだい》の近来《きんらい》は、破戒《はかい》なおなし、ただ無《む》戒《かい》の比丘《びく》とまふすなり。

（『昭和新修法然上人全集』所収「法然聖人御説法事」一八一頁）

とあります。これは実に厳しいお言葉です。末法の時代には、戒律《かいりつ》を破ると言うことさえもありません。なぜなら、末法の時代には、無戒で名ばかりの僧侶にみちあふれているからです、と指摘されるのです。末法の時代では、比丘、比丘尼《びくに》すべてが、厳しい行に耐えない無戒の人びとであることを述べます。

それゆえに弥陀の本願のみが大きな支えとなると示されます。出家の道は閉ざされている。在家の道こそが救いの道となることを説かれるのです。出家の人びとであっても、名ばかりであり、真の出家者はいない、誰でもが救われていく弥陀の本願こそが、末法の時代の唯一の救いの道なのです。

## 末法の姿と諸仏の大慈悲心

『安楽集』引文の第二の部分は、かなりむつかしい語句があり、理解しがたいところがありますが、末法の時代に生きる人びとは、自分の力量をはかることが出来ず、大乗法の深い真理（真如実相第一義空）も理解できず、小乗法の修行の過程においても、迷いの世界を超えてさとりにいたるために、煩悩を断ち切ることは出来難い。人天界において五戒、十善を修めその果をうけるものは、はなはだ希《まれ》であり、末法におけるあらゆる人びとが悪を重ね罪を犯すことは、あたかも暴風やにわかに降る大雨のようだと説くのです。すべての衆生が、末法においてはいかに仏道修行が成じ難く善行が成し難いかを、極めて具体的に述べるのです。これは道綽禅師の時代であっても、法然聖人の時代であっても、また現代であっても通ずる課題であります。表現はむつかしいのですが、時代をこえて、なぜ浄土の教法であり称名念仏でなければならぬかを説いていると言えましょう。

『安楽集』引文の第三の部分は、道綽禅師の主張の最も中心となるところです。諸仏の大慈悲心は、あらゆる衆生を浄土の教法に帰せしめることを勧めるから、生涯悪をかさねても、浄土の教法（本願）に想いをかけて、専精《せんしょう》に念仏すれば一切の障りが自然に除かれ、必ず往生するといわれ、結びに、どうしてこの浄土往生に思いをかけないのであろうかと浄土に帰すべきことを強く勧められるのです。

『安楽集』引文の結論を諸仏の大慈悲心より論じて、専精の称名を説き、帰入すべき浄土門の内容を明らかにしたのです。

以上、二門章のはじめに引かれる『安楽集』について述べてきました。これから後、法然聖人の私釈となり、ご自身の主張が明示されることになります。なるべく、法然聖人の主張については次に述べることにいたしますが、すでに述べたように、諸仏の大慈悲心があらゆる人びとを浄土の教法に帰せしめ、専精の称名を勧めるという『安楽集』の主張は、法然聖人の最も根本となる主張でもあります。それは、末法における浄土門の救いを明示することであり、二門章においては、法然聖人は聖・浄二門の教法を示され、浄土門こそが万人の救いの道であることを示されます。

このような聖・浄二門の教判を明示する法然聖人に、聖道門、浄土門の二門について、明確な定義があることは注目すべきことです。聖道門については、「この娑婆世界《しゃばせかい》にありながら断迷開悟《だんめいかいご》のみちを、聖道門《しょうどうもん》とは申《もう》すなり」（『昭和新修法然上人全集』所収『往生大要鈔』、四七頁）、「聖道門《しょうどうもん》といふは、穢土《えど》にして煩悩《ぼんのう》を断《だん》じて菩提《ぼだい》にいたる也《なり》」（『同』所収「登山状」、四二〇頁）と、此土《しど》（娑婆世界・穢土）において悟りをひらく教えを聖道門の教えと定義するのです。浄土門については、「浄土門《じょうどもん》は、まづこの娑婆世界《しゃばせかい》をいとひすて丶、いそぎてかの極楽浄土《ごくらくじょうど》にむまれて、かのくににして仏道《ぶつどう》を行《ぎょう》ずる也《なり》」（『同』所収『往生大要鈔』、四九頁）、「浄土門《じょうどもん》といふは、浄土《じょうど》にむまれて、かしこにして煩悩《ぼんのう》を断《だん》じて菩提《ぼだい》にいたる也《なり》」（『同』所有「登山状」、四二〇頁）と浄土（彼土《ひど》）に生れて彼《か》こ《し》にて煩悩を断ずる教えを浄土門の教えと定義して、はっきりと此土と彼土の相異を明確にして、彼土で成仏する教えであることを示されます。ただし親鸞聖人のように、往生即成仏の主張ではなく、浄土で修行し成仏すると見ておられました。これらの問題については、別の機会に述べることといたしましょう。

# 本文と意訳（二）

## 【本　文】

わたくしにいはく、ひそかにはかりみれば、それ立教《りっきょう》の多少《たしょう》、宗《しゅう》に随《したが》ひて不同《ふどう》なり。しばらく有相宗《うそうしゅう》（法相宗）のごときは、三時教《じきょう》を立《た》てて〔釈尊《しゃくそん》の〕一代《だい》の聖教《しょうぎょう》を判《はん》ず。いはゆる有《う》・空《くう》・中《ちゅう》これなり。無相宗《むそうしゅう》（三論宗）のごときは、二蔵教《ぞうきょう》を立《た》ててもつて一代《だい》の聖教《しょうぎょう》を判《はん》ず。いはゆる菩薩蔵《ぼさつぞう》・声聞蔵《しょうもんぞう》これなり。華厳宗《けごんしゅう》のごときは、五教《きょう》を立《た》てて一切《さい》の仏教《ぶっきょう》を摂《せっ》す。いはゆる小乗教《しょうじょうきょう》・始教《しきょう》・終教《じゅうきょう》・頓教《とんぎょう》・円教《えんぎょう》これなり。法華宗《ほっけしゅう》（天台宗）のごときは、四教《きょう》五味《み》を立《た》ててもつて一切仏教《さいぶっきょう》を摂《せっ》す。「四教《きょう》」といふは、いはゆる蔵《ぞう》・通《つう》・別《べつ》・円《えん》これなり。「五味《み》」といふは、いはゆる乳《にゅう》・酪《らく》・生《しょう》・熟《じゅく》・醍醐《だいご》これなり。真言宗《しんごんしゅう》のごときは、二教《きょう》を立《た》てて一切《さい》を摂《せっ》す。いはゆる顕教《けんぎょう》・密教《みっきょう》これなり。いまこの浄土宗《じょうどしゅう》は、もし道綽禅師《どうしゃくぜんじ》の意《こころ》によらば、二門《もん》を立《た》てて一切《さい》を摂《せっ》す。いはゆる聖道門《しょうどうもん》・浄《じょう》土門《どもん》これなり。（中略）

ただし諸宗《しょしゅう》の立教《りっきょう》は、まさしくいまの意《こころ》にあらず。しばらく浄土宗《じょうどしゅう》につきて略《りゃく》して二門《もん》を明《あ》かさば、一には聖道門《しょうどうもん》、二には浄土門《じょうどもん》なり。（中略）次《つぎ》に往生《おうじょう》浄土門《じょうどもん》とは、これにつきて二あり。一には正《まさ》しく往生《おうじょう》浄土《じょうど》を明《あ》かす教《きょう》、二には傍《かたわ》らに往生《おうじょう》浄土《じょうど》を明《あ》かす教《きょう》なり。初《はじ》めに正《まさ》しく往生《おうじょう》浄土《じょうど》を明《あ》かす教《きょう》といふは、いはく三経《ぎょう》一論《ろん》これなり。「三経《ぎょう》」とは、一には『無量寿経《むりょうじゅきょう》』、二には『観無量寿経《かんむりょうじゅきょう》』、三には『阿弥陀経《あみだきょう》』なり。「一論《ろん》」とは、天親《てんじん》の『往生論《おうじょうろん》』（浄土論）これなり。あるいはこの三経《ぎょう》を指《さ》して浄土《じょうど》の三部経《ぶきょう》と号《ごう》す。（中略）

次《つぎ》に傍《かたわ》らに往生《おうじょう》浄土《じょうど》を明《あ》かす教《きょう》といふは、『華厳《けごん》』・『法華《ほっけ》』・『随求《ずいぐ》』・『尊勝《そんしょう》』等《とう》のもろもろの往生《おうじょう》浄土《じょうど》を明《あ》かす諸経《しょきょう》これなり。また『起信論《きしんろん》』・『宝性論《ほうしょうろん》』・『十住毘婆沙論《じゅうびばしゃろん》』・『摂大乗論《しょうだいじょうろん》』等《とう》のもろもろの往生《おうじょう》浄土《じょうど》を明《あ》かす諸論《しょろん》これなり。

（『註釈版聖典（七祖篇）』一一八四～一一八八頁）

## 【意訳】

私見を述べる。わたしなりに考えてみると、各宗が自らの教えを明示して、釈尊の教え全体を整理して自らを位置づける方法は、宗によってさまざまである。しばらく有相宗《うそうしゅう》（法相宗《ほっそうしゅう》）の場合を見てみると、「三時教判《さんじきょうはん》」を立てて、釈尊の生涯の教えを判じている。いわゆる「有《う》

（『阿含経《あごんぎょう》』の教説）・空《くう》（『般若経《はんにゃきょう》』の教説）・中《ちゅう》（『華厳経《けごんぎょう》』『解深密教《げじんみっきょう》』の教説）」の三時教判である。無相宗《むそうしゅう》（三論宗《さんろんしゅう》）は、「二蔵教《にぞうきょう》」を立てて、釈尊の生涯の教えを判じている。いわゆる「菩薩蔵《ぼさつぞう》（大乗教《だいじょうきょう》）・声聞蔵《しょうもんぞう》（小乗教《しょうじょうきょう》）」である。華厳宗では、「五教《ごきょう》」を立てて、一切の仏教をこの教判に摂《おさ》めている。いわゆる小乗教（『阿含経』など）・始教《しきょう》（大乗入門の始めの教え。『般若経』『解深密経』など）・終教《じゅうきょう》（大乗終極《しゅうごく》の教え。『大乗起信論《だいじょうきしんろん》』など）・頓教《とんぎょう》（直ちにさとりに入ることを説く教え。『維摩経《ゆいまぎょう》』など）・円教《えんぎょう》（完全円満な究極の教え。『華厳経』『法華経《ほけきょう》』など）がそれである。法華宗《ほっけしゅう》（天台宗《てんだいしゅう》）では、「四教五味《しきょうごみ》」を立てて一切の仏教をこの教判に摂めている。「四教」とは、いわゆる蔵教《ぞうきょう》（小乗の教え）・通教《つうぎょう》（声聞・縁覚《えんがく》・菩薩に通ずる教え）・別教《べっきょう》（菩薩だけに説かれた教え）・円教（完全円満な三諦円融《さんたいえんにゅう》の教え）である。「五味」というのは教えの深まりを乳の味が変化し深まってゆく過程に譬《たと》えたもので、乳味《にゅうみ》・酪味《らくみ》・生酥味《しょうそみ》・熟酥《じゅくそ》味《み》・醍醐味《だいごみ》である。真言宗《しんごんしゅう》では「二教《にきょう》」を立てて、一切の仏教をこの教判に摂めている。いわゆる顕教《けんぎょう》（文字言語の上に明らかに説き示された教え）・密教《みっきょう》（秘密の教え）である。いま、この浄土宗は、道綽禅師のおこころに依れば、「二門《にもん》」を立てて、一切の仏教をこの二門判に摂めている。いわゆる聖道門と浄土門である。（中略）

ただし、諸宗がその教えを明らかにすることは、浄土宗の意ではない。しばらく浄土宗について、略して二門を明らかにするならば、一つには聖道門、二つには浄土門である。（中略）次に往生浄土門というのは、これについて二つある。一つは、聖道門を捨てて、正《まさ》しく往生浄土を明らかにする教えであり、二つは聖道門を説く中に、その方便《ほうべん》の法として、傍《かたわ》らに往生浄土を明らかにする教えである。初めに正しく往生浄土を明らかにする教えというのは、三経一論のことである。「三経」とは、一つに『無量寿経』、二つに『観無量寿経』、三つに『阿弥陀経』である。「一論」とは、天親菩薩の『浄土論』のことである。あるいはこの三経を指して「浄土の三部経」と名づけるのである。（中略）

次に傍らに往生浄土を明らかにする教えとは、『華厳経』『法華経』『随求陀羅尼経《ずいぐだらにきょう》』『尊勝《そんしょう》陀羅尼経《だらにきょう》』などの往生浄土を明らかにするさまざまな経典の教えである。また、『大乗起信論』『宝性論』『十住毘婆沙論』『摂大乗論』などの往生浄土を明らかにするいろいろな論書がこれにあたる。

## 【講　読】

### 各宗の教判を判ず

まず、第一に気がつくことは、標章の文や『安楽集』の引文でも明示されたことですが、聖道門と浄土門の二門を立て、浄土門の教えを明らかにするにあたって、釈尊の説かれた教法を広い視野から述べられ、その中で、浄土門を位置づけられることです。従って、私釈のはじめには、各宗の教判が示されます。それぞれの依りどころとする教法が、釈尊一代の説法の中でどのように位置づけられ、なぜその教法でなければならぬかを述べるのです。仏教が日本に伝来して、さまざまな経典とその経典を依りどころとする教法が伝えられます。すでにそれは、中国仏教の影響をうけていることになりますが、ここでは、奈良の仏教から、有相宗（法相宗）、無相宗（三論宗）と華厳宗をあげ、平安の仏教から、法華宗（天台宗）と真言宗をあげ、当時の日本仏教全体を代表させて、各宗の経典の見方と、その宗が最も結論とする経典はどれにあるかを明らかにしています。しかも注目すべきは、広い視野から述べて、ここでは優劣を述べません。帰するところは、浄土宗を分立するところにありますが、まず広く各宗の教判を示すのです。

今、その各宗すべてに言及することは出来ませんので、法然聖人が比叡山で三十年間に及んで学んだ法華宗について述べておきたいと思います。法華宗については、「四教五味」という教判をあげ、「四教」には、蔵教（小乗の教え）、通教（声聞・縁覚・菩薩に通ずる教え）、別教（菩薩だけに説かれた教え）、円教（完成円満な三諦円融の法門）をあげ、円教が結論であることを示します。また「五味」として、教えの深まりを、乳の味が変化して深まってゆく過程に譬えて、乳味、酪味、生酥味、熟酥味、醍醐味をあげ、醍醐味を結論とします。すでに『涅槃経《ねはんぎょう》』に五味が説かれますが、法華宗では、釈尊一代の説教を、この五味に配します。釈尊はさとりをひらかれた後、『華厳経』、『阿含経』、『方等経《ほうどうきょう》』、『般若経』、『法華経』・『涅槃経』を順次説法されたとみます。『法華経』と『涅槃経』こそが醍醐味であって釈尊の最終結論であるとみています。法然聖人はこれらを充分承知されながら、法華宗をとらずに帰するところ浄土門を選んだことを明示されます。

このように広くゆるやかな視点に立って、その中で、浄土門の位置をはっきりさせていきます。

## 浄土宗を立名する

各宗の教判を広い視野から順次述べて、その後「いまこの浄土宗は」と、宗名をあげて、道綽禅師の聖道門、浄土門の二門判《にもんはん》に依ることを明らかにします。法然聖人は、釈尊一代の説教は、浄土門において帰結すると見、これを浄土宗と名づけます。従来の日本仏教に無かった浄土宗の独立を宣言します。この点についてさらに引きつづいて述べる文で、「華厳《けごん》・天台等《てんだいとう》の八宗《しゅう》・九宗《しゅう》」（『註釈版聖典（七祖篇）』一一八五頁）の宗名があるけれど、新しく「浄土宗」という名を立てるのではなく、すでに元暁《がんぎょう》の『遊心安楽道《ゆうしんあんらくどう》』や慈恩《じおん》（基《き》）や迦才《かざい》の『浄土論』に「浄土宗」と立名されることを引証《いんしょう》します。これは浄土宗という宗名に伝承あることを説き、さらに寓宗《ぐうしゅう》的浄土教（他の宗の枠内にあった浄土教）より、浄土宗のみによる救いが示されるのです。

なおここで言及しておかねばならぬ問題があります。『選択集』は法然聖人六十六歳の時に完成して一部の弟子に書写されていますが、一般に出版されてはいませんでした。しかし、法然聖人の説く浄土教の主張がどのような内容であったかについては、他の宗派の人びとに折にふれて知られるところであったと言えましょう。法然聖人が七十三歳の時、笠置《かさぎ》の貞慶《じょうけい》を中心に起草されたと伝えられる「興福寺奏状」の第一に「新宗を立つる失」があげられています。そこには、中古以来、新宗を興すことを聞かず、しかも「弥陀一仏の称名の専修」のみを説くことは排他的であると指摘しています。しかも朝廷の勅許《ちょっきょ》を得ずに新宗を名のるのは過失であるとも述べています。

しかし今、『選択集』二門章での浄土宗の名のりは、一宗を興し、朝廷の許可を得るような新教団の独立を宣言する意味ではなかったと言えます。あらゆる人びとに開かれた浄土宗の名のりは、一教団の独立を宣言したのではなく、あくまでも弥陀の本願にもとづいた称名専修を説くという、教法の独立を明示したのです。この点は、当時の仏教教団の人びとに充分理解されていなかったと言えましょう。また、法然聖人の吉水《よしみず》の草庵《そうあん》に多くの人びとが集まり、称名一行を専修して浄土に往生していく専修称名のみ教えを喜ばれましたが、それは、新教団を創立して、従来の諸教団に対抗していこうということでなく、法然聖人は、伝統の教団に対して、あらゆる人びとに開かれた仏教のあり方を問われたということでもあります。

## 聖道諸宗と浄土宗との教法の相違を示す

浄土宗の宗名を明示した後、「ただし諸宗の立教は、まさしくいまの意にあらず、しばらく浄土宗につきて略して二門を明さば、一には聖道門、二には浄土門なり」と述べ、聖道門・浄土門の教判が分れる理由をあげるのです。ここで聖道門・浄土門の内容がより明らかにされています。これから後に述べることになりますが、聖道門の諸宗は、教法を説く立場が浄土門と全く異なると言うのです。

いまここの部分は、原文の引用を省略していますが、聖道門についての法然聖人の主張を整理しておきたいと思います。

聖道門の中に、大乗と小乗があります。大乗について述べれば、『安楽集』では、顕教と権《ごん》教《ぎょう》（一時的に方便として仮に説かれた教）を大乗とあらわしています。これは、長い時間を経て、回り道をしてさとりをひらく行法です。ここより考えれば、ひろく大乗の密教も実教も含まれることになるので、真言、仏心《ぶっしん》（禅《ぜん》）、天台、華厳、三論、地論《じろん》、摂論《しょうろん》の各宗の教えは、すべて、聖道門の中の大乗の教法であるとみることができます。

これに対して、小乗教は、声聞、縁覚などが、煩悩を断ってさとりを開き、聖者《しょうじゃ》の位に入ってさとりを得る道ですから、倶舎《くしゃ》、成実《じょうじつ》、諸部の律宗《りっしゅう》の各宗の教えをこれに含むことになります。大乗、小乗にかかわらず、聖道門とは、この迷いの世界で、四乗《しじょう》の道（声聞、縁覚、菩薩、仏）を修行して、その果を得る教えです。（『註釈版聖典（七祖篇）一一八六頁取意）

ここで法然聖人は、当時の全仏教を摂め、この娑婆世界でさとりを開く、聖者の道が聖道門であることを定義づけています。

これに対して、往生浄土門について、二つの教えをあげます。一つは聖道門を捨てて、往生浄土の教えに帰する道と、他の一つは、聖道門の中に、方便の法として傍らに往生浄土を明らかにする教えです。

この中で、法然聖人の説く浄土宗は、聖道門の教法を捨て、浄土に往生してさとりを開く教法であることがここでより明確になります。

さらに、依りどころとなる経典の相違を示します。

## 三経一論を正依とする

すでに述べたように、この私釈では聖道門、浄土門を分立し、浄土門の教法から「浄土宗」の名のりを示し、この浄土宗と聖道諸宗との異なりを指摘しています。さらに往生浄土の法門に正しく往生浄土を明かす教と、傍らに往生浄土を明かす教を明らかにして、さらに「正しく往生浄土を明かす教といふは、いはく三経一論これなり」と述べます。『大経』『観経』『小経』の「三経」と天親菩薩の『浄土論』をあげ、「三経」については、「浄土の三部経と号す」と結んでいます。

法然聖人のみ教えに大きな影響を与えた善導大師の主著が『観経疏』ですから、善導大師は『観経』を重視していたことが知られます。また善導大師には、独特の本願観も述べられますから、『大経』重視の見方もありましたが、このようにはっきりと「三経」を正依《しょうえ》の経典とすると結論づけられたのは、法然聖人のご功績と言えましょう。

従来、浄土往生を重視する論師《ろんじ》や釈師《しゃくし》は多くいましたが、「浄土の三部経」を正依の経とすると結論したのは、法然聖人です。浄土門の教法の流れにおいて、その経典観に明確な立場を示し、後の浄土教にも大きな影響を与えました。

親鸞聖人は、法然聖人の三経観をうけ入れて、三経一致の見方を説きますが、他に三経差別《しゃべつ》の見方も説く独自の三経観が示されます。この点については、別の機会に述べたいと思います。

なお「一論」を天親菩薩の『浄土論』と説かれるについては、わかりにくい点があります。『選択集』には、この『浄土論』は引用されていません。『選択集』は『浄土論』よりも、むしろ善導大師の『観経疏』の影響が大きいのです。

この点については、他宗の方がたにもよく知られ、尊敬されている天親菩薩が「世尊我一心《せそんがいっしん》、帰《き》命尽十方無礙光如来《みょうじんじっぽうむげこうにょらい》、願生安楽国《がんしょうあんらくこく》（世尊《せそん》、われ一心《しん》に尽《じん》十方無礙光如来《ぼうむげこうにょらい》に帰命《きみょう》したてまつりて、安楽《あんらく》国《こく》に生《しょう》ぜんと願《がん》ず）」（『註釈版聖典（七祖篇）二九頁）と述べられ、阿弥陀仏に帰依し、その仏国土に往生を願っていることを重くみられたと考えることが出来ます。「唯識《ゆいしき》教学等で大きな業績をあげられた天親菩薩も、自ら『浄土論』を著わされ、帰するところは、浄土に願生していかれたのです」と明らかにされました。

さらには、善導大師は、天親菩薩の影響を強くうけておられ、その著述の一つ『往生礼讃《おうじょうらいさん》』などには、五念門《ごねんもんぎょう》行による往生が示されています。この五念門行は、『浄土論』に説かれているところで、その影響をみることが出来ます。

なお、注目すべきことは、このように、三経一論を正依の経論と定められた後に問答を設けて、このような三部経を選ぶ他の例があるか否かに注目しています。法華経典の三部は『無量義経《むりょうぎきょう》』『法華経』『普賢観経《ふげんかんぎょう》』であり、大日《だいにち》経典の三部は、『大日経』『金剛頂経《こんごうちょうきょう》』『蘇悉地経《そしつじきょう》』です。鎮護《ちんご》国家の三部として『法華経』『仁王経《にんのうきょう》』『金光明経《こんこうみょうきょう》』をあげて、弥勒《みろく》経典の三部として『上生経《じょうしょうきょう》』『下生経《げしょうきょう》』『成仏経《じょうぶつきょう》』を示しています。ここまで丁寧に種々の宗派の依りどころとなる三部経をあげ、結びにおいて「いまはただこれ弥陀《みだ》の三部《ぶ》なり。ゆゑに浄土《じょうど》の三部経《ぶきょう》と名《な》づく。弥陀《みだ》の三部《ぶ》はこれ浄土《じょうど》の正依経《しょうえきょう》なり」(『註釈版聖典(七祖篇)』一一八七頁)と述べます。阿弥陀仏に関わる経典の三部こそが、浄土の三部経で、正依の経典であることを述べます。しかもそれは、特別な経典の選びではなく、聖道門諸宗の三部の選びと同一の立場にあって、さらに浄土宗が独立した教えであることを示されるのです。

## 傍らに往生浄土を説く経論を示す

正依の三経一論について述べた後に、聖道門の経典でありつつ「傍らに往生浄土を明かす教法」として、まず経典名をあげます。『華厳』・『法華』・『随求』・『尊勝』などの名前を列挙してもろもろの往生浄土を明らかにする経典としてあげます。さらには、もろもろの往生浄土をあかす諸論書として、『起信論』・『宝性論』・『十住毘婆沙論』・『摂大乗論』などの名をあげます。聖道門の諸経・

論の中にこれだけ多く往生浄土の教えが説き示されており、今までも往生浄土の教法が説かれてきた事実を実に綿密に示した上で、さらに、阿弥陀仏に関わる「浄土三部経」の選びがあり、以下、二行章、本願章と続く章の中で選択本願の念仏が明らかにされていきます。

法然聖人はつねに広い視点より往生浄土の教法に注目し、帰するところ「浄土三部経」が正依の経典であると結論づけられます。浄土門における浄土宗の救いに結論がありますが、聖道門もまた往生浄土の教法と深く関わることを述べています。

# 本文と意訳（二）

## 【本　文】

おほよそこの『集《しゅう》』（安楽集）のなかに聖道《しょうどう》・浄土《じょうど》の二門《もん》を立《た》つる意《こころ》は、聖道《しょうどう》を捨《す》てて浄土門《じょうどもん》に入《い》らしめんがためなり。これにつきて二の由《ゆえ》あり。一には大聖《だいしょう》（釈尊）を去《さ》れること遙遠《ようおん》なるに由《よ》る。二には理深《りふか》く解微《さとりみ》なるに由《よ》る。この宗《しゅう》のなかに二門《もん》を立《た》つることは、独《ひと》り道綽《どうしゃく》のみにあらず。曇鸞《どんらん》・天台《てんだい》（智顗）・迦才《かざい》・慈恩《じおん》（基）等《とう》の諸師《しょし》みなこの意《こころ》あり。しばらく曇鸞法師《どんらんほっし》の『往生論《おうじょうろん》の註《ちゅう》』（上）にいはく、「つつしみて龍樹菩薩《りゅうじゅぼさつ》の『十住毘婆沙《じゅうびばしゃ》』（易行品）を案《あん》ずるにいはく、〈菩薩《ぼさつ》、阿毘跋致《あびばっち》を求《もと》むるに、二種《しゅ》の道《どう》あり。一には難行道《なんぎょうどう》、二には易行道《いぎょうどう》なり〉と。〈難行道《なんぎょうどう》〉とは、いはく五濁《じょく》の世《よ》に無仏《むぶつ》の時《とき》において阿毘跋致《あびばっち》を求《もと》むるを難《なん》となす。（中略）〈易行道《いぎょうどう》〉とは、いはくただ仏《ぶつ》を信《しん》ずる因縁《いんねん》をもつて浄土《じょうど》に生《しょう》ぜんと願《がん》ずれば、仏《ぶつ》の願力《がんりき》に乗《の》りてすなはちかの清浄《しょうじょう》の土《ど》に往生《おうじょう》することを得《う》。仏力住持《ぶつりきじゅうじ》して、すなはち大乗正定《だいじょうしょうじょう》の聚《じゅ》に入《い》る。正定《しょうじょう》はすなはちこれ阿毘跋致《あびばっち》なり。たとへば水路《すいろ》より船《ふね》に乗《の》りてすなはち楽《らく》なるがごとし」と。以上　このなかの難《なん》行道《ぎょうどう》は、すなはちこれ聖道門《しょうどうもん》なり。易行道《いぎょうどう》は、すなはちこれ浄土門《じょうどもん》なり。難行《なんぎょう》・易行《いぎょう》、

聖道《しょうどう》・浄土《じょうど》、その言《ことば》異なりといへども、その意《こころ》これ同《おな》じ。天台《てんだい》（智顗）・迦才《かざい》これに同《おな》じ、知《し》るべし。（中略）

問《と》ひていはく、聖道家《しょうどうけ》の諸宗《しょしゅう》おのおの師資相承《ししそうじょう》あり。いはく天台宗《てんだいしゅう》のごときは、慧文《えもん》・南岳《なんがく》（慧思）・天台《てんだい》（智顗）・章安《しょうあん》・智威《ちい》・慧威《えい》・玄朗《げんろう》・湛然《たんねん》、次第相承《しだいそうじょう》せり。真言宗《しんごんしゅう》のごときは、大日如来《だいにちにょらい》・金剛薩埵《こんごうさった》・龍樹《りゅうじゅ》・龍智《りゅうち》・金智《こんち》・不空《ふくう》、次第相承《しだいそうじょう》せり。自余《じよ》の諸宗《しょしゅう》またおのおの相承《そうじょう》の血脈《けちみゃく》あり。しかるにいまいふところの浄土宗《じょうどしゅう》に師資相承《ししそうじょう》の血脈《けちみゃく》の譜《ふ》ありや。答《こた》へていはく、聖道家《しょうどうけ》の血脈《けちみゃく》のごとく浄土宗《じょうどしゅう》にまた血脈《けちみゃく》あり。ただし浄土一宗《じょうどいっしゅう》において諸家《しょけ》また不同《ふどう》なり。いはゆる盧山《ろざん》の慧遠法師《えおんほっし》、慈愍三蔵《じみんさんぞう》、道綽《どうしゃく》・善導等《ぜんどうとう》これなり。いましばらく道綽《どうしゃく》・善導《ぜんどう》の一家《け》によりて、師資相承《ししそうじょう》の血脈《けちみゃく》を論《ろん》ぜば、これにまた両説《りょうせつ》あり。一には菩提流支三蔵《ぼだいるしさんぞう》・慧寵法師《えちょうほっし》・道場法師《どうじょうほっし》・曇鸞法師《どんらんほっし》・大海禅師《だいかいぜんじ》・法上法師《ほうじょうほっし》。以《い》上《じょう》、『安楽集《あんらくしゅう》』に出《い》でたり。二には菩提流支三蔵《ぼだいるしさんぞう》・曇鸞法師《どんらんほっし》・道綽禅師《どうしゃくぜんじ》・善導禅師《ぜんどうぜんじ》・懐感法《えかんほっ》師《し》・小康法師《しょうこうほっし》。以上《いじょう》、唐《とう》・宋両伝《そうりょうでん》に出でたり。

（『註釈版聖典（七祖篇）』一一八八～一一九一頁）

## 【意　訳】

総じて、この『安楽集』の中に、聖道門・浄土門の二門を立てられた意図は、聖道門を捨てて浄土門に入らせるためである。このことについて、二つの理由がある。一つには、釈尊の在世中の時代から遥かに時間を経ているからであり、二つには教理は深いのに、人びとの理解力は劣っているからである。浄土宗の中で、聖道・浄土の二門を立てることは、道綽一人ではない。曇鸞や天台（智顗）、迦才、慈恩（基）などの諸師にも、このような意がある。ここで曇鸞大師の『往生論註』に依れば、次のようにある。「つつしんで、龍樹菩薩の『十住毘婆沙論』をうかがうと、〈菩薩が不退転《ふたいてん》の位（必ずさとりを開くことがきまった位）を求めるのに二種の道がある。一つには難行道であり、二つには易行道である。難行道とは、五濁の世、また仏がおられない世において、不退転の位を求めることを難行というのである。（中略）易行道とは、ただ仏を信じて浄土の往生を願えば、如来の願力によって清らかな国に生れ、仏にささえられ、ただちに大乗の正定聚に入ることができることをいう。正定聚とは不退転の位である。これをたとえていえば、水路を船で行けば楽しいようなものである〉」。このなかの難行道がすなわち聖道門である。易行道がすなわち浄土門である。難行・易行、聖道・浄土と、その言葉は異なるけれども、その意味は同じである。天台（智顗）も迦才もこれと同じであると知るべき

である。（中略）
問うていう。聖道門の諸宗には、それぞれ師資相承《ししそうじょう》（師から弟子へと教えが伝えられていくこと）がある。例えば、天台宗の場合は、慧文《えもん》・南岳《なんがく》（慧思《えし》）・天台（智顗）・章安《しょうあん》・智威《ちい》・慧《え》威《い》・玄朗《げんろう》・湛然《たんねん》と順に受けつがれている。真言宗の場合は、大日如来《だいにちにょらい》・金剛薩埵《こんごうさった》・龍樹・龍《りゅう》智《ち》・金智《こんち》・不空《ふくう》と順に受けつがれている。そのほかの諸宗もまた、それぞれに受けつがれた法《ほう》脈《みゃく》があるのである。そこで、いま言うところの浄土宗に師資相承の法脈の流れはあるのか。
答えていう。聖道門の諸宗に法脈が正しく継承されているように、浄土宗にもまた同じく法脈の流れがある。ただし、浄土宗において、諸師の見解は同一ではない。それは廬山《ろざん》の慧遠法《えおんほっ》師《し》の流れ、慈愍三蔵《じみんさんぞう》慧日《えにち》の流れ、道綽・善導の流れの三つである。今、ここでは道綽・善導の流れに依って、師資相承の流れを論じれば、これにまた両説ある。一つには、菩提流支三蔵《ぼだいるしさんぞう》・慧寵法師《えちょうほっし》・道場法師《どうじょうほっし》・曇鸞法師・大海禅師《だいかいぜんじ》・法上法師《ほうじょうほっし》の流れである（これは『安楽集』に出ている）。二つには、菩提流支三蔵・曇鸞法師・道綽禅師・善導大師・懐感法師《えかんほっし》・小康法師《しょうこうほっし》の流れである（これは唐・宋の二つの高僧伝に出ている）。

## 【講　読】

### 浄土門は時と機が相応する教え

すでに二門章のはじめに、『安楽集』の引文があり、聖道門に依らず、なぜ浄土門のみ教えを依りどころとすべきかについて二つの理由をあげ、これを『大集月蔵経』（『大方等大集経』「月蔵分」のこと）の文で証明していました。一般にこれを「二由一証」と言いますが、ここでも、同じく二つの理由をあげます。

一つには、釈尊在世の時代より遙かに時を経ていること、二つには、教えは深い内容だけれども、人びとの理解力が劣っていることが指摘されます。末法を迎えた時代（時）とその時代に生きる人びとの能力（機根）をあげ、阿弥陀仏の本願力による救いの道である浄土門でなければ救われないと述べて、浄土門の教法に帰すべきことを示します。

法然聖人の末法思想の見方については、後の章（特留章）で考えたいと思いますが、末法思想にもとづきながら、浄土門の教法こそが救いの道であると示すのです。

法然聖人は、平安時代の終りより鎌倉時代のはじめに活躍されました。戦乱が続き天災地変がたびたび生ずるなど、人の心も荒れ果てている中で、時機相応《じきそうおう》の教えこそ浄土門の教法であるという想いをいよいよ深くされました。これを、釈尊の在世の時より遙かに時を経ており、機根も劣っているが、今こそ救いの道は開かれている。いよいよ弥陀の本願の救いこそ確かであると受けとめられたのでした。法然聖人のお心をこの私の身の上にひき寄せて受けとめる時に、現代もまた、浄土門の教法こそ最も依りどころとすべき教えであると言えます。

## 聖道門の人も浄土門に帰す

さて、浄土門の教法を依りどころとすべきだという主張は、道綽禅師だけではなく、ひろく聖道門の人びとの中にもあります。それを、天台大師（智顗）や慈恩大師（基）の名前をあげて、証明しておられます。

後に述べます龍樹菩薩や曇鸞大師は、聖道門の教えに対して、浄土門の教えの独自性を専ら強調されます。これに対して、天台大師は、中国における天台宗の開祖であり、日本仏教の天台宗（比叡山）にも大きな影響を与えた方です。その方が『観経疏』を著したと伝えられています。また慈恩大師は中国で興《おこ》った法相宗の開祖であり、日本の奈良の仏教に影響を与えた方です。『西方要決《さいほうようけつ》』という著書を著したと伝えられています。

先述のように、聖道門ではなく、浄土門の教法のみ帰入すべき道であると示されながら、天台大師や慈恩大師も浄土門に帰入される意があったと述べられます。これは、聖道門を代表すると言われている方がたでも、浄土の教法に帰依していることを指摘して、浄土門が決して限られた人のみの教えではなく、あらゆる人びとに開かれた教えであることを示されているのです。

## 他力易行の内容を明らかにする

ところで法然聖人は、浄土門こそ帰入すべき唯一の道であると明らかにされますが、それは、法然聖人によって突然主張されたのではなく、印度《いんど》・中国の浄土教の流れの中で展開してきたとみることができます。印度の龍樹菩薩の難行道・易行道、中国の曇鸞大師の自力・他力、道綽禅師の聖道門・浄土門の見方が、二門章に説かれる浄土門の教えに流入していることをここで明らかにされます。これを図示すれば次のようにあらわすことができます。

| 龍樹 | 曇鸞 | 道綽 | |
|---|---|---|---|
| ← | ← | ← | |
| 難行道 → | 自力 → | 聖道門 | 「二門章」 |
| 易行道 → | 他力 → | 浄土門 | |

二門章では続いて、曇鸞大師の『往生論註』（論註）の冒頭において、龍樹菩薩の『十住毘婆沙論』「易行品」に示される難行道・易行道が、自力・他力としてあらわされる文を引かれるのです。

龍樹菩薩の『十住毘婆沙論』「易行品」では、仏教には無量の法門があるが、難行道と易行道の二道に分けることができ、難行道は、苦労して陸路を往くようなものであり、一方、易行道は楽しく水路を往くようなものであり、これを「信方便易行《しんほうべんいぎょう》（信心を手だてとする易行）」の道であると説かれます（『註釈版聖典（七祖篇）』五頁参照）。『論註』では難行とは自力でさとりに到ろうとするから苦しい陸路を往くようなものだとして、五項目をあげています。今は紙数の都合で内容は省略しますが（『同』一一八八頁参照）、外教《げきょう》や声聞衆の行を示しながら、自らもさとりを開き、他の人もさとりに到らしめる、自利《じり》・利他《りた》の修行法がいかに難行であるかを説き、自力の行法だけではさとりを得ることは難しいと述べ、帰するところ、他力の行法を依りどころとすべきであると示します。

これに対して他力については、①ただ仏を信ずる因縁によって浄土の往生を願えば、②仏の願力によって清浄《しょうじょう》の国に生れ、③仏力《ぶつりき》に支えられ、大乗正定聚に入り、これは不退《ふたい》の位につく、とあります（これを水路を船で往くようなものであり、易行とあらわすのです）。ここまで『論註』の文を引証して、法然聖人は自力を難行道、他力を易行道と定義されます。

ここで法然聖人の明らかにされる浄土門易行の道がどのような先師の主張を受け入れてきたかを

整理しましょう。

「易行品」では、「信方便易行」とあらわし、阿弥陀仏の御名《みな》を称えたり、聞名《もんみょう》したり、仏を憶《おも》うことをその内容としています。これを受ける『論註』の「仏を信ずる因縁」とは、阿弥陀如来を一心に信じて浄土を願い、さらに五念門行（礼拝《らいはい》、讃嘆《さんだん》、作願《さがん》、観察《かんざつ》、回向《えこう》）を修することと説かれます。『論註』の往生の行業については、浄土を清らかな心で観察するという難しい行も説かれていますが、讃嘆門では、阿弥陀仏（無《む》碍《げ》光如来《こうにょらい》の御名）を讃《たた》えることであるとの易行も説かれます。そして、浄土への往生は、これらが浄土を願う人びとの自力の行業で往生が定まるのではなく、十八願、十一願、二十二願の本願力に依ると示されます（『註釈版聖典（七祖篇）』一五六頁参照）。すなわち、『論註』で説かれる他力とは、この三願であり、これらの願を依りどころとすることが本願力に乗ずることだと知らされます。

これに加えて道綽禅師の、「時代と機根に相応しているのが浄土門の教法である」という主張も受け入れて、浄土門他力易行の道が明らかにされます。

以上のような先師の主張を充分承知された上で、後の本願章で浄土門他力易行は選択本願の念仏であると説かれます。

このように二門章では、『論註』の文を引いて、他力の行法を明らかにしますが、その後、慈恩大師の著述と伝えられる『西方要決』が引かれます。今は引文を省略していますが、おおむね次のように述べています。

釈尊は機縁が熟して、世に出興《しゅっこう》され、広く縁ある方がたに教えを説かれた。教法はあらゆる人びとに広まり、法のめぐみを与えられた。声聞・縁覚・菩薩の三乗の人びとは、それぞれ仏果《ぶっか》を得ることが出来た。釈尊の教化に遇うことの出来た、善根《ぜんごん》少なき人びとは、浄土の教法に帰せよと勧められるのである。浄土を願い、その行業を修める者は、ひたすら阿弥陀仏を念じて一切の善根を回向して浄土に生れる。阿弥陀仏の本願は娑婆世界の衆生の救いを誓われている。一生涯の念仏より臨終の十念仏の人まで、ともに間違いなく往生を得るのである。

また『西方要決』の後序《ごじょ》には、

像法時代の終りに生れ、釈尊の入滅より遥かに時を経ている。三乗の教法を学ぶことは出来るが、それをさとる手だてがない。人天の迷いの世界に安らぎはない。智慧広く利他の心のある人びとは、長い時を経てそれを成就することが出来よう。一方、こころ愚かで、行の浅い者は、地獄《じごく》、餓鬼《がき》、畜生《ちくしょう》の三界に苦しむことになるであろう。必ず娑婆界を離れ浄土を願うべきである。ここには、像法の末に生きる者の、釈尊の在世中より遠く隔たった悲痛さ、修行してさとりを得ることの出来ない嘆きなどが、強く述べられています。それ故に浄土の教法に依るべきことが示され、「弥陀の本願の十念念仏」も明らかにされます。先述の如く、この『西方要決』は、法相宗の開祖、慈恩大師の著述と伝えられていますので、そこに示された悲痛な嘆きと、本願に順《したが》って念仏申す主張は、聖道門を代表する方のことばとして、法然聖人にも大きな感銘を与えたことでしょう。

## 師資相承を示す

二門章の私釈の結びは、師資相承の問題となっています。師資相承とは、師から弟子へと教法がどのように伝えられていくか、その法脈の流れをいいます。

これまで、聖道門を捨て、浄土門に帰すべきことが説かれ、その浄土門の教法がどのような内容であるのかが明らかになりました。次にこの師資相承の段では、この教法が法然聖人によって勝手に主張されたのではなく、先師の主張があり、長い伝統があることを明らかにされるのです。

つまりそれは、我が浄土宗のみを善しとするのではなく、浄土宗が多くの人びとに受け入れられてきた事実を明らかにするとともに、今も多くの人びとに支えられていることを示しています。従って、この段に、浄土宗の師資相承とともに、天台宗・真言宗の師資相承が説かれるのは、浄土宗が天台宗・真言宗と同じく、長い伝統を持った教法であることを示すためなのです。

浄土宗の師資相承は、次に述べるように三流あることが示されますが、「浄土一宗において諸家また不同なり（浄土宗においても諸師それぞれ異説がある）」と述べられますので、以下の主張は、法然聖人独自の見解と言えます。

まず、廬山流、慈愍流、道綽・善導流の三流あることが示され、その中、道綽・善導の主張に従えば、更に二流に分かれると示されます。図示すれば次のようになります。

①廬山流

②慈愍流

③道綽・善導流

（イ）菩提流支→慧寵法師→道場法師→曇鸞大師→大海禅師→法上法師

（『安楽集』による）

（ロ）菩提流支→曇鸞大師→道綽禅師→善導大師→懐感法師→小康法師

（『唐高僧伝《とうこうそうでん》』『宋高僧伝《そうこうそうでん》』による）

法然聖人は、この二門章で、どの師資相承を中心とみるかについて結論を示していません。しかし『選択集』では曇鸞、道綽、善導等の諸師の名前があげられ、その著述の内容について言及し、前述の如く、その主張の影響を受けていますから、最後の③（ロ）の一流を結論とみることができます。

この二門章以外にも、法然聖人の師資相承に関する著述があり、聖人の説法をまとめた『逆修《ぎゃくしゅ》説法《せっぽう》』や、曇鸞、道綽、善導、懐感、少康の五祖の伝記がまとめられた『類聚浄土五祖伝《るいじゅじょうどごそでん》』『浄土《じょうど》五祖伝《ごそでん》』に聖人の師資相承が示されています。特に『類聚浄土五祖伝』は、法然聖人が、曇鸞大師以下の五祖の伝記を集めたもので、その相承を法然聖人が大切にしておられたことが知られます。『類聚浄土五祖伝』によれば、曇鸞大師と、善導大師については六つの伝記が集められ、道綽禅師には四つの伝記が引かれてあります。懐感法師のものは二つの伝記、小康法師のものは三つの伝記が収められています。法然聖人がどれほど師資相承を重視され、五師のなかでも、特に曇鸞、善導二師の生涯に注目されていたことが知られます。

このように「伝記」を集め、師資相承を示された聖人ですが、教法の継承ということを考えると、最も強い影響を法然聖人に与えたのは善導大師であると言えます。『選択集』の結びには、華厳、天台、真言、禅門、三論、法相の諸師は、それぞれ浄土法門の解釈書を作るのであるが、浄土門の教法をもって宗とするのは、ただ善導一師のみであることを示します。「偏《ひとえ》に善導《ぜんどう》一師《し》に依《よ》る」（『註釈版聖典（七祖篇）一二八六頁）とあらわされるように、相承を語る際には、諸師の流れを述べながらも、法然聖人の帰結は善導大師の教法にあったことが知られます。

# 第二章　二行章のこころ

## 本文と意訳（一）

【本　文】

【二】善導《ぜんどう》和尚《かしょう》、正雑《しょうぞう》二行《ぎょう》を立てて、雑行《ぞうぎょう》を捨《す》てて正行《しょうぎょう》に帰《き》する文《もん》。

『観経疏《かんぎょうしょ》』の第《だい》四（散善義）にいはく、「行《ぎょう》につきて信《しん》を立《た》つといふは、しかも行《ぎょう》に二種《しゅ》あり。一には正行《しょうぎょう》、二には雑行《ぞうぎょう》なり。正行《しょうぎょう》といふは、もつぱら往生《おうじょう》の経《きょう》によりて行《ぎょう》を行《ぎょう》ずるもの、これを正行《しょうぎょう》と名《な》づく。いづれのものかこれや。一心《しん》にもつぱらこの『観経《かんぎょう》』・『弥陀《みだ》経《きょう》』・『無量寿経《むりょうじゅきょう》』等《とう》を読誦《どくじゅ》し、一心《しん》にもつぱら思想《しそう》を注《とど》めてかの国《くに》の二報荘厳《ほうしょうごん》を観察《かんざつ》し憶《おく》念《ねん》し、もし礼《らい》せばすなはち一心《しん》にもつぱらかの仏《ぶつ》を礼《らい》し、もし口称《くしょう》せばすなはち一心《しん》にもつぱらかの仏《ぶつ》を称《しょう》し、もし讃歎供養《さんだんくよう》せばすなはち一心《しん》にもつぱら讃歎供養《さんだんくよう》す。これを名《な》づけて正《しょう》となす。またこの正《しょう》のなかにつきて、また二種《しゅ》あり。一には一心《しん》にもつぱら弥陀《みだ》の名号《みょうごう》を念《ねん》じて、行住坐臥《ぎょうじゅうざが》時節《じせつ》の久近《くごん》を問《と》はず念々《ねんねん》に捨《す》てざるもの、これを正定《しょうじょう》の業《ごう》と名《な》づく。かの仏《ぶつ》の願《がん》に順《じゅん》ずるがゆゑに。もし礼誦等《らいじゅとう》によるをすなはち名《な》づけて助業《じょごう》となす。この正助《しょうじょ》二行《ぎょう》を除《のぞ》きてのほかの自余《じよ》の諸善《しょぜん》をことごとく雑行《ぞうぎょう》と名《な》づく。もし前《さき》の正助《しょうじょ》二行《ぎょう》を修《しゅ》すれば、心《しん》つねに〔阿弥陀仏《あみだぶつ》に〕親近《しんごん》して憶念《おくねん》断《た》えず、名《な》づけて無間《むけん》となす。もし後《のち》の雑行《ぞうぎょう》を行《ぎょう》ずれば、すなはち心《しん》つねに間断《けんだん》す。回向《えこう》して生《しょう》ずることを得《う》べしといへども、衆《おお》く疎雑《そぞう》の行《ぎょう》と名《な》づく」と。

（『註釈版聖典（七祖篇）』一一九一～一一九二頁）

## 【意訳】

善導大師が正行《しょうぎょう》と雑行《ぞうぎょう》の二行を立てて、雑行を捨て正行に帰された文。

善導大師の『観経疏』の第四「散善義《さんぜんぎ》」にいわれてある。「行について信を立てるにあたって、行には二種がある。一つには正行であり、二つには雑行である。正行とは、もっぱら浄土の経典に説かれている行を修めることをいうのである。それはどのようなことであろうか。一つには読誦《どくじゅ》、すなわち一心にもっぱら『観経』・『小経』・『大経』などを読誦することである。二つには観察、すなわち一心にもっぱら浄土や仏および聖者たちに心を集中し、よく観察して、思い続けることである。三つには礼拝、すなわち一心にもっぱら阿弥陀仏を礼拝することである。四つには称名《しょうみょう》、すなわち一心にもっぱら阿弥陀仏の名号を称えることである。五つには讃歎供養《さんだんくよう》、すなわち一心にもっぱら阿弥陀仏をほめたたえ供養することである。この五つを正行というのである。また、この正行の中に二種がある。一つには、ただ一心に阿弥陀仏の名号を称え、いついかなるときでも、また時の長短を問わず、相続して捨てないのを正定業という。阿弥陀仏の本願に順うからである。礼拝や読誦などは助業《じょごう》という。この正定業と助業以外のすべての行は、みな雑行という。正定業と助業の二行を修めるなら、心はいつも阿弥陀仏とともにあり、思う心が断えないから、これを無間修《むけんしゅ》という。雑行を修めるときは、いつも心が途切れる。これを修めることによって往生できるといっても、すべて、阿弥陀仏の本意にかなわない不純な行というのである」

## 【講　読】

### 二行章の構成

前章の二門章では、人間の悲しみや苦しみを乗りこえていく道には、聖道門と浄土門の二道があり、特に末法の世においては、浄土門の教えを依りどころとすべきことが明らかになりました。

さらにこの二行章では、浄土門の教えの行業を示して、どのような行業を修めたらよいかが説示されます。

二行章は次のような構成となっております。

標章の文——善導和尚、正雑二行を立てて、雑行を捨てて正行に帰する文

引　文——善導大師『観経疏』「散善義」の文を引いて証明する（就行立信の文）

私　釈——法然聖人自らの解釈によって往生の行業をよりあきからにする

（イ）往生の行相を明らかにする—往生の行業にどのような種類があり、要の行業は何であるかを示す

（ロ）二行の得失を述べる—正行を修する者はどのような利益をうけ、雑行を修する者はどのような利益を失うかについて述べる

## 標章の文について

善導和尚、正雑二行を立てて、雑行を捨てて正行に帰する文。

この標章の文が二行章の結論であり、これを善導大師の文（『観経疏』「散善義」就行立信の文）によって証明され、さらに法然聖人自らの解釈によってより明確にされるのです。

まず、「善導和尚」と、『観経疏』を著された善導大師の名前をあげます。法然聖人の往生浄土のみ教えは、いろいろな方の影響をうけています。『往生要集』を著した源信僧都《げんしんそうず》、『往生拾因《おうじょうじゅういん》』を書いた永観律師《えいかんりっし》、中国浄土教の曇鸞大師、道綽禅師など実に多くの方々の影響をうけていますが、『選択集』の結びに、「偏《ひとえ》に善導《ぜんどう》一師《し》に依《よ》る」（『註釈版聖典（七祖篇）』一二八六頁）と述べられているように、善導教義の影響を最もうけて、どのような行業を修すべきかという議論の展開がなされていることが知られます。

次に「正雑二行を立てて」と述べます。「正行とは何か、雑行とは何か」という問題は、次の『観経疏』の引文で明らかになりますが、「雑行」とは、いろいろな諸行がまじることを言います。聖道門の諸行ではなく、浄土門内において、浄土を願うための「諸行・万行」を「雑行」とあらわし、それに対する往生のための正しき行を「正行」と名づけます。以下の『観経疏』の文や法然聖人の私釈によれば、帰するところ、称名であり、それを正定業と示すのであります。しかもこの正行こそが、本願に順ずる念仏であることが知らされます。

なお標章の文で注目すべきは、

雑行を捨てて正行に帰する文

と結んで、『選択集』の中心の課題が提示されていることです。雑行（諸行・万行）を捨て、称名念仏を専ら修することを、ここで明らかにされています。

ここに「捨てる」と説示した法然聖人の真意はどこにあったのかが問題です。徹底して廃捨《はいしゃ》（廃し捨てる）の思想を示されたのか。それとも、しばらく廃捨を示されつつ、帰するところは、雑行をみとめようとする意向が法然聖人にあったとみるか。この雑行（諸行）と正行の課題は、大きなテーマであるので、漸次、述べていきたいと思います。

## 法然聖人の比叡山下山の理由

法然聖人が何歳の時に、いかなる著述とのめぐりあいによって回心され、比叡山を下りられたかについては、諸説があり、見解のわかれるところです。

ただし、いろいろな資料を通して、最も無理のない見方は、法然聖人が四十三歳の時、比叡山黒谷の経蔵において幾度も大蔵経《だいぞうきょう》を読んでおられ、善導大師の『観経疏』「散善義」の就行立信の文を読まれた時に、本願の念仏のお救いに遇われて、比叡山を下りる決心をされたという説です。

今、二行章に引かれる善導大師の就行立信（行について信を立てる）の文を拝読すると、原文は『観経疏』「散善義」の深心釈《じんしんじゃく》（『註釈版聖典（七祖篇）』四六三頁）に述べられてあります。そこに示されているのは、これから明らかになる、阿弥陀仏の本願において選択された念仏を専修することとなのですが、それではなぜ、法然聖人はこの文によって比叡山を下りる決心をされたのでしょうか。深心釈では、二種深信《にしゅじんしん》が示され、はるかなる過去より流転しつづける罪悪の身の信知（機《き》の深信）と、その罪悪の身が本願力によって生死を出離していくことを信知すること（法《ほう》の深信）が説かれます。以下、次々とこの深信の内容が明らかにされます。親鸞聖人は善導大師のこの深信の内容を、七深信《しちじんしん》として述べています（『註釈版聖典』五二二頁参照）。

続いて、善導大師は、いわゆる就人立信《じゅにんりっしん》（人について信を立てる）の文について述べられています。ここでいう「人」とは、釈迦《しゃか》および十方の諸仏のことで、就人立信とは、弥陀の名号を念ずれば往生を得ると勧められた釈迦と、その釈迦の教えに信順することを勧める諸仏に順うことを説くものです。そこには、十方の諸仏が三千世界で「時節《じせつ》の久近《くごん》を問《と》はず、ただよく上百年《かみひゃくねん》を尽《つく》し、下《しも》一日《にち》七日《にち》に至《いた》るまで、一心《しん》にもっぱら弥陀《みだ》の名号《みょうごう》を念《ねん》ずれば、さだめて往生《おうじょう》を得《う》る」（『註釈版聖典（七祖篇）』四六三頁）と釈迦の教えをほめ讃え、その教えが真実であることを証明しています。

法然聖人にとって、「二行章」に引かれた就行立信の文が、比叡山を下りる大きな契機となったのではありますが、この深信釈に説かれる、機法二種《きほうにしゅ》、さらには、釈迦および諸仏の強い勧めが、この二行章の就行立信の文と重なっていることに注意すべきでしょう。

## 就行立信の文について

これから就行立信の文について拝読していきますが、前述したように、善導大師は深心釈において、就人立信（人について信を立てる）から就行立信（行について信を立てる）へと説きすすめられます。釈迦、弥陀二尊が一致してお勧め下さる、教法、南無阿弥陀仏の専修は、すべて本願のはたらきによることを示しておられます。

「行につきて信を立つ（就行立信）」という表現は少しわかりにくいのですが、絶対帰依していく行を明らかにする、疑いながらではなく、本願に順って行ずる往生の行業を明らかにするということであります。

次に「行に二種あり。一には正行、二には雑行なり」と述べられます。すでに述べたように、この場合の「雑行」は、浄土門の中における雑行です。雑行は「諸行」とも言い、「万行」とも言います。聖道門の教えは、この世でさとりを開く教えですから、そのために、さまざまな行業を修めます。ここでは、このような即身成仏《そくしんじょうぶつ》のための諸行ではなく、すでに浄土に生れる身を願いつつ、さまざまな行業を修めることを雑行と定義しています。

さらに正行について、五正行《ごしょうぎょう》が説かれます。それらを整理すれば、次のように表すことが出来ます。

読　誦――一心に専ら浄土の三部経を読誦すること。
観　察――一心に専ら浄土と阿弥陀仏と浄土の聖者を観察し、思い続けること。
礼　拝――一心に専ら阿弥陀仏を礼拝すること。
称　名――一心に専ら阿弥陀仏の御名（名号）を称えること。
讃歎供養――一心に専ら阿弥陀仏をほめ讃え供養すること。

善導大師は、この五正行の中、第四の称名行を正定業とし、前の三業と後の一業を助業と述べています（前三後一《ぜんさんごいつ》の助業と言いならわしています）。

つまり、浄土に往生する行業の中心に定められた行を称名とし（称名正定業）、その他の四行は、称名を助け、往生を成じさせる行業ということから、助業と定めるのです。

ところで就行立信の中、称名正定業を示される原文を確かめると次のような文になっています。

一心《しん》にもつぱら弥陀《みだ》の名号《みょうごう》を念じて、行住坐臥《ぎょうじゅうざが》に時節《じせつ》の久近《くごん》を問《と》はず念々《ねんねん》に捨《す》てざるは、これを正定《しょうじょう》の業《ごう》と名《な》づく、かの仏《ぶつ》の願《がん》に順《じゅん》ずるがゆゑなり。（『註釈版聖典（七祖篇）』四六三頁）

ここで善導大師は、「名号を念じて」「念々に捨てざるは」とある「念」を称名の意味にとり切っています。これは実に大胆な見解であります。

もともと、我われの依りどころとする『無量寿経』には、四十八願が誓われています。特に第十八願のお誓いに「乃至十念《ないしじゅうねん》」（『註釈版聖典』一八頁）とありますが、善導大師はこれを「十声《じっしょう》」とよみ、「称我名号《しょうがみょうごう》」（我が名を称えてくれよ、称名念仏の本願に順ってくれ）の誓いとみられました（『註釈版聖典（七祖篇）』七一一頁など）。次章の本願章で詳しく述べることになりますが、念には観念《かんねん》、憶念《おくねん》、称念《しょうねん》など、いろいろな見方があります。法然聖人もまた、善導大師と同じく称名念仏とみられて、今、就行立信の文に説かれる「一心専念《いっしんせんねん》」は一心に専ら称名念仏申すことであると示されます。

さらに就行立信の文で注目すべきは、称名が正定業である理由について、「かの仏の願に順ずるがゆゑに」とあることです。法然聖人は、善導大師がこのように受けとめられたということではなく、どこまでも阿弥陀仏の本願に順う行業だからと説かれているのです。こうして、往生の行業に五正行をたて、称名こそ正定業で、前三後一の行業は助業とみるのです。すべてが本願のお誓いにもとづいて明らかにされているのです。

結びでは雑行について言及し、正行（正定業と助業）を修める者は、阿弥陀仏に親近《しんごん》し、たえず阿弥陀仏への憶いが続くのであるが、正定業・助業以外の他の行業（雑行）を修するものは、阿弥陀仏への憶いがとぎれて、たとえ浄土に生れることがあっても、それは「疎雑《そぞう》の行《ぎょう》」（阿弥陀仏の本意にかなわない不純な行）と名づけると述べています。

これらの正行と雑行の問題は、就行立信の文をうけながら、次の私釈においてより明瞭となります。前述してきた、就行立信の文を表示すれば次のようになります。

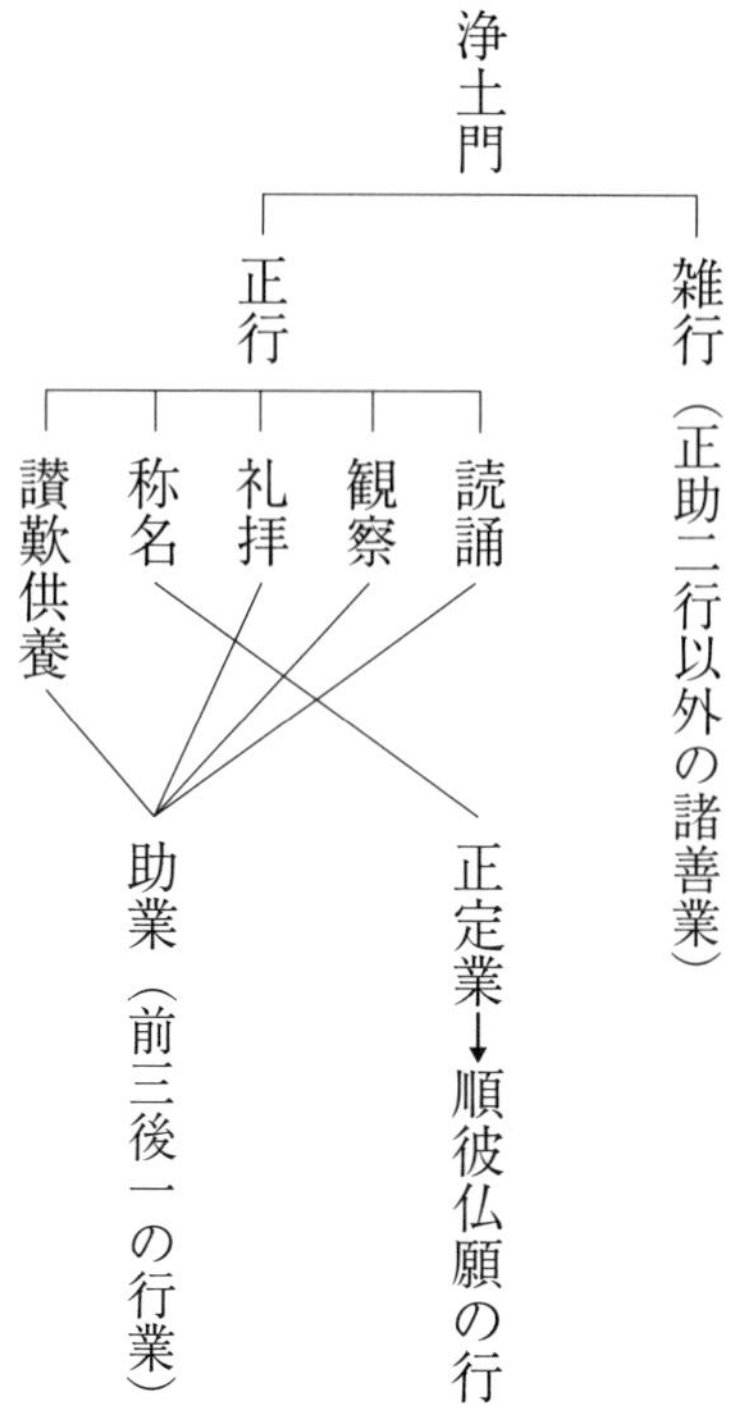


なお、称名正定業については本願章で明らかにされ、他の助業との関係については三輩章《さんぱいしょう》で明らかにされます。

# 本文と意訳（二）

## 【本　文】

わたくしにいはく、この文《もん》につきて二の意《こころ》あり。一には往生《おうじょう》の行相《ぎょうそう》を明《あ》かす。二には二行《ぎょう》の得失《とくしつ》を判《はん》ず。初《はじ》めに往生《おうじょう》の行相《ぎょうそう》を明《あ》かすといふは、善導和尚《ぜんどうかしょう》の意《こころ》によらば、往生《おうじょう》の行《ぎょう》多《おお》しといへども大《おお》きに分《わか》ちて二となす。一には正行《しょうぎょう》、二には雑行《ぞうぎょう》なり。初《はじ》めの正行《しょうぎょう》とは、これにつきて開合《かいごう》の二の義《ぎ》あり。初《はじ》めの開《かい》を五種《しゅ》となし、後《のち》の合《ごう》を二種《しゅ》となす。初《はじ》めの開《かい》を五種《しゅ》となすといふは、一には読誦正行《どくじゅしょうぎょう》、二には観察正行《かんざつしょうぎょう》、三には礼拝正行《らいはいしょうぎょう》、四には称名正行《しょうみょうしょうぎょう》、五には讃歎供養正行《さんだんくようしょうぎょう》なり。（中略）初《はじ》めの正業《しょうごう》は、上《かみ》の五種《しゅ》のなかの第《だい》四の称名《しょうみょう》をもつて正定《しょうじょう》の業《ごう》となす。すなはち文《もん》（散善義）に、「一心《しん》にもつぱら弥《み》陀《だ》の名号《みょうごう》を念《ねん》じて、行住坐臥《ぎょうじゅうざが》時節《じせつ》の久近《くごん》を問《と》はず念々《ねんねん》に捨《す》てざるもの、これを正定《しょうじょう》の業《ごう》と名《な》づく。かの仏《ぶつ》の願《がん》に順《じゅん》ずるがゆゑに」といふこれなり。次《つぎ》に助業《じょごう》は、第《だい》四の口称《くしょう》を除《のぞ》きてのほかの読誦等《どくじゅとう》の四種《しゅ》をもつてしかも助業《じょごう》となす。すなはち文《もん》（同）に、「もし礼《らい》誦等《じゅとう》によるをすなはち名《な》づけて助業《じょごう》となす」といふこれなり。

問《と》ひていはく、なんがゆゑぞ五種《しゅ》のなかに独《ひと》り称名念仏《しょうみょうねんぶつ》をもつて正定《しょうじょう》の業《ごう》となすや。答《こた》へていはく、かの仏《ぶつ》の願《がん》に順《じゅん》ずるがゆゑに。意《こころ》はいはく、称名念仏《しょうみょうねんぶつ》はこれかの仏《ぶつ》の本《ほん》願《がん》の行《ぎょう》なり。ゆゑにこれを修《しゅ》すれば、かの仏《ぶつ》の願《がん》に乗《じょう》じてかならず往生《おうじょう》を得《う》。その仏《ぶつ》の本願《ほんがん》の義《ぎ》、下《しも》に至《いた》りて知《し》るべし。（中略）

次《つぎ》に二行《ぎょう》の得失《とくしつ》を判《はん》ぜば、「もし前《さき》の正助《しょうじょ》二行《ぎょう》を修《しゅ》すれば、心《しん》つねに〔阿弥陀仏《あみだぶつ》に〕親《しん》近《ごん》して憶念《おくねん》断《た》えず、名《な》づけて無間《むけん》となす。もし後《のち》の雑行《ぞうぎょう》を行《ぎょう》ずるは、すなはち心《しん》つねに間断《けんだん》す。回向《えこう》して生《しょう》ずることを得《う》べしといへども、衆《おお》く疎雑《そぞう》の行《ぎょう》と名《な》づく」（散善義）と、すなはちその文《もん》なり。この文《もん》の意《こころ》を案《あん》ずるに、正雑《しょうぞう》二行《ぎょう》につきて五番《ばん》の相対《そうたい》あり。一には親疎対《しんそたい》、二には近遠対《ごんおんたい》、三には有間無間対《うけんむけんたい》、四には回向不回向対《えこうふえこうたい》、五には純雑対《じゅんぞうたい》なり。（中略）第《だい》四に不回向回向対《ふえこうえこうたい》といふは、正助《しょうじょ》二行《ぎょう》を修《しゅ》するものは、たとひ別《べつ》に回向《えこう》を用《もち》ゐざれども自然《じねん》に往生《おうじょう》の業《ごう》となる。ゆゑに『疏《しょ》』（玄義分）の上《かみ》の文《もん》にいはく、「いまこの『観経《かんぎょう》』のなかの十声仏《しょうぶつ》を称《しょう》するは、すなはち十願《がん》十行《ぎょう》ありて具足《ぐそく》せり。いかんが具足《ぐそく》する。〈南無《なも》〉といふはすなはちこれ帰命《きみょう》、またこれ発願回向《ほつがんえこう》の義《ぎ》なり。〈阿弥陀仏《あみだぶつ》〉といふはすなはちこれその行《ぎょう》なり。この義《ぎ》をもつてのゆゑにかならず往生《おうじょう》を得《う》」と。以上　次《つぎ》に

「回向《えこう》」といふは、雑行《ぞうぎょう》を修《しゅ》するものは、かならず回向《えこう》を用《もち》ゐる時《とき》に往生《おうじょう》の因《いん》となる。もし回向《えこう》を用《もち》ゐざる時《とき》には往生《おうじょう》の因《いん》とならず。ゆゑに「回向《えこう》して生《しょう》ずることを得《う》べしといへども」といふこれなり。（中略）

『往生礼讃《おうじょうらいさん》』にいはく、「もしよく上《かみ》のごとく念々相続《ねんねんそうぞく》して、畢命《ひつみょう》を期《ご》となすものは、十はすなはち十ながら生《しょう》じ、百《ひゃく》はすなはち百《ひゃく》ながら生《しょう》ず。なにをもつてのゆゑに。外《げ》の雑縁《ぞうえん》なく正念《しょうねん》を得《う》るがゆゑに。仏《ぶつ》の本願《ほんがん》と相応《そうおう》するがゆゑに。教《きょう》に違《い》せざるがゆゑに。仏語《ぶつご》に随順《ずいじゅん》するがゆゑに。（中略）仰《あお》ぎ願《ねが》はくは一切《さい》の往生人等《おうじょうにんとう》、よくみづからおのれが能《のう》を思量《しりょう》せよ。今身《こんじん》にかの国《くに》に生《しょう》ぜんと願《がん》ぜば、行住坐臥《ぎょうじゅうざが》にかならずすべからく心《しん》を励《はげ》まし、おのれを剋《こく》して昼夜《ちゅうや》に廃《はい》することなかるべし。畢命《ひつみょう》を期《ご》となせ。まさしく一形《ぎょう》にありて少苦《しょうく》に似《に》如たれども、前念《ぜんねん》に命終《みょうじゅう》して後念《ごねん》にすなはちかの国《くに》に生《しょう》じて、長時永劫《じょうじようごう》につねに無為《むい》の諸楽《しょらく》を受《う》く。乃至《ないし》成仏《じょうぶつ》まで生死《しょうじ》を経《へ》ず。あに快《こころよ》きにあらずや。知《し》るべし」と。

わたくしにいはく、この文《もん》を見《み》るに、いよいよすべからく雑《ぞう》を捨《す》てて専《せん》を修《しゅ》すべし。あに百即百生《ひゃくそくひゃくしょう》の専修正行《せんじゅしょうぎょう》を捨《す》てて、堅《かた》く千中無一《せんちゅうむ》の雑修雑行《ざっしゅぞうぎょう》を執《しゅう》せんや。行者《ぎょうじゃ》よくこれを思量《しりょう》せよ。

（『註釈版聖典（七祖篇）』一一九二～一二〇一頁）

## 【意　訳】

私見を述べる。この文について二つの意味がある。一つには往生の行がいかなるものであるかを明かし、二つには二行のすぐれた点と劣った点を判定する。初めに往生の行がいかなるものであるかを明かすというのは、善導大師のおこころによると、往生の行は多いけれども大きく分けて二つとする。一つには正行、二つには雑行である。初めに正行というのは、これについて開《かい》・合《ごう》の二義がある。初めには開いて五種とし、後には合して二種とされる。初めに、正行を開いて五種とするとは、一つには読誦正行、二つには観察正行、三つには礼拝正行、四つには称名正行、五つには讃歎供養正行である。（中略）初めに正業《しょうごう》というのは、上の五種の正行の中の第四の称名をもって正定《しょうじょう》の業《ごう》とする。すなわち善導大師の『観経疏』「散善義」の文に「一心に阿弥陀仏の名号を称え、いついかなる時でも、また時の長短を問わず、相続して捨てないのを正定の業という。かの阿弥陀仏の本願に順うからである」といわれたのがこれである。次に助業《じょごう》というのは、第四の称名を除いてほかの、読誦などの四種の正行をもって助業とする。すなわち同じく善導大師の文に「礼拝や読誦などは助業という」といわれたのが、これである。

問うていう。なにゆえに五種の正行の中で、称名念仏だけを正定の業とするのか。

答えていう。かの阿弥陀仏の本願に順うからである。その意味をいえば、称名念仏は、これは阿弥陀仏の本願に誓われた行である。ゆえに、これを修する者は、かの仏願によって必ず往生を得るのである。その本願の義は次章の本願章に至って知るべきである。（中略）

次に正行と雑行のすぐれた点と劣った点を判定するというのは、「正定業と助業の二行（正行）を修めるなら、心はいつも阿弥陀仏とともにあり、仏を思う心が断えないから、これを無《む》間修《けんしゅ》という。雑行を修めるときは、いつも心が途切れる。これを修めることによって往生できるといっても、すべて、仏の本意にかなわない不純な行というのである」といわれたのが、すなわちその文である。この文の意味を考えると、正行と雑行の二行について五つの対比がある。一つには親疎対《しんそたい》、二つには近遠対《ごんおんたい》、三つには有間無間対《うけんむけんたい》、四つには回向不回向対《えこうふえこうたい》、五つには純雑対《じゅんぞうたい》である。（中略）

第四に不回向回向対というのは、正定業と助業の二行（正行）を修める者は、たとい特別に往生のためにその行をふり向けようとしなくても、おのずから往生の業となる。ゆえに『観経疏』「玄《げん》義分《ぎぶん》」の上の文には「いまこの『観経』の中の十声の称名には、十願と十行があって具足する。どのように具足するのかというと、〈南無〉というのは、すなわち帰命ということであり、またこれは発願回向《ほつがんえこう》の意である。〈南無阿弥陀仏〉というのは、すなわち衆生が浄土に往生する行である。〈阿弥陀仏〉の六字の名号にはこのようないわれがあるから、必ず往生することができるのである」といわれてある。次の「回向」というのは、雑行を修める者は、必ず往生のために行をふり向けるとき、往生の因となる。もしふり向ける心をおこさなかったならば、往生の因とならない。ゆえに善導大師が「これを修めることによって往生できるといっても」といわれたのがこの意である。（中略）

『往生礼讃』にいわれてある。もし、よく上に述べたように生涯念仏を相続する者は、十人は十人すべて往生し、百人は百人すべて往生する。なぜならば、外部からのさまざまの妨《さまた》げがなくて正しい信心に安住するからであり、阿弥陀仏の本願にかなうからであり、釈尊の教えに違《たが》わないからであり、仏がたの教えに順うからである。（中略）どうか、往生を願うすべての人々よ、よく自分の能力を考えていただきたい。今、この一生をもって浄土への往生を願う者は、いついかなるときも、心を励ましておこたらず、昼も夜も念仏を捨ててはならない。命終るまで一生の間、行を修めることは、いささか苦しいようでもあるが、この世の命が終って後、ただちに浄土に生れて、常にいつまでもさとりの楽しみを受け、仏となって、もはや迷いの世界に輪廻《りんね》しないのである。なんと楽しいことではないか。よく知るがよい。

私見を述べる。この文を見るに、いよいよ雑行を捨てて正行をもっぱら修めねばならない。どうして百人は百人すべて生れる専修正行《せんじゅしょうぎょう》を捨てて、千人の中で一人も往生する者がいない雑修雑行《ざっしゅぞうぎょう》に固く執《と》らわれてよかろうか。行者はよくこれを思い量《はか》れ。

【講　読】

## 二行章私釈の構成

これから二行章の私釈について読み進めたいと思います。私釈の全文を掲載することができず、一部の抄出になっていますので、全体の構成を述べておきたいと思います。

(一)二行章は「往生の行相」と「二行の得失」から成ることを示す
(二)「往生の行相」について正行と雑行を挙げる
(三)五正行を挙げて、称名が正定業であり他の四業は助業であることを示し、称名正定業の内容を明らかにする
(四)五雑行について名目を挙げ、その内容を述べる

（五）「二行の得失」について五項目を挙げ、正行を修すべきことを述べる
（六）『往生礼讃』を引用して、正行は本願による行であることを示し、正行・雑行の得失を証明する

この二行章では、善導大師の『観経疏』の文を承けて、「往生の行相」と「二行の得失」の二つが論じられています。「往生の行相」とは、往生の行業について、正行と雑行があり、さらに五つの正行の中、どれを最も依りどころとすべきか、はっきりと示される部分です。「二行の得失」を論じる部分では、正行にはどのような利益があり、雑行はどのような利益を失うのか、はっきりと示します。

## 称名正定業

まず、「往生の行相」が論じられる部分では、正行を五種に開いて、読誦正行、観察正行、礼拝正行、称名正行、讃歎供養正行を明確に挙げます。以下、原文は省略しましたが、読誦正行より、その内容に言及されています。読誦正行とは「浄土三部経」をもっぱら読誦すること、観察正行は、阿弥陀仏とその浄土のありさまを観察することと示すように、五正行がいずれも阿弥陀仏に関わる行であることが順に示されていきます。また讃歎供養については、讃歎と供養とに開けば六正行に

なることが述べられます。

次に正行を合せて論じて、正定業と助業の二つに分けます。そして五正行の中、第四の称名を正定業と説きます。その証明として、善導大師の『観経疏』「散善義」の就行立信の文、「一心にもっぱら弥陀の名号を念じて、行住坐臥時節の久近を問はず念々に捨てざるもの、これを正定の業と名づく。かの仏の願に順ずるがゆゑに」が、改めて引用されています。さらに他の四行は助業であると、正定業と助業の内容を明らかにします。すでに先に引用された『観経疏』では、「もし礼誦等《らいじゅとう》によるをすなはち名《な》づけて助業《じょごう》となす」(『註釈版聖典(七祖篇)』一一九二頁)とありますが、これをうけて、第四の称名を除いたほかの読誦などの四行を助業とすると述べ、正定業に対して、助業をよりはっきりと示します。すなわち、第四の称名正定業に対して、前三後一の正行を助業と位置づけるのです。

さらに称名正定業の理由をはっきりさせるため問答が設けられています。そこでは、仏願に順ずる称名念仏であるから、称名を修すれば、必ず往生することができると説きます。

この仏願に順ずる称名を往生の正定業と定める見解は、もともと善導大師の主張ですが、この本願思想をうけとめられた法然聖人は、さらに掘りさげていかれます。次章の本願章では、これをうけて「選択本願の念仏」と説かれます。

またこの『選択集』で法然聖人がつねに注意している課題は、「諸行ではなぜ救われないか」という問題です。このことを聖人は折々に論ずるのですが、帰する結論は、諸行は選択本願の行ではないということです。すなわち「阿弥陀仏が本願によって称名念仏をお選びくださったのです」ということが、最終結論になるのです。

## 五種の雑行

次に雑行が明らかにされます。この部分の原文は省略いたしましたので理解しにくいところがあるかもしれません。先に善導大師が述べた、正定業と助業の二行を除いた諸善行を雑行と名づけられているのを、法然聖人はこの私釈で、雑行は無量にあるが、その中でも五種の正行に対して、五種の雑行があると述べて、それぞれをよりはっきりと考えてゆきます。

まず、読誦雑行、観察雑行と順次五雑行の名目を挙げた後に、その内容について次のように述べています。読誦雑行とは、前述した『観経』などの往生浄土の経典以外の経典を読誦することと示し、具体的には大乗・小乗、顕教・密教すべての経典を読誦することと定義しています。他の四行についても、阿弥陀仏に関わらない行業はすべて雑行であると説くのです。

このように二行章において五雑行の内容をより明解に示したことは、後に大きな波紋を呼ぶこととなりました。すなわち、阿弥陀仏に関わらないあらゆる行業を修している諸宗の行業を雑行と定め、これを廃するのですから、諸宗の行業を誹謗するとみられたわけです。『選択集』が一般に公開されたのは、法然聖人が示寂された後ですが、華厳宗の明恵上人《みょうえしょうにん》などは、直ちに『摧邪輪《ざいじゃりん》』、『摧邪輪荘厳記《ざいじゃりんしょうごんき》』を著して、『選択集』を厳しく批判しています。雑行の問題は、三輩章のところでくわしく述べたいと思います。

## 不回向の行

この二行章におけるもう一つの大きな柱は、「二行の得失」にあります。法然聖人は五項目を挙げて、正行を修すればどのような利益を得て、雑行を修めれば何を失うことになるかを明らかにします。はじめに善導大師の『観経疏』「散善義」の文を再び引いて、「正定業と助業を修めるなら、心はいつも阿弥陀仏とともにあり、思う心が断えないのに対して、雑行を修めるときは、阿弥陀仏への思いが途切れて、阿弥陀仏の本意にかなわない不純な行となる」（取意）と証して、正行と雑行の二行に五番の相対《そうたい》（五つの対比）があるとして、①親疎対、②近遠対、③有間無間対、④回向不回向対、⑤純雑対を挙げるのです。

この五番の相対は、正行と雑行を比較しながら、正行の利益をよりはっきり説くものです。ひたすら阿弥陀仏の御名を称える行ですから、正行を修する者は①阿弥陀仏と親しく（親縁《しんえん》）、②仏はここに来ておられ（近縁《ごんえん》）、③その思いはとぎれず（無間）、④浄土往生の行業としてふりむけなくても自然に往生行となり（不回向の行）、⑤専修の行であるから、純一の行であることが示されます。正行がいかに阿弥陀仏と深い関わりをもってつねに阿弥陀仏の救いのただ中にあるかを示しています。

ここで五番相対の中、第四の回向について言及しておきたいと思います。

法然聖人は、正定業と助業の二行（正行）を修するものは、こちらから往生の行業として回向しなくとも、十声称名するところ、十願、十行具足《ぐそく》する他力の行業であるから、自然に回向のはたらきとなる。したがって、不回向の行であると述べています。善導大師の願行具足《がんぎょう》をあらわす六字釈《しゃく》なども引き、自然に回向の行として成立するので不回向の行であると述べています。さらに注目すべきことは、

次に「回向」といふは、雑行を修するものは、かならず回向を用ゐる時に往生の因となる。もし回向を用ゐざる時には往生の因とならず。

と述べている点です。正定業と助業の二行（正行）は、不回向の行であるが、雑行もまた意識して回向すれば往生の行業となると、法然聖人は見られていたことが知られます。

二行章の主張はあくまで、正行を詳しく明らかにし、称名が正定業であることを示すことにあり

ますが、雑行を全く廃捨してしまうのではなく、回向すれば往生の行業になると、そこに含みがあることが知られます。

この点について、親鸞聖人は本願の念仏を如来より与えられる大行として示しますが、この如来より回向される行を「不回向の行」として語ります。これは、法然聖人の念仏観を継承する親鸞聖人の念仏観の特色であり、注目すべきでしょう。法然聖人は他力の行を示しつつ、衆生が称名を修するという場面で不回向を述べ、親鸞聖人は、如来が衆生に行を与えるという場面で不回向を示します。

## 正行は本願の行

法然聖人は、私釈を終えた後、さらに善導大師の『往生礼讃』の文を引いて、二行章の主張全体を証明します。

すなわち本願に順い、よく二行の得失を知り、自らの能力を思量して行住坐臥に称名念仏するものは、命終するとただちに浄土往生して仏のさとりの様々な楽を受けると讃えられる文を引用して、正行は本願の行であることを示し、正行・雑行の得失を改めて示すのです。

そして聖人は、これらをすべて結んで、

いよいよすべからく雑を捨てて専を修すべし。あに百即百生の専修正行を捨てて、堅く千中無一の雑修雑行を執せんや。行者よくこれを思量せよ。

と述べます。法然聖人が二行章を著されたお気持は、この結びに全て言い尽くされていると言えましょう。本願に順う称名念仏行が往生の行業である意味がよく知られます。

# 第三章　本願章のこころ

## 本文と意訳（一）

**【本　文】**

弥陀如来《みだにょらい》、余行《よぎょう》をもって往生《おうじょう》の本願《ほんがん》となさず、ただ念仏《ねんぶつ》をもって往生《おうじょう》の本願《ほんがん》となしたまへる文《もん》。

『無量寿経《むりょうじゅきょう》』の上《じょう》にのたまはく、「たとひわれ仏《ぶつ》を得《え》たらんに、十方《ぼう》の衆生《しゅじょう》、心《しん》を至《いた》し信楽《しん ぎょう》して、わが国《くに》に生《しょう》ぜんと欲《ほっ》して、乃至《ないし》十念《ねん》せんに、もし生《しょう》ぜずといはば、正覚《しょうがく》を取《と》らじ」（第十八願）と。

『観念法門《かんねんぼうもん》』に上《かみ》の文《もん》を引《ひ》きていはく、「もしわれ仏《ぶつ》にならんに、十方《ぼう》の衆生《しゅじょう》、わが国《くに》に生《しょう》ぜんと願《がん》じて、わが名号《みょうごう》を称《しょう》すること下《しも》十声《しょう》に至《いた》らんに、わが願力《がんりき》に乗《の》りて、もし生《しょう》ぜずは、正覚《しょうがく》を取《と》らじ」と。

『往生礼讃《おうじょうらいさん》』に同《おな》じき上《かみ》の文《もん》を引《ひ》きていはく、「〈もしわれ仏《ぶつ》にならんに、十方《ぽう》の衆生《しゅじょう》、わが名号《みょうごう》を称《しょう》すること下《しも》十声《しょう》に至《いた》るまで、もし生《しょう》ぜずは、正覚《しょうがく》を取《と》らじ〉と。かの仏《ぶつ》いま現《げん》に世《よ》にましまして仏《ぶつ》になりたまへり。まさに知《し》るべし、本誓重願虚《ほんぜいじゅうがんむな》しからず、衆生称念《しゅじょうしょうねん》すればかならず往生《おうじょう》することを得《う》」と。

わたくしにいはく、一切《さい》の諸仏《しょぶつ》おのおの総別《そうべつ》二種《しゅ》の願《がん》あり。「総《そう》」といふは四弘誓願《ぐぜいがん》これなり。「別《べつ》」といふは釈迦《しゃか》の五百《ひゃく》の大願《だいがん》、薬師《やくし》の十二の上願等《じょうがんとう》のごときこれなり。いまこの四十八の願《がん》はこれ弥陀《みだ》の別願《べつがん》なり。

問《と》ひていはく、弥陀如来《みだにょらい》、いづれの時《とき》、いづれの仏《ぶつ》の所《みもと》にしてかこの願《がん》を発《おこ》したまへるや。答《こた》へていはく、『寿経《じゅきょう》』（大経・上）にのたまはく、「仏《ぶつ》、阿難《あなん》に告《つ》げたまはく、〈乃往《ないおう》過去久遠無量不可思議無央数劫《かこくおんむりょうふかしぎむおうしゅこう》に、定光如来世《じょうこうにょらいよ》に興出《こうしゅつ》したまひて、無量《むりょう》の衆生《しゅじょう》を教化《きょうけ》し度脱《どだつ》して、みな道《どう》を得《え》しめて、すなはち滅度《めつど》を取《と》りたまへり。次《つぎ》に如来《にょらい》まします、名《な》づけて光遠《こうおん》といふ。（中略）

このなか、「選択《せんじゃく》」とはすなはちこれ取捨《しゅしゃ》の義《ぎ》なり。いはく二百《ひゃく》一十億《おく》の諸仏《しょぶつ》の浄土《じょうど》のなかにおいて、人天《にんでん》の悪《あく》を捨《す》て人天《にんでん》の善《ぜん》を取《と》り、国土《こくど》の醜《しゅう》を捨《す》て国土《こくど》の好《こう》を取《と》るなり。『大阿弥陀経《だいあみだきょう》』の選択《せんじゃく》の義《ぎ》かくのごとし。『双巻経《そうかんぎょう》』（大経・上）の意《こころ》また選択《せんじゃく》の義《ぎ》あり。

いはく、「二百一十億《ひゃくおく》の諸仏《しょぶつ》の妙土《みょうど》の清浄《しょうじょう》の行《ぎょう》を摂取《せっしゅ》す」といふこれなり。選択《せんじゃく》と摂取《せっしゅ》とその言《ことばこと》異なりといへども、その意《こころ》これ同《おな》じ。しかれば不清浄《ふしょうじょう》の行《ぎょう》を捨《す》てて、清浄《しょうじょう》の行《ぎょう》を取《と》る。上《かみ》の天《てん》・人《にん》の善悪《ぜんあく》、国土《こくど》の粗妙《そみょう》、その義《ぎ》またしかなり。これに准《じゅん》じて知《し》るべし。それ四十八願《がん》に約《やく》して、一往《おう》おのおの選択摂取《せんじゃくせっしゅ》の義《ぎ》を論《ろん》ぜば、（中略）第《だい》十八の念仏《ねんぶつ》往生《おうじょう》の願《がん》は、かの諸仏《しょぶつ》の土《ど》のなかにおいて、あるいは布施《ふせ》をもつて往生《おうじょう》の行《ぎょう》となす土《ど》あり。あるいは持戒《じかい》をもつて往生《おうじょう》の行《ぎょう》となす土《ど》あり。あるいは忍辱《にんにく》をもつて往生《おうじょう》の行《ぎょう》となす土《ど》あり。あるいは精進《しょうじん》をもつて往生《おうじょう》の行《ぎょう》となす土《ど》あり。あるいは禅定《ぜんじょう》をもつて往生《おうじょう》の行《ぎょう》となす土《ど》あり。あるいは般若《はんにゃ》　第一義《だいぎ》を信《しん》ずる等《とう》これなり。をもつて往生《おうじょう》の行《ぎょう》となす土《ど》あり。（中略）すなはちいま前《さき》の布施《ふせ》・持戒《じかい》、乃至孝養父母《ないしきょうようぶも》等《とう》の諸行《しょぎょう》を選捨《せんしゃ》して、専称仏号《せんしょうぶつごう》を選取《せんしゅ》す。ゆゑに選択《せんじゃく》といふ。しばらく五の願《がん》に約《やく》して略《りゃく》して選択《せんじゃく》を論《ろん》ずること、その義《ぎ》かくのごとし。自余《じよ》の諸願《しょがん》はこれに准《じゅん》じて知《し》るべし。

（『註釈版聖典（七祖篇）』一二〇一〜一二〇七頁）

【意　訳】

阿弥陀如来が他の行を往生の本願とせず、ただ念仏だけを往生の本願とされた文。

『大経』の上巻に説かれてある。「わたしが仏になったとき、すべての世界の衆生が心から信じて、わたしの国に生れたいと願い、わずか十回でも念仏して、もし生れることができないようなら、わたしは決してさとりを開きません」

『観念法門』に上の文を引いていわれる。「わたしが仏になったとき、すべての世界の衆生が、わたしの国に生れようと願って、わたしの名号を称えること、わずか十声のものに至るまで、わたしの本願のはたらきに乗じて往生することがなかったなら、わたしは決してさとりを開きません」

『往生礼讃』に同じく上の文を引いていわれる。「〈わたしが仏になったとき、すべての世界の衆生が、わたしの名号を称え、それがわずか十声ほどのものであってもみな往生させよう。もしそうでなければわたしはさとりを開きません〉と誓われている。阿弥陀仏は今、現に成仏しておられる。だから、深重《じんじゅう》の誓願《せいがん》（第十八願）は間違いなく成就されており、衆生が称名念仏すれば、必ず往生できると知るべきである」

私見を述べる。すべての仏たちには、おのおの総と別の二種の願がある。総願《そうがん》（すべての仏に共通する誓願）というのは、四弘誓願《しぐぜいがん》がこれであり、別願《べつがん》（それぞれの仏・菩薩の独自の誓願）というのは、釈尊の五百の大きな願や、薬師如来《やくしにょらい》の十二のすぐれた願などがこれである。いまこの四十八願は阿弥陀如来の別願である。

問うていう。阿弥陀如来は、いつの時、どの仏のみもとで、この願をおこされたのか。

答えていう。『大経』に説かれてある。「釈尊は阿難《あなん》に仰《おお》せになった。〈今よりはかり知ることのできないはるかな昔に、定光《じょうこう》という名の仏が世にお出ましになり、数限りない人々を教え導いて、そのすべてのものにさとりを得させ、やがて世を去られた。次に光遠《こうおん》という名の仏がお出ましになった。（中略）

この中に、「選択」というのは、すなわち取捨《しゅしゃ》の義である。二百一十億のさまざまな仏がたの浄土の中で、人・天の悪を捨てて人・天の善を取り、国土の粗末なものを捨てて国土の優れたものを取るのである。『大阿弥陀経』の選択の義はこの通りである。『大経』の意もまた選択の義がある。すなわち「法蔵菩薩は、こうして二百一十億のさまざまな仏がたが浄土をととのえるために修めた清らかな行を摂め取った（摂取《せっしゅ》）のである」と説かれてあるのがこれである。「選択」と『大経』に説かれる「摂取」とは、その言葉は異なるけれども、その意味は同じである。そうであるから、清浄でない行を捨てて清浄の行を取るのである。上の人・天の善悪、国土の優劣についても、その義はまた同様である。これに準じて知るべきである。

そもそも四十八願について、一応、選択・摂取の義をいえば、（中略）第十八の「念仏往生の願」とは、かのさまざまな仏がたの国土の中において、あるいは布施《ふせ》をもって往生の行とする国土がある。あるいは持戒《じかい》をもって往生の行とする国土がある。あるいは忍辱《にんにく》をもって往生の行とする国土がある。あるいは精進《しょうじん》をもって往生の行とする国土がある。あるいは禅定をもって往生の行とする国土がある。あるいは智慧（無上にして絶対的な真理を信ずるなどがこれである）をもって往生の行とする国土がある。（中略）そこで、今の第十八願では、前の布施・持戒をはじめとして父母に孝養をつくすなどの諸行を選び捨てて、専ら仏の名号を称えるのを選び取られるから選択というのである。しばらく五つの願について略して選択の義を述べた。その義はこの通りである。そのほかいろいろな願はこれに準じて知るべきである。

## 【講　読】

### 本願章の構成と標章の文

『選択集』の中心は、この本願章にあると言えます。この章では、本願（第十八願）に誓われた称名念仏がなぜ往生の行業と言えるのかについて詳しく述べています。本願章は次のような構成となっています。

標章の文――弥陀如来、余行をもつて往生の本願となさず、ただ念仏をもつて往生の本願となしたまへる文

引　文
- 『大経』第十八願文（本願文）
- 善導大師『観念法門』の文（本願加減《かげん》の文）
- 善導大師『往生礼讃』の文（本願自解《じげ》の文）

私　釈
- ①仏の願に総願と別願があり、阿弥陀仏の本願は別願であることを述べる
- ②第一問答　発願の時と所を問う
- ③第二問答　念仏に勝《しょう》と易《い》の二徳があることを述べる
- ④第三問答　本願の成就・不成就を明らかにする
- ⑤第四問答　本願文の「十念」は、善導大師が示された「十声」と同一であることを示す
- ⑥第五問答　本願文の「乃至《ないし》」と善導大師が示された「下至《げし》」とが同一であることを述べる

まず、標章の文に、「弥陀如来、余行をもつて往生の本願となさず、ただ念仏をもつて往生の本

願となしたまへる文」とあります。ここに、称名念仏一行こそが「選択本願の念仏」であるという、この章全体の主張があらわされています。

法蔵菩薩という修行者があらゆる人々を救いたいという願いを発され、称名念仏一行を選び取られ（選取）、念仏以外の行を選び捨てられました（選捨）。法蔵菩薩が願いを発された通りにその願いは成就して、法蔵菩薩は阿弥陀仏となられました。そこで選び取られた称名念仏は、最も勝《すぐ》れた行であり、誰もが行じ易《やす》い行です。しかもそれは、数にとらわれない他力《たりき》の行です。すなわち、私が本願に順って専ら称名念仏いたしますが、それは、あらゆる人々を救いたいという、平等の慈悲《じひ》の心に催《もよお》された阿弥陀仏が選ばれた行であって、「選択本願の念仏」であることを示します。

これらの点は、以下に詳しく述べられる、この章の要旨ですが、すでに標章の文でその結論を明示しているのです。

## 「いま、現に」勧められる

標章の文のあと、これを証明するために『大経』第十八願文（本願文）と、善導大師が『観念法門』と『往生礼讃』の中で本願を取意し解釈された文が引かれます（「本願加減の文」「本願自解の文」）。

法然聖人は、「偏《ひとえ》に善導《ぜんどう》一師《し》に依《よ》る」（『註釈版聖典（七祖篇）』一二八六頁）といわれるように、善導大師の教えに強い影響を受けておられます。善導大師は、第十八願文の「乃至十念」を、「称我名号（わが名号を称する）」と受けとめ、また「下至十声（下《しも》十声に至るまで）」と見ていかれます。法然聖人も善導大師のこの解釈文により、「乃至十念」は、一声の称名から一生涯にわたる、数にとらわれない称名念仏の誓いであると受けとめていかれます。

この引文で注目すべきは『往生礼讃』の文です。第十八願文を取意した文を受けて、

かの仏いま現に世にましまして仏になりたまへり。まさに知るべし、本誓重願虚しからず、衆生称念すればかならず往生することを得。

と説かれています。法蔵菩薩は今、現に極楽浄土で成仏して阿弥陀仏となられているのであり、それは必ず衆生を救いたいという本願が完成しているということです。ゆえにその本願に誓われている称名念仏を申すものは、必ず浄土に往生することを得ると示されています。念仏往生のみ教えは、つねに今、阿弥陀仏の私へのお勧めであることを説かれます。

『大経』には、法蔵菩薩が成仏して阿弥陀仏となられたのは十劫《じっこう》の昔であると説かれていますが（『註釈版聖典』二八頁参照）、善導大師は、十劫の昔の成仏のままが、「今現在世成仏《こんげんざいせじょうぶつ》（かの仏《ぶつ》いま現《げん》に世《よ》にましまして仏《ぶつ》になりたまへり）」と受けとめます。そして、『小経』に「今現在説法《こんげんざいせっぽう》（いま現《げん》にましまして法《ほう》を説《と》きたまふ）」（『同』一二一頁）とあるように、阿弥陀仏が、今、現に、私たちに念

仏往生をお勧め下さっているとみられます。法然聖人は、善導大師のこの文を本願章の冒頭に念仏往生を明らかにする文として引かれるだけでなく、本願章の第三問答で、本願の成就・不成就を論ずる折にも引証されます。

また親鸞聖人は、『教行信証』の結びに、法然聖人より『選択集』の書写を許されたことを感激をもって語られます。その折に法然聖人の真影《しんねい》（絵像）を申しあずかり、その真影を写して、聖人のもとに持参すると、法然聖人は真筆をもって「南無阿弥陀仏」と『往生礼讃』の本願取意の文（これを本願自解の文とあらわします）をお書きになったのです（『同』四七二頁参照）。ここに、善導大師の「今現在世成仏」の真意が法然聖人に受けつがれ、親鸞聖人に継承されていることが知られます。

## 総願と別願について

本願章の私釈は、はじめに総願と別願の問題より述べています。総願とは、すべての仏に共通する誓願のことで四弘誓願のことです。四弘誓願とは、①一切の衆生を救済しよう、②一切の煩悩を断とう、③一切の法門を学びとろう、④この上ないさとりを成就しよう、という四つの願いのことで、一切の衆生を救いたいという利他と、煩悩を断じ、法門を知り、仏果を得ようとする自利の願いから成ります。別願とは、それぞれの仏の独自の誓願をいいます。

最初に、一切の諸仏に総願と別願の二種の願があると明示して、阿弥陀仏の四十八願は、釈迦の五百大願、薬師の十二願と同じく別願であると説きます。これは大変注目すべき指摘です。すべての諸仏に共通する、自利利他の精神にもとづいた四弘誓願を示した上で、別願である阿弥陀仏の四十八願を示すことによって、阿弥陀仏の本願が諸仏と共通した本願思想の上に、その精神を展開させていることを明示するのです。

## 法蔵菩薩の発願の時と所を問う

続いて私釈の中、五つの問答が設けられ、選択本願の念仏の内容が明らかにされます。第一の問答では、

問ひていはく、弥陀如来、いづれの時、いづれの仏の所にしてかこの願を発したまへるや。

と問いをおこして、本願の念仏が、いつ、どこで、どのように発願されたかを明らかにするのです。この箇所の原文は省略しましたので、以下にその内容を示します。

はかりしれない無限の過去に定光如来がお出ましになられ、無量の衆生を教化され、道を得させてやがて世を去られました。次に光遠という仏がお出ましになられ、以後、五十三の仏が次々と出現され衆生を教化されました。やがて世自在王仏《せじざいおうぶつ》の時代となり、一人の国王が法蔵菩薩という修行

者となって、世自在王仏を師仏として、あらゆる衆生を救わんがために発願し、思惟《しゆい》し、修行をされます。世自在王仏は、法蔵菩薩の願いのままに、二百一十億の諸仏の国土に住んでいる人々の善悪と、国土の粗末な点と優れた点をお見せになりました。法蔵菩薩は、とらわれのない、きわめて静かな心で、五劫《ごこう》という長い間、思惟して、最もすぐれた念仏の行を選取されます。

この文によれば、法蔵菩薩が選取された念仏行は、無限の過去よりあらゆる衆生を救いたいという仏がたの救済の意志が受け継がれ、世自在王仏の所《みもと》において、法蔵菩薩の願心《がんしん》となり、選取されたものであることが知られます。

## 選択のこころ

この第一問答で注目すべきことは、「選択」とは「取捨」の意であることを明示されることです。法然聖人は、正依の『大経』の異訳である『大阿弥陀経』に出る「選択」とは、二百一十億の仏土の中より、人・天の悪を選び捨て、人・天の善を選び取り、醜を選び捨て、好ましいものを選び取ることであると示されます。そして、『大阿弥陀経』だけではなく、『大経』にも「選択」の意があると述べて、その「二百一十億の諸仏の妙土の清浄の行を摂取す」の文をあげられます。「摂取」と「選択」と表現は異なるが、その意味は、不清浄の行を捨て（選捨）、清浄の行を取る（選取）ことであると明示されます。

この点について、諸仏の国土にはそれぞれ、布施・持戒などの六波羅蜜《ろっぱらみつ》の行を往生の行とするものがあるが、それらの行を選捨して「専称仏号《せんしょうぶつごう》（専ら仏《ぶつ》の名《みな》を称《しょう》す）」を選取することを述べます。

なおこの後、原文は省略しましたが、第十八の念仏往生の願が、選択本願の行であることを証明するために、第一「無三悪趣《むさんまくしゅ》の願」より、第二「不更悪趣《ふきょうあくしゅ》の願」、第三「悉皆金色《しっかいこんじき》の願」、第四「無《む》有好醜《うこうしゅ》の願」をあげて、各々の願において、粗悪を捨て、最も優れた内容を取るという「選捨」と「選取」の義があることを述べます。第十八願の念仏行の選取を証明するために、四十八願の中、第一願より第四願を引いて証明することは、四十八願のすべてに選択思想があることを示し、それらの中心に第十八願の選択思想があることを説くものです。

そして、第十八願の「専称仏号」の選びについては、諸仏の国土の往生行に、さまざまの行があることを述べ、特に六波羅蜜行の他に、菩提心、六念《ろくねん》、持経《じきょう》、孝養父母《きょうようぶも》、奉事師長《ぶじしちょう》などの善行《ぜんぎょう》があることを詳しく述べて、それらの諸行をすべて廃捨し、「専称仏号」を選取すると結びます。選捨、選取の主張によって、より明確に、あらゆる諸行（世間的な善根を含めて）を選捨する第十八願の選択の行は、ひたすら阿弥陀仏の名を称えることであると示すのです。

このように第一問答では、法蔵菩薩の発願の時と所を問い、定光如来より五十三仏に及ぶ、あらゆる衆生を救いたいという諸仏の意志が世自在王仏に継承され、法蔵の願心となることを『大経』の文を引いて明確にされます。さらに「選択」に「選取」と「選捨」の意味があることを明らかにされます。これは注目すべきことであり、法然聖人の主張される選択本願の思想は、法蔵菩薩の厳しい選びの思想にもとづくものであり、称名念仏以外の諸行を選び捨てるという主張であります。

# 本文と意訳（二）

## 【本 文】

問《と》ひていはく、あまねく諸願《しょがん》に約《やく》して粗悪《そあく》を選捨《せんしゃ》し善妙《ぜんみょう》を選取《せんしゅ》すること、その理《り》しかるべし。なんがゆゑぞ、第《だい》十八の願《がん》に、一切《さい》の諸行《しょぎょう》を選捨《せんしゃ》して、ただひとへに念仏《ねんぶつ》一行《ぎょう》を選取《せんしゅ》して往生《おうじょう》の本願《ほんがん》となしたまふや。答《こた》へていはく、聖意《しょうい》測《はか》りがたし。たやすく解《げ》することあたはず。しかりといへどもいま試《こころ》みに二の義《ぎ》をもつてこれを解《げ》せば、一には勝劣《しょうれつ》の義《ぎ》、二には難易《なんい》の義《ぎ》なり。初《はじ》めの勝劣《しょうれつ》とは、念仏《ねんぶつ》はこれ勝《しょう》、余行《よぎょう》はこれ劣《れつ》なり。所以《ゆえん》はいかんとならば、名号《みょうごう》はこれ万徳《まんどく》の帰《き》するところなり。しかればすなはち弥陀《みだ》一仏《ぶつ》のあらゆる四智《ち》・三身《しん》・十力《りき》・四無畏等《むいとう》の一切《さい》の内証《ないしょう》の功徳《くどく》、相好《そうごう》・光明《こうみょう》・説法《せっぽう》・利生等《りしょうとう》の一切《さい》の外用《げゆう》の功徳《くどく》、みなことごとく阿弥陀仏《あみだぶつ》の名号《みょうごう》のなかに摂在《しょうざい》せり。ゆゑに名号《みょうごう》の功徳《くどく》もつとも勝《しょう》となす。余行《よぎょう》はしからず。おのおの一隅《ぐう》を守《まも》る。ここをもつて劣《れつ》となす。たとへば世間《せけん》の屋舎《おくしゃ》の、その屋舎《おくしゃ》の名字《みょうじ》のなかには棟《とう》・梁《りょう》・椽《てん》・柱等《ちゅうとう》の一切《さい》の家具《けぐ》を摂《せっ》せり。棟《とう》・梁等《りょうとう》の一々の名字《みょうじ》のなかには一切《さい》を摂《せっ》することあたはざるがごとし。これをもつて知《し》るべし。しかればすなはち仏《ぶつ》の名号《みょうごう》の功徳《くどく》、余《よ》の一切《さい》の功徳《くどく》に勝《すぐ》れたり。ゆゑに劣《れつ》を捨《す》てて勝《しょう》を取《と》りてもつて本願《ほんがん》となしたまへるか。次《つぎ》に難易《なんい》の義《ぎ》とは、念仏《ねんぶつ》は修《しゅ》しやすし、諸行《しょぎょう》は修《しゅ》しがたし。（中略）以上　ゆゑに知《し》りぬ、念仏《ねんぶつ》は易《やす》きがゆゑに一切《さい》に通《つう》ず。諸《しょ》行《ぎょう》は難《かた》きがゆゑに諸機《しょき》に通《つう》ぜず。しかればすなはち一切衆生《さいしゅじょう》をして平等《びょうどう》に往生《おうじょう》せしめんがために、難《なん》を捨《す》て易《い》を取《と》りて、本願《ほんがん》となしたまへるか。もしそれ造像起塔《ぞうぞうきとう》をもつて本願《ほんがん》となさば、貧窮困乏《びんぐこんぼう》の類《たぐい》はさだめて往生《おうじょう》の望《のぞ》みを絶《た》たん。しかも富貴《ふき》のものは少《すく》なく、貧賤《びんせん》のものははなはだ多《おお》し。もし智慧高才《ちえこうざい》をもつて本願《ほんがん》となさば、愚鈍下智《ぐどんげち》のものはさだめて往生《おうじょう》の望《のぞ》みを絶《た》たん。しかも智慧《ちえ》のものは少《すく》なく、愚痴《ぐち》のものははなはだ多《おお》し。もし多聞多見《たもんたけん》をもつて本願《ほんがん》となさば、少聞少見《しょうもんしょうけん》の輩《ともがら》はさだめて往生《おうじょう》の望《のぞ》みを絶《た》たん。しかも多聞《たもん》のものは少《すく》なく、少聞《しょうもん》のものははなはだ多《おお》し。もし持戒持律《じかいじりつ》をもつて本願《ほんがん》となさば、破戒無戒《はかいむかい》の人《ひと》はさだめて往生《おうじょう》の望《のぞ》みを絶《た》たん。しかも持戒《じかい》のものは少《すく》なく、破戒《はかい》のものははなはだ多《おお》し。自余《じよ》の諸行《しょぎょう》これに准《じゅん》じて知《し》るべし。まさに知《し》るべし、上《かみ》の諸行等《しょぎょうとう》をもつて本願《ほんがん》となさば、往生《おうじょう》を得《う》るものは少《すく》なく、往生《おうじょう》せざるものは多《おお》からん。しかればすなはち弥陀如来《みだにょらい》、法蔵比丘《ほうぞうびく》の昔《むかし》平等《びょうどう》の慈悲《じひ》に催《もよお》されて、あまねく一切《さい》を摂《せっ》せんがために、造像起塔等《ぞうぞうきとうとう》の諸行《しょぎょう》をもつて往生《おうじょう》の本願《ほんがん》となしたまはず。ただ称名念仏《しょうみょうねんぶつ》一行《ぎょう》をもつてその本願《ほんがん》となしたまへり。

（『註釈版聖典（七祖篇）』一二〇七～一二一〇頁）

## 【意　訳】

問うていう。あまねくいろいろの願について、粗悪《そあく》を選び捨てて善妙《ぜんみょう》を選び取られたことは、その理《り》はそうであろう。どういうわけで第十八願に一切の諸行を選び捨てて、ただひとえに念仏の一行だけを選び取って往生の本願とされたのであるか。答えていう。仏の思召《おぼしめ》しは測りがたくて、たやすく解釈することはできないけれども、今、試みに二義をもってこれを解釈すれば、一つには勝劣《しょうれつ》の義、二つには難易の義である。初めに勝劣の義とは、念仏は勝れ、ほかの行は劣っているということである。なぜ念仏の一行が最も勝れた行であるかというに、名号にはあらゆる徳が摂《おさ》まっているからである。すなわち、阿弥陀仏が持っておられる、四智《しち》（四種の智慧《ちえ》）・三身《さんしん》（三種の仏身《ぶっしん》）・十力《じゅうりき》（十種の智力）・四無畏《しむい》（説法に際しての畏《おそ》れることのない四種の自信）などの内にさとられたすべての徳と、相好《そうごう》（すぐれた容貌・形相《ぎょうそう》）・光明《こうみょう》・説法・利生《りしょう》（衆生を利益する）などの外にはたらくすべての功徳《くどく》とが、皆ことごとく阿弥陀仏の名号の中に摂まっている。ゆえに名号の功徳が最も勝れているのである。念仏以外の行はそうではなく、おのおの一部分の功徳だけである。そこで劣っているとするのである。たとえば、屋舎《おくしゃ》という名前には、棟《むなぎ》・梁《はり》・椽《たるき》・柱など、家を構成するすべての材料が含まれているけれども、棟や梁などのおのおのの名前には、それらすべての材料を含ませることができないようなものである。これをもって知るべきである。そういうわけであるから、仏の名号は、ほかのすべての功徳に勝れているので、劣っているものを捨て、勝れているものを取って本願とされたのであろう。次に難易の義とは、念仏は修め易く諸行は修め難い。（中略）ゆえに知られる。念仏は称え易いので、すべての人に通じ、諸行は行ずることが難しいからすべての人には通じないのである。そういうわけであるから、すべての生きとし生ける者を平等に往生させるために、難しいものを捨て、易しいものを取って本願とされたのであろう。

もし、仏像を造り塔などを建てることをもって往生の行とすれば、貧窮困乏《びんぐこんぼう》の人は往生できないであろう。ところが、富貴《ふき》の者は少なく、貧賤《ひんせん》の者は甚《はなは》だ多い。もし、智慧才能のあることをもって往生の行とすれば、愚鈍下智《ぐどんげち》の人は往生できないであろう。ところが智慧ある者は少なく、愚かな者は甚だ多い。もし、多聞多見《たもんたけん》をもって往生の行とすれば、少聞少見の人は往生できないであろう。ところが多く学んだ者は少なく、見聞が少ない者は甚だ多い。もし、戒律を堅《かた》くたもつことを往生の行とすれば、破戒・無戒の人は往生できないであろう。ところが戒《かい》を持《たも》つ者は少なく、戒を破る者は甚だ多い。そのほかの諸行はこれに準じて知るべきである。ゆえに、上に述べた諸行などをもって本願とされたならば、往生できる者は少なく、往生できない者は多いであろうということが知られる。そういうわけであるから、阿弥陀如来は、法蔵比丘《ほうぞうびく》であった昔に、平等の慈悲に催されて、あまねくすべての衆生を救うために、仏像を造り塔を建てるなどの諸行をもって往生の本願とされず、ただ称名の一行をもってその本願とされたのである。

## 【講読】

### 勝劣と難易の二義を示す

この問答は、五問答の中、選択本願の念仏について、最も大事な問題を述べています。次のような問いになっています。

すでに法蔵菩薩の願いが、四十八願の一々の願について、粗悪のものを選捨し、善妙のものを選取したことは理解出来たけれど、では第十八願においては、どのような理由で、一切の諸行を選捨し、ただひとえに念仏一行を選取し往生の本願となされたのであろうか。

この問いの中にすでに重要な問題が含まれています。あらゆる諸行を選捨し、専修称名一行を選取したところに法蔵菩薩の願いがあるが、その理由は何であろうかと、選択思想の根本をたずねているのです。

答えは、まず「聖意測《しょういはか》りがたし。たやすく解《げ》することあたはず」と、法蔵菩薩の願心を推測することが容易でないという謙虚な述べ方になっています。そして、「いろいろな見方が成立するであろうが、試みにその答えを考えれば、勝劣の義と難易の義がある」と示します。つまり念仏には勝と易の義があり、諸行には劣と難の義があることを指摘するのです。

## 勝劣の義

はじめに、念仏には勝の義があり、諸行には劣の義があると明示される箇所を見ていきます。

念仏一行が最も勝れた行であるというのは、「名号はこれ万徳の帰するところなり」と示されるように、その名号にあらゆる徳が摂まっているからです。すなわち、阿弥陀仏が具えておられる、四智、三身、十力、四無畏などの「内証の功徳（内にさとられた功徳）」も、相好、光明、説法、利生などの「外用の功徳（外に現れたはたらきの功徳）」も、すべて名号に摂められていると説きます。つまり、阿弥陀仏のあらゆる功徳が名号の中に摂められている、という名号の見方から、称名念仏の勝の徳を明らかにするのです。

これに対して、余行《よぎょう》（念仏以外の諸行）は一隅《いちぐう》の功徳しか具えていない行であると述べます。

この後、屋舎の譬えでわかりやすく念仏と諸行の関係について示します。すなわち、名号は屋舎であり、諸行はその一部分である、棟、梁、椽、柱などにあたると述べます。棟、梁、掾、柱は、屋舎の一部分を示す言葉に過ぎませんが、屋舎という言葉は、棟、梁、掾、柱など、すべてを含んでいます。この譬えによって、名号はすべての功徳を摂めるが、諸行は、名号の一部の功徳を含むに過ぎないと示します。

このような、名号を「万徳の所帰《しょき》（帰する所）」であるから、念仏を勝行《しょうぎょう》、諸行はその功徳の一部を含むだけであるから劣行《れつぎょう》とする見方は、すでに見たように『無量寿経』に説かれる、法蔵菩薩の五劫の思惟や兆載永劫《ちょうさいようごう》の修行によって、「専称仏号（専ら仏の名号を称えること）」が選取されたという理論にもとづいています。

また、名号は万徳の所帰という見方は、すでに、南都《なんと》浄土教の永観律師が著した『往生拾因』の中に指摘されるところです。法然聖人がそれらの主張の影響をうけたことは、従来の研究で指摘されるところですが、永観師の念仏は、あくまでも称名念仏によって三昧《さんまい》に住すること、つまり心を一処《いっしょ》に止めて乱さず、安らかで静かな状態になることが強調されるものです。法然聖人が、称名念仏は本願に順って専修するのであり、浄土に往生していく行であるとされることは注目すべきことであります。

## 難易の義

難易の義については、「念仏は修しやすし、諸行は修しがたし」と、まず結論を示します。

これを証明するために『往生礼讃』と『往生要集』を引用します。今は原文を省略していますが、なぜ称名念仏を重視するのかということについて、善導大師の文では、「観察などの行は、心を集中させねばならないけれど、人びとの心は、動き続けてとても集中させることはできません。これに対して称名念仏は、修しやすいので、これを続けることが出来ます」（『註釈版聖典（七祖篇）』一二〇八頁、取意）と、難行と易行の問題を出して述べています。また源信和尚の文でも、「念仏を勧めることは、他の難行を否定するのではないのだけれど、念仏は、称え易いので、男も女も、貴族の者も一般の人びとも、どのような生活をしていても、いつでも行ずることが出来ます。それは臨終に浄土往生を願う場合でも、同じです」（同頁、取意）と述べています。この両師の文は、阿弥陀仏が本願に称名念仏を選ばれた意味を的確に表しています。称名念仏は誰でも、いつでも、どこでも、修することが出来る行であると説かれているのです。

このことは、法然聖人も次の文に示されています。

念仏は易きがゆゑに一切に通ず。諸行は難きがゆゑに諸機に通ぜず。しかればすなはち一切衆生をして平等に往生せしめんがために、難を捨て易を取りて、本願となしたまへるか。(中略)しかればすなはち弥陀如来、法蔵比丘の昔平等の慈悲に催されて、あまねく一切を摂せんがために、造像起塔等の諸行をもつて往生の本願となしたまはず。ただ称名念仏一行をもつてその本願となしたまへり。

ここでは、二つの大事な点をあげています。

第一点は、念仏は称え易いので、あらゆる人が実践することが出来ると指摘されることです。これに対して諸行は、行ずることが出来る人と出来ない人がいます。「念仏のみを本願の行として選択されたとは、なんと狭い排他的な主張であろうか」というようには法然聖人は見られません。むしろ諸行を修することのほうがむつかしく、限られた人びとの行となっているので、諸行のほうが出来る人の限られた排他的なものであったことを説き、念仏行こそすべての人びとに開かれた行であると示しているのです。

そのことを、法然聖人はいくつかの例をあげて示されます。まず「仏像を造り塔などを建てることをもって往生の行とすれば、貧窮困乏の人は往生できない」と述べます。これは経済的に恵まれない人々が多いけれど、本願はその人びとをもめあてとしているということです。また、「智慧才能のあることをもって往生の行とすれば、愚鈍下智の人は往生できない」と述べます。これは能力の不足に悩む人が多いけれど、本願はその人びとをめあてとしているということです。さらに、「多聞多見をもって往生の行とすれば、少聞《しょうもん》少見《しょうけん》の人は往生できない」と述べます。多聞多見とは、仏教の学問が多い人ということで、少聞少見は逆になかなか仏教の学問ができない人のことです。けれども本願は、その少聞少見の人をもめあてとしているのです。そして最後に、「戒律を堅くたもつことを往生の行とすれば、破戒・無戒の人は往生できない」と説きます。戒律を破った人であっても、またはじめから全く戒律を持つことのない無戒の人であっても、その人を救いのめあてとしているのです。

　このように法然聖人は、「誰でもの救い」を示されるにあたって、「貧窮困乏」、「愚鈍下智」、「少聞少見」、「破戒無戒」の人びとに注目し、今まで仏教とは無縁だと考えられてきた人びとに焦点をあてて、その人びとこそ救いのめあてであることを明らかにしています。

　第二点は、誰にでも開かれた行とは、阿弥陀仏のすべての人を救いたいという「平等の慈悲心」にもとづくと指摘されていることです。すなわち、誰にでも開かれている行として、称名念仏が本願の行に選択されたことの根本に、「如来の慈悲心」があるのです。阿弥陀仏の願心が慈悲心にしぼられている点に注目すべきでしょう。

## 破戒・無戒の救い

以上のように勝劣の義と難易の義の二義をあげて、本願の念仏の内容について述べてきたのですが、一般的には、最も勝れた行であれば、誰でも行ずることは出来ない難行と考えられます。すると、誰でも修めることの出来る易行は劣った行ということになります。ところが、法然聖人は、全く異なる立場より、最も勝れた行は、誰でも行ずることが出来るから勝れているのであって、出来る人と出来ない人のあるような難行は、劣った行です、と説きます。たとえば、一般に、専門家が読むような高度な書物はすぐれているけれども、幼児にもわかるやさしい本は評価が低いと考えますが、法然聖人は、一般の考え方と全く異なって、どんな人にでもよくわかる書物こそ、最もすぐれていると評価されたと見ることができます。

法然聖人はこのような「勝易《しょうい》の二徳《にとく》」をみとめる主張の根本に、如来の大悲心《だいひしん》のはたらきをうけとめていかれます。すべての人を救いたいという如来の願いによって、私たちが考えがちな一般の見方とは全く異なる視点より、破戒・無戒の人の救いを説くのです。

仏道修行の上で、自己中心の想いを砕いていくためには、厳しく自らの生活を律していくための戒律を厳守していくことが大切になります。ですから持戒持律《じかいじりつ》の人こそ最もすぐれた人であり、身も心も清浄となって、解脱（さとり）にいたるというのが、仏教一般の見方です。このように戒律を守ることは、さとりへの道において最も重要な行業なのです。

ところが、「破戒・無戒の人が救いの目あて」であるということは、全く今までみ教えと関わりがなかった人びとに開かれた教えであるということを示します。

この後、法照禅師《ほっしょうぜんじ》の『五会法事讃《ごえほうじさん》』の文を引きます（原文省略）。すなわち「破戒にして罪根《ざいこん》の深き者も救われる、回心《えしん》して念仏すれば、よく瓦礫《がりゃく》も変じて金《こがね》となさしめられる」（『註釈版聖典（七祖篇）』一二一〇頁、取意）と、破戒・無戒の人の救いを証明します。法然聖人の時代は、末法の世において戒律を守る人を見ることは、「市中に虎を見るほどむつかしい」（『末法灯明記』取意、『註釈版聖典』四二二頁）と言われる時代ですから、破戒・無戒の人の救いが問題になりました。破戒・無戒の人の救いを説くことは、「誰でもの救い」を説くとともに、他の命を奪ってでも生きていかねばならない、罪業深き者の救いを明らかにすることになります。従って本願章で説かれる「勝易の二徳」のこころは、「悪人こそ救いのめあて」（悪人正機《あくにんしょうき》）を示していると見ることが出来ます。悪人正機のみ教えは、親鸞聖人のみ教えの特色であると考えられていますが、このようにすでに法然聖人が説いておられます。

それでは、法然聖人と親鸞聖人の主張は全く同じかと言えば、法然聖人の「悪人こそ救いのめあて」という主張を、親鸞聖人はより具体的に、しかも組織的に明らかにされたと見ることが出来ます。すなわち、父王《ぶおう》を殺した阿闍世太子《あじゃせたいし》の救いを「信巻《しんかん》」に明らかにされますので、すでに五戒の一つ、不殺生戒《ふせっしょうかい》を犯した阿闍世の救いを述べることになります。なお悪人の救いの問題は、別の機会にさらに述べたいと思います。

# 本文と意訳（三）

## 【本　文】

問《と》ひていはく、一切《さい》の菩薩《ぼさつ》はその願《がん》を立《た》つといへども、あるいは已成就《いじょうじゅ》あり、また未《み》成就《じょうじゅ》あり。いぶかし、法蔵菩薩《ほうぞうぼさつ》の四十八願《がん》はすでに成就《じょうじゅ》すとやなさん、はた未成就《みじょうじゅ》とやなさん。答《こた》へていはく、法蔵《ほうぞう》の誓願《せいがん》、一々に成就《じょうじゅ》す。いかんとならば、極楽界《ごくらくかい》のなかにすでに三悪趣《まくしゅ》なし。まさに知《し》るべし、これすなはち無《む》三悪趣《まくしゅ》の願《がん》（第一願）を成就《じょうじゅ》するなり。なにをもつてか知《し》ることを得《う》る。すなはち願成就《がんじょうじゅ》の文《もん》（大経・上）に、「また地獄《じごく》・餓鬼《がき》・畜生《ちくしょう》、諸難《しょなん》の趣《しゅ》なし」といふこれなり。（中略）かくのごとく初《はじ》め無《む》三悪趣《まくしゅ》の願《がん》（第一願）より終《おわ》り得《とく》三法忍《ぼうにん》の願《がん》（第四十八願）に至《いた》るまで、一々の誓願《せいがん》みなもつて成就《じょうじゅ》す。第《だい》十八の念仏往生《ねんぶつおうじょう》の願《がん》、あに孤《ひと》りもつて成就《じょうじゅ》せざらんや。しかればすなはち念仏《ねんぶつ》の人《ひと》みなもつて往生《おうじょう》す。なにをもつてか知《し》ることを得《う》る。すなはち念仏往生《ねんぶつおうじょう》の願成就《がんじょうじゅ》の文《もん》（同・下）に、「もろもろの衆生《しゅじょう》ありて、その名号《みょうごう》を聞《き》きて信心歓喜《しんじんかんぎ》して、乃至《ないし》一念《ねん》、心《しん》を至《いた》して回向《えこう》してかの国《くに》に生《しょう》ぜんと願《がん》ずれば、すなはち往生《おうじょう》を得《え》て不退転《ふたいてん》に住《じゅう》す」といふこれなり。（中略）

問《と》ひていはく、『経《きょう》』（大経・上）には「十念《ねん》」といふ、〔善導《ぜんどう》の〕釈《しゃく》には「十声《しょう》」といふ。念《ねん》・声《しょう》の義《ぎ》いかん。答《こた》へていはく、念《ねん》・声《しょう》は是《これ》一なり。なにをもつてか知《し》ることを得《う》る。『観経《かんぎょう》』の下品下生《げぼんげしょう》にのたまはく、「声《こえ》をして絶《た》えざらしめて、十念《ねん》を具足《ぐそく》して、〈南無阿弥陀仏《なもあみだぶつ》〉と称《しょう》せば、仏《ぶつ》の名《みな》を称《しょう》するがゆゑに、念々《ねんねん》のうちにおいて八十億劫《おくこう》の生死《しょうじ》の罪《つみ》を除《のぞ》く」と。いまこの文《もん》によるに、声《しょう》はこれ念《ねん》なり、念《ねん》はすなはちこれ声《しょう》なり。その意《こころ》明《あき》らけし。（中略）

問《と》ひていはく、『経《きょう》』（大経・上）には「乃至《ないし》」といひ、〔善導《ぜんどう》の〕釈《しゃく》には「下至《げし》」といふ。その意《こころ》いかん。答《こた》へていはく、乃至《ないし》と下至《げし》とその意《こころ》これ一なり。『経《きょう》』に「乃至《ないし》」といふは、多《た》より少《しょう》に向《む》かふ言《ことば》なり。多《た》といふは上《かみ》一形《ぎょう》を尽《つく》すなり。少《しょう》といふは下《しも》十声《しょう》・一声等《しょうとう》に至《いた》るなり。釈《しゃく》に「下至《げし》」といふは、下《げ》とは上《じょう》に対《たい》する言《ことば》なり。下《げ》とは下《しも》十声《しょう》・一声等《しょうとう》に至《いた》るなり。上《じょう》とは上《かみ》一形《ぎょう》を尽《つく》すなり。上下相対《じょうげそうたい》の文《もん》その例多《れいおお》しといへども、宿《しゅく》命通《みょうつう》の願《がん》（第五願）にのたまはく（同・上）、「たとひわれ仏《ぶつ》を得《え》たらんに、国《くに》のうちの人《にん》天宿命《でんしゅくみょう》を識《し》らずして、下百千億那由他諸劫《しもひゃくせんおくなゆたしょこう》の事《じ》を知《し》らざるに至《いた》るといはば、正覚《しょうがく》を取《と》らじ」と。かくのごとく五神通《じんずう》および光明《こうみょう》・寿命等《じゅみょうとう》の願《がん》のなかに、一々に「下至《げし》」の言《ことば》を置《お》く。これすなはち多《た》より少《しょう》に至《いた》り、下《げ》をもつて上《じょう》に対《たい》する義《ぎ》なり。上《かみ》の八種《しゅ》の願《がん》に例《れい》例《れい》するに、いまこの願《がん》の「乃至《ないし》」はすなはちこれ下至《げし》なり。このゆゑにいま善導《ぜんどう》の引釈《いんしゃく》するところの「下至《げし》」の言《ことば》、その意相違《こころそうい》せず。ただし善導《ぜんどう》と諸師《しょし》とその意不同《こころふどう》なり。諸《しょ》師《し》の釈《しゃく》には別《べっ》して十念往生《ねんおうじょう》の願《がん》（第十八願）といふ。善導独《ぜんどうひと》り総《そう》じて念仏往生《ねんぶつおうじょう》の願《がん》といへり。諸師《しょし》の別《べっ》して十念往生《ねんおうじょう》の願《がん》といふは、その意《こころ》すなはちあまねからず。しかる所以《ゆえん》は、上一形《かみぎょう》を捨《す》て、下《しも》一念《ねん》を捨《す》つるゆゑなり。善導《ぜんどう》の総《そう》じて念仏往生《ねんぶつおうじょう》の願《がん》といふは、その意《こころ》すなはちあまねし。しかる所以《ゆえん》は、上一形《かみぎょう》を取《と》り、下《しも》一念《ねん》を取《と》るゆゑなり。

（『註釈版聖典（七祖篇）』一二一〇～一二一四頁）

## 【意　訳】

問うていう。すべての菩薩はそれぞれ願を立てているけれども、あるいはすでに成就したものもあり、あるいはまだ成就していないものもある。いったい法蔵菩薩の四十八願はすでに成就したのであろうか、あるいはまだ成就していないのであろうか。答えていう。法蔵菩薩の誓願はそれぞれ成就されている。なぜかというと、極楽世界の中にすでに三悪趣（地獄・餓鬼・畜生）がない。ゆえに第一の「無三悪趣の願」を成就されたと知るべきである。何によってそう知られるかというと、第一願の成就文《じょうじゅもん》に「また、地獄や餓鬼や畜生などのさまざまな苦しみの世界もない」と説かれているのがその証拠である。（中略）このように、初めは「無三悪趣の願」から、終りは「得三法忍《とくさんぼうにん》の願」に至るまで、一つ一つの誓願はみな成就されている。どうして第十八の「念仏往生の願」だけが成就されていないということがあろうか、当然成就している。そのようなわけであるから念仏する人はみな往生する。何によってそう知られるかというと、「念仏往生の願」の成就文に「すべての衆生が、無量寿仏《むりょうじゅぶつ》の名（名号）を聞いて信じ喜び、わずか一回でも仏を念じて（称名念仏して）、心からその功徳をもって無量寿仏の国に生れたいと願う人びとは、みな往生することができ、不退転の位に至るのである」と説かれているのがこれである。（中略）

問うていう。『無量寿経』（『大経』）には「十念」といい、善導大師の『観念法門』と『往生礼讃』には「十声」というが、この「念」と「声」との異同はどうであるか。答えていう。「念」は「声」と同一である。どうして知ることができるかというに、『観無量寿経』（『観経』）の「下品下生」に、「声を続けて南無阿弥陀仏と十回口に称えると、仏の名を称えたことによって、一声一声称えるたびに八十億劫という長い間の迷いのもとである罪が除かれる」と説かれている。今この文に依れば、「声」はこれ「念」であり、「念」はすなわち「声」であると

いうことは、その意味が明らかである。（中略）

問うていう。『大経』には「乃至」と説き、善導大師の『観念法門』と『往生礼讃』には「下至」といわれてあるが、その意味はどうであるか。答えていう。「乃至」と「下至」とその意味は同一である。『大経』に「乃至」と説かれているのは、多から少に向かう言葉であって、多とは上は一生を尽すまでであり、少とは下は十声・一声などに至るまでである。善導大師の釈に「下至」といわれたのは、「下」は「上」に対する言葉であって、「下」とは下は十声・一声などに至るまでであり、「上」とは上は一生を尽すまでである。上下相対の文はその例が多い。第五の「宿命通《しゅくみょうつう》の願」には「わたしが仏になるとき、わたしの国の天人や人びとが、自己や他人の過去のありさまを知る不可思議な力を得ず、下は百千憶那由他《なゆた》の諸劫のことに至るまで知り尽すことができないようなら、わたしは決してさとりを開きません」と説かれてある。このように、五神通《ごじんずう》および光明・寿命などの願（第五・第六・第七・第八・第九・第十二・第十三・第十四願）の中に、それぞれ「下至」の言葉を置かれてある。これはすなわち多より少に至り、下をもって上に対する意味である。上の八種の願を例に考えると、今この願の「乃至」というのはすなわち「下至」である。こういうわけで善導大師の解釈された「下至」という言葉は、『大経』とその意味が相違しない。ただし、善導大師と諸師とはその意味が同じでない。諸師の解釈には、十念に限定して「十念往生の願」といい、善導大師だけはひとり十念に限定しないで広い立場から「念仏往生の願」といわれる。諸師が「十念往生の願」というのは、その意味が充分にあらわされていない。なぜかというと、上は一生涯の念仏を捨て、下は一声の念仏をも捨てるからである。善導大師が「念仏往生の願」といわれたのは、その意味が充分にあらわされている。そのわけは、上は一生涯の念仏をも取り、下はわずか一声の念仏をも取るからである。

## 【講読】

### 本願の成就・不成就を問う

一般に、「お念仏申して救われる」と言うと、お念仏の理論はわからないが、仏さまの不思議な力に救われていくのだろうと、呪術《じゅじゅつ》的にうけとったり、神秘的にうけとったりします。

しかし、この本願章を拝読すると、なぜ、「念仏申す」ことで救いが成立するのかが、理路整然と説かれていることがわかります。最終的には、理論をこえて、「ただ念仏申して救われる」ということに極まるのですが、そこには選択本願の念仏と言われる深い救いの理論があることが知られます。

第三問答は、次のような問いになっています。

あらゆる菩薩が発願されるが、成就された誓いもあり、あるいは、いまだ誓いのままで、成就されていないものもある。法蔵菩薩の四十八願はすでに成就されたのであるか、それともいまだ成就されていないのか。

ここで注目すべきことは、すべての菩薩の誓いに、成就・不成就があるという広い視点から、法蔵菩薩の誓いの成就・不成就に絞ってゆくことです。このように、法然聖人は「本願章」の各所において、仏教一般の立場を意識しながら、法蔵菩薩の誓いを問題にしているのです。

答えは、「法蔵の誓願、一々に成就す」と、四十八願すべてが成就していることを示します。その例として、まず、「極楽界のなかにすでに三悪趣なし」と示します。これは、浄土に地獄・餓鬼・畜生という三つの苦しみの境涯（三悪趣）がないようにと誓われた、法蔵菩薩の第一願「無三悪趣の願」が成就していることを示しています。その証明として、第一願が成就していることを示す、「地獄《じごく》・餓鬼《がき》・畜生《ちくしょう》、諸難《しょなん》の趣《しゅ》なし」（『註釈版聖典』二八頁）という願成就文が『大経』に説かれていることをあげます。次に、原文の紹介は省略しましたが、第二願の「不更悪趣の願」の成就を説きます。この願は、極楽世界に生れたものが、再び三悪趣にかえらないことを誓っており、これもその成就文「またかの菩薩《ぼさつ》、乃至《ないし》成仏《じょうぶつ》まで悪趣《あくしゅ》に更《かえ》らず」（『註釈版聖典』四八頁）を引いて、すでに成就されている証明としています。さらに、第二十一願「具三十二相の願」も成就していることを、その成就文をあげて証明します。こうして、第一願「無三悪趣の願」より、最後の第四十八願「得三法忍の願」に至るまでの四十八願すべてが成就していることを説いているのです。そして、「第十八の念仏往生の願、あに孤りもつて成就せざらんや」（第十八願「念仏往生の願」だけが成就していないはずはない、当然成就している）と言って、「念仏の人みなもつて往生す」と結論し、第十八願成就文を引いてこれを証明します。「すべての衆生が、無量寿仏の名（名号）を聞いて信じ喜び、わずか一回でも仏を念じて（称名念仏して）、心からその功徳をもって無量寿仏の国に生れたいと願う人びとは、みな往生することができ、不退転の位に至るのである」と念仏申す人の往生を誓った願の成就を明らかにしています。このように、第十八願「念仏往生の願」の成就によって、すべての人が必ず浄土に往生する道が完成していることを明示するのがこの問答の中心の課題といえるでしょう。

この後、原文は紹介していないのですが、『往生礼讃』の本願取意の文（本願自解の文）が引かれます。

かの仏いま現に世にましまして仏になりたまへり。まさに知るべし、本誓重願虚しからず、衆生称念すればかならず往生を得。

この文は本願章のはじめにも引用され、今、また引証されていることから、この文が重要な内容を含んでいることが知られます。即ち、十劫の昔に法蔵菩薩は阿弥陀仏になられ、十劫の昔に我われの成仏の道は完成されているのですが、「今現に成仏されて説法されている」とみておられるのです。あらためて、本願が成就したことによる救いが、今の救いであることを法然聖人が重要視されていたことが窺《うかが》えます。

## 「念」は「声」である

次に第四問答を拝読したいと思います。

問ひていはく、『経』（大経・上）には「十念」といふ、〔善導の〕釈には、「十声」といふ。念・声の義いかん。答へていはく、念・声は、是一なり。

このように、大変明快な問答となっています。これを一般に「念声是《ねんしょうぜ》一《いち》の釈」と言っています。この問答によって、第十八願に誓われた念仏が称名念仏であると明らかにされます。

第十八願文（『註釈版聖典』一八頁）には、「十念」といって、十回の念仏が説かれています。しかし、この文を解釈された善導大師は、『往生礼讃』や『観念法門』などに、「十念」を「十声」と言い換えられました。一口に念仏と言っても何種類もあります。仏を憶う憶念念仏、仏を観察する観念念仏、仏の御名を称える称名念仏などです。善導大師が、「念」を「声」とされたことは、第十八願に誓われた念仏が、称名念仏であると示されたことになります。

このように、善導大師は本願の誓いの内容を称名念仏とみられたのですが、それはそのまま法然聖人の主張とみることが出来ます。即ち、第十八願は「称えて往生」を誓ったものであり、その称名念仏こそが、阿弥陀仏によって選びとられた選択本願の念仏であるとみられていたのです。

法然聖人は、この「念」と「声」が同一であることについて、二つの文を引いて証明します。引文の第一は、『観経』「下品下生」の文です。

　声をして絶えざらしめて、十念を具足して、〈南無阿弥陀仏〉と称せば、仏の名を称するがゆゑに、念々のうちにおいて八十億劫の生死の罪を除く。

法然聖人はこの文を、「十念を具足して、その後に称名念仏する」と、「十念」と「南無阿弥陀仏と称する」ことを別のこととはみず、「南無阿弥陀仏と十回口に称えると、八十億劫という長い間の迷いのもとである罪が除かれる」という一つのこととして読まれました。この『観経』の文を依《よ》りどころとして、『大経』の本願の「十念」と善導大師の「十声」の文を同じとみて、本願には称名念仏が説かれているとみているのです。

引文の第二は、原文の紹介は省略しましたが、『大集経』の「大念《だいねん》は大仏《だいぶつ》を見《み》、小念《しょうねん》は小仏《しょうぶつ》を見《み》る」という文と、この文を唐代の僧、懐感禅師が解釈した「大念《だいねん》といふは大声《だいしょう》に仏《ぶつ》を念《ねん》じ、小念《しょうねん》といふは小声《しょうしょう》に仏《ぶつ》を念《ねん》ずるなり」という文を引いて、「念」を「声」、即ち「念」を称名念仏であると解釈されています。法然聖人は、これらの文を第十八願における「念＝声」の証明の文、つまり第十八願文の「十念」が十回の称名念仏であることの証明の文として引かれたのでした。

## 「乃至」と「下至」の同異を述べる

最後の第五問答について述べたいと思います。第五問答は、

　問ひていはく、『経』（大経・上）には「乃至」といひ、〔善導の〕釈には「下至」といふ。その意いかん。答へていはく、乃至と下至とその意これ一なり。

という内容です。一般にこれを「乃下合釈《ないげがっしゃく》」と呼んでいますが、これも明快な解答になっています。

善導大師は、『往生礼讃』や『観念法門』などに、第十八願文の「乃至十念」を「下至十声」（下十声に至るまで）とあらわされました（『註釈版聖典（七祖篇）』一二〇二頁参照）。「十念」が「十声」であることは第四問答の内容でしたが、ここでは、「乃至」が「下至」と言い換えられていることに注目して、同じか異なるかを論じます。「乃至」がいかなる意味をもち、「十念」の意味をどのよ

うに規定するのかがこの問答で明らかにされます。

法然聖人の結論は、「乃至」と「下至」は同じ意味である、というものです。それを証明するために、上人はまず、「乃至」は多より少に向かう（従多向少《じゅうたこうしょう》）言葉であり、「乃至十念」とは、多ければ一生涯にわたる念仏から、少なければ十声、一声の念仏までをあらわしているとされます。

一方、善導大師がいわれた「下至」については、「下」は「上」に対する言葉であり、「下至十声」とは、「下」は一声、十声の念仏をあらわしているとされます。さらに、「至るまで」ですから、「下至」にはおのずと、「上は〇〇から」の意が含まれるとみられました。よって、「下至十声」は、「（上は一生涯の念仏を尽くし）下は十声、一声の念仏に至るまで」という意味であると示されます。

そして四十八願の中の、第五願から第九願、第十二願から第十四願に出る「下至」が、「上」の意を含み、多より少に至る意味であることから、本願の「乃至」（従多向少）は、「下至」の意味を持つことがわかります。したがって、善導大師が「乃至」を「下至」と表現したことは間違いではないと結論されるのです。

この問答で明らかになることは、第十八願文の「乃至十念」は、十回に限定されない称名念仏であるということです。この後、諸師が第十八願を「十念往生の願」（智光《ちこう》は「諸縁信楽十念往生願《しょえんしんぎょうじゅうねんおうじょうのがん》」、良源《りょうげん》は「聞名信楽十念定生願《もんみょうしんぎょうじゅうねんじょうしょうのがん》」）と名づけたことについて、一生涯の念仏も一声の念仏も含まず、十声にとらわれた解釈で、「乃至」と誓われた仏意を見失っているといわれます。それに対して、善導大師が「念仏往生の願」と名づけるのは、十回という数にとらわれず、一声でも十声でも一生涯でも、すべての念仏が往生の行業と示すことになるので、仏意にかなった解釈であるといわれるのです。

以上五問答を設けて明らかにされる選択本願の念仏について述べてきましたが、もう一度その結論だけを確かめますと、次のようになります。

(一) 諸行を捨て、念仏一行のみを阿弥陀仏は選取されました。
(二) その念仏行には、「勝」と「易」の二徳があり、最も勝れた行であり、誰でも行ずることが出来ます。
(三) 阿弥陀仏は、その本願の通りに、現に今、我われに念仏行をおすすめ下さっています。
(四) 第十八願文の「十念」は「十声」であり、「称えて往生」の誓いです。
(五) 第十八願の念仏は本願に順ずる他力の念仏であり、一声から一生涯までのすべてが往生の行業です。

このように本願章では選択本願の念仏がどのような念仏であるかが明確に述べられているのです。

# 第四章　三輩章のこころ

## 本文と意訳（一）

### 【本　文】

三輩念仏往生《ぱいねんぶつおうじょう》の文《もん》。

「仏《ぶつ》、阿難《あなん》に告《つ》げたまはく、〈十方世界《ぽうせかい》の諸天《しょてん》・人民《にんみん》、それ心《しん》を至《いた》しかの国《くに》に生《しょう》ぜんと願《がん》ずることあるに、おほよそ三輩《ぱい》あり。その上輩《じょうはい》は、家《いえ》を捨《す》て欲《よく》を棄《す》てしかも沙門《しゃもん》となりて、菩提《ぼだい》心《しん》を発《おこ》して一向《こう》にもつぱら無量寿仏《むりょうじゅぶつ》を念《ねん》じ、もろもろの功徳《くどく》を修《しゅ》してかの国《くに》に生《うま》れんと願《ねが》ふ。これらの衆生《しゅじょう》は、寿《いのち》終《おわ》る時《とき》に臨《のぞ》みて、無量寿仏《むりょうじゅぶつ》、もろもろの大衆《だいしゅ》とその人《ひと》の前《まえ》に現《げん》じて、すなはちかの仏《ぶつ》に随《したが》ひてその国《くに》に往生《おうじょう》して、すなはち七宝《ぽう》の華《はな》のなかにおいて自然《じねん》に化生《けしょう》して不退転《ふたいてん》に住《じゅう》す。智慧勇猛《ちえゆうみょう》、神通自在《じんずうじざい》なり。このゆゑに阿難《あなん》、それ衆生《しゅじょう》ありて今世《こんぜ》において無《む》量寿仏《りょうじゅぶつ》を見《み》たてまつらんと欲《おも》はば、無上菩提《むじょうぼだい》の心《しん》を発《おこ》し、功徳《くどく》を修行《しゅぎょう》しかの国《くに》に生《しょう》ぜんと願《がん》

ずべし〉と。（中略）

わたくしに問《と》ひていはく、上輩《じょうはい》の文《もん》のなかに、念仏《ねんぶつ》のほかにまた捨家棄欲等《しゃけきよくとう》の余行《よぎょう》あり。中輩《ちゅうはい》の文《もん》のなかに、また起立塔像等《きりゅうとうぞうとう》の余行《よぎょう》あり。下輩《げはい》の文《もん》のなかに、また菩提心等《ぼだいしんとう》の余行《よぎょう》あり。なんがゆゑぞただ念仏往生《ねんぶつおうじょう》といふや。答《こた》へていはく、善導和尚《ぜんどうかしょう》の『観念法門《かんねんぼうもん》』にいはく、「またこの『経《きょう》』（大経）の下巻《げかん》の初《はじ》めにのたまはく、〈仏《ぶつ》（釈尊）、一切衆生《さいしゅじょう》の根性《こんじょう》の不同《ふどう》を説《と》きたまふに、上《じょう》・中《ちゅう》・下《げ》あり。その根性《こんじょう》に随《したが》ひて、仏《ぶつ》、みなもつぱら無量寿仏《むりょうじゅぶつ》の名《みな》を念《ねん》ぜよと勧《すす》めたまふ。その人命終《ひといのちおわ》らんと欲《ほっ》する時《とき》、仏《ぶつ》（阿弥陀仏）、聖衆《しょうじゅ》とみづから来《きた》りて迎接《こうしょう》したまひて、ことごとく往生《おうじょう》を得《え》しめたまふ〉」と。この釈《しゃく》の意《こころ》によるに、三輩《ばい》ともに念仏往生《ねんぶつおうじょう》といふ。

問《と》ひていはく、この釈《しゃく》いまだ前《さき》の難《なん》を遮《しゃ》せず。なんぞ余行《よぎょう》を棄《す》ててただ念仏《ねんぶつ》といふや。

答《こた》へていはく、これに三の意《こころ》あり。一には諸行《しょぎょう》を廃《はい》して念仏《ねんぶつ》に帰《き》せしめんがためにしかも諸行《しょぎょう》を説《と》く。二には念仏《ねんぶつ》を助成《じょじょう》せんがためにしかも諸行《しょぎょう》を説《と》く。三には念仏《ねんぶつ》・諸行《しょぎょう》の二門《もん》に約《やく》して、おのおの三品《ぼん》を立《た》てんがためにしかも諸行《しょぎょう》を説《と》く。

一に、諸行《しょぎょう》を廃《はい》して念仏《ねんぶつ》に帰《き》せしめんがためにしかも諸行《しょぎょう》を説《と》くといふは、善導《ぜんどう》の『観経疏』（散善義）のなかに、「上《かみ》よりこのかた定散両門《じょうさんりょうもん》の益《やく》を説《と》くといへども、仏《ぶつ》の本《ほん》願《がん》に望《のぞ》むるに、意《こころ》、衆生《しゅじょう》をして一向《こう》にもつぱら弥陀仏《みだぶつ》の名《みな》を称《しょう》せしむるにあり」といふ釈《しゃく》の意《こころ》に准《じゅん》じて、しばらくこれを解《げ》せば、上輩《じょうはい》のなかに菩提心等《ぼだいしんとう》の余行《よぎょう》を説《と》くといへども、上《かみ》の本願《ほんがん》（第十八願）に望《のぞ》むるに、意《こころ》ただ衆生《しゅじょう》をしてもつぱら弥陀仏《みだぶつ》の名《みな》を称《しょう》せしむるにあり。しかるに本願《ほんがん》のなかにさらに余行《よぎょう》なし。三輩《ぱい》ともに上《かみ》の本願《ほんがん》によるがゆゑに、「一向専念無量寿仏《こうせんねんむりょうじゅぶつ》」（大経・下）といふ。（中略）すでに一向《こう》といふ、余《よ》を兼《か》ねざること明《あき》らけし。すでに先《さき》に余行《よぎょう》を説《と》くといへども、後《のち》に「一向専念《こうせんねん》」といふ。あきらかに知《し》りぬ、諸行《しょぎょう》を廃《はい》してただ念仏《ねんぶつ》を用《もち》ゐるがゆゑに一向《こう》といふ。もししからずは一向《こう》の言《ことば》もつとももつて消《け》しがたきか。

（『註釈版聖典（七祖篇）』一二一四～一二一八頁）

## 【意　訳】

三種の人々（三輩）すべてが念仏によって往生することを示す文。

「釈尊が阿難に仰せになる。〈すべての世界の天人《てんにん》や人々で、心から無量寿仏の国に生れたいと願う者に、大きく分けて上輩《じょうはい》・中輩《ちゅうはい》・下輩《げはい》の三種がある。まず上輩の者についていうと、家を捨て欲を離れて修行者となり、さとりを求める心を起して、ただひたすら無量寿仏を念じ、さまざまな功徳を積んで、その国に生れたいと願うのである。この者たちが命を終えようとするとき、無量寿仏は多くの聖者たちとともにその人の前に現れてくださる。そして無量寿仏にしたがってその国に往生すると、七つの宝でできた蓮《はす》の花におのずから生れて不退転の位に至り、智慧がたいへんすぐれ、自由自在な神通力《じんずうりき》を持つ身となるのである。だから阿難よ、この世で無量寿仏を見たてまつりたいと思う者は、この上ないさとりを求める心を起し、功徳を積んでその仏の国に生れたいと願うがよい〉と。（中略）

わたくしに問うていう。上輩の文の中に、念仏のほかに家を捨て欲を離れるなどの行（余行）があり、中輩の文の中にも塔をたて仏像をつくるなどの余行があり、下輩の文の中にもさとりを求める心（菩提心）を起すなどの余行がある。それなのにどういうわけでただ念仏往生というのか。答えていう。善導大師の『観念法門』に、「また、この『大経』の下巻の初めにいわれている。〈釈尊は、一切衆生の素質・能力《みな》（機根）はまちまちで、上・中・下の三種があり、その機根に随って、みな無量寿仏の名を専ら称えることを勧められる。そして、その人が命終ろうとするときに、阿弥陀仏は聖者たちと共に来て迎えとり、ことごとく浄土に往生させてくださる」といわれてある。この解釈の意によって、三輩共に念仏往生というのである。

問うていう。この解釈ではまだ前の疑難をしりぞけていない。どうして余行を棄てて、ただ念仏を称えるというのか。答えていう。これに三つの意がある。一つには諸行（余行）を廃して念仏に帰《き》せしめるために諸行を説く。二つには念仏を助けるものとして諸行を説く。三つには念仏と諸行との二つの法門について、それぞれ上・中・下の三品《さんぼん》を立てるために諸行を説くのである。

一つに、諸行を廃して念仏に帰せしめるために諸行を説くというのは、善導大師の『観経疏』「散善義」の中に、「『観経』の始めから、定善《じょうぜん》・散善《さんぜん》の行法の利益を説いてきたけれども、阿弥陀仏の本願に望めてみると、釈尊の思召しは、人々をして一向《いっこう》に専ら阿弥陀仏の名号を称えさせることにある」といわれた釈の意に準じて、しばらくこれを解釈すると、上輩の中に菩提心などの余行を説かれているけれども、上の本願（第十八願）に望めてみると、釈尊の思召しはただ衆生をして専ら阿弥陀仏の名号を称えさせるにある。それ故、本願の中に余行はない。三輩共に上の本願に依るから「一向に専ら無量寿仏を念ずる」と説かれているのである。（中略）すでに「一向」というのであるから、余の行を兼ねないことは明らかである。すでにさきには余行を説くけれども後には「一向に専ら念ずる」という。よって諸行を廃してただ念仏だけを用いるから一向ということが明らかに知られる。もしそうでなければ、「一向」の言葉がどうしても解釈しがたいであろう。

【講　読】

## すべての人が念仏によって往生する

本願章で選択本願の念仏について明らかにした後、この三輩章では、念仏と諸行の関係について述べられます。すでに幾度も諸行について述べていますが、この章では、両者がどのような関わりをもっているのかについて論じています。

法然聖人はまず標章の文に「三輩念仏往生の文」と述べて、この章の結論を示しています。『大経』三輩段（『註釈版聖典』四一頁）では、阿弥陀仏の浄土へ往生を願う者がその素質・能力の別によって、上輩・中輩・下輩の三種（三輩）に区別されています。そしてその三輩は、それぞれ、念仏や念仏以外の行（諸行）などを行じて往生することが説かれています。この三輩の文を素直に読むと、三輩に念仏が共通して説かれていることはわかるのですが、三輩のいずれもが、ただ念仏によって往生することが説かれている文には読めません。しかし、法然聖人は、往生は諸行によるのではなく、三輩の文のいずれにも念仏往生が説かれていると、結論を述べられているのです。

しかし、『大経』の三輩の文で、念仏往生が勧められているのであれば、念仏だけを説けばよいのに、なぜ丁寧に諸行が強調されるのかという疑問が残ります。この章ではその疑問に答え、標章の文で示される「三輩念仏往生」を証明します。

## 三輩に示されるそれぞれの行い

標章の文の後、三輩の文が引用されます。『大経』には、十方世界の諸天・人民で、心から阿弥陀仏の浄土に生れたいと願う者に上輩・中輩・下輩の三輩があると定義して、上輩の往生から順に明らかにされます。（本文では中輩・下輩の文は省略しています）

まず、上輩では、出家者となり、菩提心（さとりを求める心）を発し、一向に専ら無量寿仏を念じて、出家の種々の行業を行じ、往生することが明らかにされます。次に、中輩では、在家者の行業（多少の善を修め、斎戒《さいかい》し、堂塔を建て、仏像を造り、仏事をさまざまに勤修《ごんしゅ》する行業）を行じ、菩提心を発して、一向に専ら無量寿仏を念じて往生すると述べられます。続いて下輩では、善根を修めることは出来なくても、菩提心を発し、一向に意《こころ》を専らにしてわずか十回でも無量寿仏を念じ、奥深い教えを聞いて喜んで心から信じ、まことの心をもって願生《がんしょう》する者の往生が明らかにされています。ここでは、往生のための行業とともに、願生者の信心のありようが説かれています。

このように、三輩の文では三輩それぞれに様々な行業が説かれていますが、法然聖人はこの後、私釈を設けられて、「一向に専ら無量寿仏を念じる」ことを唯一の往生の行業として強調し、三輩の文の真意を明らかにされるのです。

## 『観念法門』によって証明する

三輩章の私釈は、三つの問答から成っています。今回は第二問答の途中まで拝読します。まず、第一問答では、三輩の文には諸行が説かれているのに、「なぜに三輩すべてが念仏によって往生すると言えるのか」と問いをおこしています。

法然聖人は、善導大師の『観念法門』の文によってこの問いに答えられます。すなわち、『観念法門』では、「一切衆生の素質や能力は、それぞれ異なって上、中、下の三種に分けられるが、『大経』の三輩の文ではいずれも〈無量寿仏の名《みな》を念ぜよ〉と釈尊が勧められている」と説かれているので、「三輩ともに念仏往生」と結論するのです。

本願章の「念声是一の釈」の中ですでに示されたように、善導大師が「無量寿仏のみ名を念ぜよ」とお勧めになる場合、それは「無量寿仏のみ名を称せよ」という称名念仏のお勧めであると言うことが出来ました。法然聖人は、善導大師の解釈に依《よ》って、『大経』の三輩はいずれも称名念仏をお勧め下さったと見て、三輩いずれも念仏往生であると示すのです。

しかし、釈尊は、素質・能力が違うからこそ、上輩・中輩・下輩それぞれに別の行業を説かれていたのではないでしょうか。なぜ、釈尊が素質・能力の違う三輩すべてに、称名念仏を勧められているると善導大師は見られたのでしょうか。

善導大師は、『観経疏』「玄義分」で「上品《じょうぼん》の三人《にん》はこれ大《だい》に遇《あ》へる凡夫《ぼんぶ》、中品《ちゅうぼん》の三人《にん》はこれ小《しょう》に遇《あ》へる凡夫《ぼんぶ》、下品《げぼん》の三人《にん》はこれ悪《あく》に遇《あ》へる凡夫《ぼんぶ》」（『註釈版聖典（七祖篇）』三一八頁）と、上輩は大乗《だいじょう》仏教に出遇《であ》った凡夫、中輩は小乗《しょうじょう》仏教に出遇った凡夫、下輩は悪に出遇った凡夫と見ておられます。つまり、それぞれの縁によって、出遇った教えは異なっても、その素質・能力というものはみな凡夫であると見られたのです。善導大師は、その凡夫にふさわしい行業は称名念仏の教えであると、本願のこころを読みとられたのです。そうした本願の見方を基本として、三輩には称名念仏が説かれていると見ることもできます。

## 廃立・助成・傍正の三義

しかし法然聖人は、続く第二問答で、「この善導大師の解釈だけではまだ前の疑問に答えきれていない」として、「なぜ余行を棄《す》ててただ念仏というのか」とさらに問い直します。

第一問答で示された善導大師のおおせは、「三輩いずれも念仏往生」と釈尊が勧められているということでしたが、『大経』の三輩の文には、上・中・下輩のいずれにも諸行が詳しく説かれています。この問いには、三輩の文に諸行が説かれている理由をはっきりさせなければ、念仏往生を勧められる意味もはっきりしないという含みがあります。言い換えれば「三輩は念仏往生で、諸行の往生ではないと言うならば、なぜ諸行が説かれているのか」という問いなのです。

今は『大経』の三輩について、諸行往生と念仏往生の関わりを論じていますが、以前、『観経』について次のような質問を受けたことがあります。

『観経』には日想観《にっそうかん》よりはじまる定善十三観《じょうぜんじゅうさんかん》が説かれ、散善の九品《くぼん》往生の中でも、下品上生に至ってはじめて称名念仏が説かれています。称名念仏を勧めるのが『観経』の教えであるならば、諸行を説かずに、なぜはじめから称名念仏を説かないのですか。

これも諸行と称名念仏の関係についての問いです。

今、法然聖人はこの問題について、三義をあげて答えています。第一は、諸行を廃して、念仏のみを立てるために諸行を説いたとみる廃立《はいりゅう》の義《ぎ》、第二は、諸行は念仏を助ける行業とみる助成《じょじょう》の義、第三は、念仏をもって正とし、諸行をもって傍らとみる傍正《ぼうしょう》の義です。

### 廃立の義—念仏を立てて諸行を廃する

この三義の中、第一の「廃立の義」については、善導大師の『観経疏』「散善義」の文（『註釈版聖典（七祖篇）』五〇〇頁）を引用して明らかにします。その文は、「釈尊は『観経』において、定善・散善という念仏以外の諸行も説かれているが、阿弥陀仏の本願に望めてみると、釈尊の思召しは人びとに阿弥陀仏の名号をただひとすじに称えさせることにある」というものです。阿弥陀仏の本願、すなわち第十八願に往生の行として誓われているのは、「乃至十念」という称名念仏だけです。この本願から推し量って、『観経』における釈尊の本意を称名念仏としたのが、善導大師の解釈です。

『観経』は、王舎城《おうしゃじょう》の悲劇の主人公である韋提希夫人《いだいけぶにん》の息子・阿闍世が、国王である父・頻婆娑《びんばしゃ》羅王《らおう》を幽閉《ゆうへい》し、韋提希も幽閉されるという話から始まります。そうした人生の悲しみと恨みの中で、憂いのない清浄な世界へと生れたいという韋提希の切なる願いに応じて、釈尊はまず定善と散善の教えを説かれます。定善とは、雑念を払い、心を集中させて阿弥陀仏とその浄土を観察する行のことです。散善とは、散乱した心のままで悪を止め善を修める行のことで、世福《せふく》（世俗の善）、戒福《かいふく》（戒律を中心とする善）、行福《ぎょうふく》（大乗の善）といわれる行のことです。けれども『観経』の最後の部分には、「なんぢよくこの語《ご》を持《たも》て。この語《ご》を持《たも》てといふは、すなはちこれ無量寿仏《むりょうじゅぶつ》の名《みな》を持《たも》てとなり」（『註釈版聖典』一一七頁）と釈尊は念仏を勧められました。この言葉に対する見解が、いまここで引用されていた「散善義」の文の解釈です。

そして法然聖人も、この大師の解釈に準じて『大経』の三輩の文を解釈されて、念仏以外の行が説かれているが、本願に望んで考えるならば、釈尊の思召しは称名念仏にあると明示されます。ここでは法然聖人が、念仏は立てられ、諸行は廃されるために説かれたとする「廃立の義」の根拠に、本願をおいていることがわかります。法然聖人自身の独断ではなく、善導大師の解釈に依《よ》りながら、どこまでも阿弥陀仏の本願を依りどころとして、釈尊の思召しをいただく解釈が注目されます。

本文では省略しましたが、ここで法然聖人は三輩の文の中の「一向専念無量寿仏」の「一向」の語に注目して、一つの譬えを出されます。それは、インドには「一向大乗寺《いっこうだいじょうじ》」（大乗仏教を学び行ずる寺）、「一向小乗寺《いっこうしょうじょうじ》」（小乗仏教を学び行ずる寺）、三には「大小兼行寺《だいしょうけんぎょうじ》」（大乗小乗を兼ね学び行ずる寺）の三寺があるけれど、大乗小乗兼行の寺には「一向」の語を置かないというものです。この譬えから、「一向」とは帰するところ、「それのみ・ひたすら」という意味であることが示されます。従って、「一向専念無量寿仏」とは、「ひたすらもっぱら称名念仏する」という意味であり、諸行を廃して念仏を立てる「廃立の義」がより明らかにされます。

## 本文と意訳（二）

### 【本　文】

二に、念仏《ねんぶつ》を助成《じょじょう》せんがためにこの諸行《しょぎょう》を説《と》くとは、これにまた二の意《こころ》あり。一には同類《どうるい》の善根《ぜんごん》をもつて念仏《ねんぶつ》を助成《じょじょう》す。二には異類《いるい》の善根《ぜんごん》をもつて念仏《ねんぶつ》を助成《じょじょう》す。初《はじ》めに同《どう》類《るい》の助成《じょじょう》とは、善導和尚《ぜんどうかしょう》の『観経《かんぎょう》の疏《しょ》』（散善義）のなかに、五種《しゅ》の助行《じょぎょう》を挙《あ》げて念仏一行《ぎょう》を助成《じょじょう》すこれなり。つぶさに上《かみ》の正雑《しょうぞう》二行《ぎょう》のなかに説《と》くがごとし。次《つぎ》に異類《いるい》の助成《じょじょう》とは、先《ま》づ上輩《じょうはい》につきて正助《しょうじょ》を論《ろん》ぜば、「一向《こう》にもつぱら無量寿仏《むりょうじゅぶつ》を念《ねん》ず」（大経・下）とはこれ正行《しょうぎょう》なり、またこれ所助《しょじょ》なり。「家《いえ》を捨《す》て欲《よく》を棄《す》て沙門《しゃもん》となりて、菩提心《ぼだいしん》を発《おこ》す」（同・下）等《とう》はこれ助行《じょぎょう》なり、またこれ能助《のうじょ》なり。いはく往生《おうじょう》の業《ごう》には念仏《ねんぶつ》を本《ほん》となす。ゆゑに一向《こう》に念仏《ねんぶつ》を修《しゅ》せんがために、「家《いえ》を捨《す》て欲《よく》を棄《す》て沙門《しゃもん》となりて、また菩提心《ぼだいしん》を発《おこ》す」（大経・下）等《とう》なり。（中略）

三に、念仏《ねんぶつ》・諸行《しょぎょう》に約《やく》して、おのおの三品《ぼん》を立《た》てんがためにしかも諸行《しょぎょう》を説《と》くといふは、先《ま》づ念仏《ねんぶつ》に約《やく》して三品《ぼん》を立《た》つとは、いはくこの三輩《ぱい》のなかに、通《つう》じてみな「一向専念《こうせんねん》無量寿仏《むりょうじゅぶつ》」（大経・下）といふ。これすなはち念仏門《ねんぶつもん》に約《やく》してその三品《ぼん》を立《た》つ。（中略）次《つぎ》に諸行門《しょぎょうもん》に約《やく》して三品《ぼん》を立《た》つとは、いはくこの三輩《ぱい》のなかに通《つう》じてみな菩提心等《ぼだいしんとう》の諸行《しょぎょう》あり。これすなはち諸行《しょぎょう》に約《やく》してその三品《ぼん》を立《た》つ。ゆゑに『往生要集』（下）の諸行往生門《しょぎょうおうじょうもん》にいはく、「『双巻経《そうかんぎょう》』（大経）の三輩《ぱい》またこれを出《い》でず」と。以上

おほよそかくのごときの三義《ぎ》不同《ふどう》ありといへども、ともにこれ一向《こう》念仏《ねんぶつ》のための所以《ゆえん》なり。初《はじ》めの義《ぎ》はすなはちこれ廃立《はいりゅう》のために説《と》く。いはく諸行《しょぎょう》は廃《はい》せんがために説《と》く、念仏《ねんぶつ》は立《りゅう》せんがために説《と》く。次《つぎ》の義《ぎ》はすなはちこれ助正《じょしょう》のために説《と》く。いはく念仏《ねんぶつ》の正業《しょうごう》を助《たす》けんがために諸行《しょぎょう》の助業《じょごう》を説《と》く。後《のち》の義《ぎ》はすなはちこれ傍正《ぼうしょう》のために説《と》く。いはく念仏《ねんぶつ》・諸行《しょぎょう》の二門《もん》を説《と》くといへども、念仏《ねんぶつ》をもつて正《しょう》となし、諸行《しょぎょう》をもつて傍《ぼう》となす。ゆゑに三輩通《ぱいつう》じてみな念仏《ねんぶつ》といふ。ただしこれらの三義《ぎ》は殿最《でんさい》知《し》りがたし。請《こ》ふ、もろもろの学者《がくしゃ》、取捨心《しゅしゃこころ》にあり。いまもし善導《ぜんどう》によらば、初《はじ》め（廃立）をもつて正《しょう》となすのみ。

問《と》ひていはく、三輩《ぱい》の業《ごう》みな念仏《ねんぶつ》といふ。その義《ぎ》しかるべし。ただし『観経《かんぎょう》』の九品《ぼん》と『寿経《じゅきょう》』（大経）の三輩《ぱい》と、本《もと》これ開合《かいごう》の異《い》なり。もししからば、なんぞ『寿経《じゅきょう》』の三輩《ぱい》のなかにはみな念仏《ねんぶつ》といひ、『観経《かんぎょう》』の九品《ぼん》に至《いた》りて上《じょう》・中《ちゅう》の二品《ほん》には念仏《ねんぶつ》を説《と》かず、下品《げぼん》に至《いた》りてはじめて念仏《ねんぶつ》を説《と》くや。答《こた》へていはく、これに二《に》の義《ぎ》あり。一には問端《もんたん》にいふがごとく、『双巻《そうかん》』（大経）の三輩《ぱい》と『観経《かんぎょう》』の九品《ぼん》とは開合《かいごう》の異《い》ならば、これをもつて知《し》る

べし、九品《ぼん》のなかにみな念仏《ねんぶつ》あるべし。いかんが知《し》ることを得《う》る。三輩《ぱい》のなかにみな念仏《ねんぶつ》あり。九品《ぼん》のなかなんぞ念仏《ねんぶつ》なからんや。（中略）二には『観経《かんぎょう》』の意《こころ》、初《はじ》め広《ひろ》く定散《じょうさん》の行《ぎょう》を説《と》きて、あまねく衆機《しゅき》に逗《とう》ず。後《のち》には定散《じょうさん》二善《ぜん》を廃《はい》して、念仏《ねんぶつ》一行《ぎょう》に帰《き》す。いはゆる「汝好持是語《にょこうじぜご》」等《とう》の文《もん》これなり。その義下《ぎしも》につぶさに述《の》ぶるがごとし。ゆゑに知《し》りぬ、九品《ぼん》の行《ぎょう》はただ念仏《ねんぶつ》にありといふことを。

（『註釈版聖典（七祖篇）』一二一八～一二二二頁）

## 【意　訳】

二つに、念仏を助ける（助成）ために諸行を説くというのは、これに二つの意がある。一つには同じ種類の善根をもって念仏を助け、二つには異なる種類の善根をもって念仏を助けるのである。初めに、同じ種類の助成というのは、善導大師の『観経疏』「散善義」の中に五種（読誦・観察・礼拝・讃歎・供養）の助行《じょぎょう》を挙げて念仏を助けるのがこれである。詳しくは二行章の中に説く通りである。次に、異なる種類の助成というのは、まず上輩について正助《しょうじょ》（正行と助行）を述べるならば、「一向に専ら無量寿仏を念ずる」というのが正行であり、助けられる行である。一方、「家を捨て欲を離れて修行者となり、菩提心を発す」などというのが助行であり、よく助ける行である。つまり、往生の行業には念仏を根本とするから、一向に念仏を

修めるために、家を捨て欲を離れて修行者（出家）となり、また菩提心を発す（発心）などをするのである。（中略）

三つに、念仏と諸行とについて、それぞれ上品《じょうぼん》・中品《ちゅうぼん》・下品《げぼん》の三品を立てるために諸行を説くというのは、まず念仏について三品を立てるとは、この「『無量寿経（大経）』の三輩の中に、通じてみな「一向に専ら無量寿仏を念ずる」と説かれてある。これは念仏の法についてその三品を立てるのである。（中略）次に諸行の法について三品を立てるとは、この三輩の中に共通してみな、菩提心などの諸行がある。これは諸行についてその三品を立てるのである。ゆえに『往生要集』の「諸行往生門」に、『大経』の三輩の行業もまたこれを出ない」といわれてある。

およそこのような三義の別があるけれども、いずれもこれは一向に念仏するというわけをあらわすのである。初めの義は、これは廃立のために説く。すなわち諸行は廃するために説き、念仏は立てるために説かれたという意味である。次の義は、助正《じょしょう》のために説く。すなわち念仏の正業を助けるために諸行の助業を説かれたという意味である。後の義は、傍正のために説く。すなわち念仏と諸行との二門を説かれるけれども、念仏をもって正とし諸行をもって傍らとする。こういうわけで三輩に通じてみな念仏というのである。ただしこれらの三義の優劣は知りがたい。どうか学ぶ人たちは、おのおの心にしたがって取捨せられよ。今もし善導大師に依れば、初めの廃立の義をもって正意とするのである。

問うていう。三輩の行業にはみな念仏といっているから、念仏往生という義はそうであろう。ただし、『観経』の九品と『大経』の三輩とは、本来これは、詳しく説きひらいたのと、合せ説いたのとの相異（開合《かいごう》の異《い》）である。もしそうとすれば、どうして『大経』の三輩の中にみな念仏といい、『観経』の九品では、上品・中品の二品に念仏を説かずに、下品に至って初めて念仏を説かれるのはどういうわけであるか。答えていう。これに二つの義がある。一つには、問いの始めにいうとおり、『大経』の三輩と『観経』の九品とは開合の異であるならば、これをもって九品の中にはみな念仏があるべきであると知られるであろう。どうしてそう知ることができるかというに、三輩の中にみな念仏があるのに、それを開いた九品の中のいずれにも、どうして念仏の無いはずがあろうか。（中略）二つには、『観経』の意は、初めにはひろく定善・散善の行を説いてあまねく多くの機類《きるい》に応じ、後には定・散二善を廃して念仏一行に帰せしめられる。いわゆる「なんぢ、よくこの語を持て。この語を持てといふは、すなわちこれ無量寿仏の名を持てとなり」という文がこれである。その義は下の念仏付属章《ねんぶつふぞくしょう》に詳しく述べる通りである。こういうわけで、九品の行はただ念仏にあるということが知られるのである。

【講　読】

## 助成と傍正の義

第二の助成の義では、諸行を一向にもっぱら念仏することを助けるための行業とみます。法然聖人は、この助成の義について、「同類の善根」によって念仏を助ける場合と「異類《いるい》の善根」によって念仏を助ける場合の二義をみています。これまでの章で廃されていた念仏以外の諸行に対して、この章では大変ゆるやかな視点からみていくことになります。

「同類の善根」とは、『観経疏』「散善義」の中に「五種の助行」が説かれていることを言います。それはすでに、正行と雑行の二行を明らかにした二行章の中で、正行について、正定業に対する助業として述べられていたことでした（『註釈版聖典（七祖篇）』一一九二頁）。すなわち「浄土三部経」を依りどころとして、往生がまさしく決定する行業は称名念仏である（称名正定業）ことが説かれ、これを助ける行業（助業）として、読誦、観察、礼拝、讃歎・供養（開けば讃歎と供養となる）が述べられています。いずれも阿弥陀仏とその浄土を対象とするので「同類の善根」と示すのです。

「異類の善根」とは、二行章では雑行として廃された行業にあたります。例えば『無量寿経（『大経』）』には上輩の者の行業に「家を捨て欲を離れて修行者となり、さとりを求める心（菩提心）を発す」（『註釈版聖典』四一頁、取意）などの諸行が説かれます。また今は『選択集』の原文を省略しましたが、中輩の者の行業に、堂や塔をたて、仏像を造ったり、灯明《とうみょう》を献じたり、焼香《しょうこう》するなどの諸行が説かれます（『同』四二頁）。これらが念仏を助けるものであることは、『往生要集』の「助念方法《じょねんほうほう》」に、念仏を助ける方法として、一定の閑静な場所を選んで、仏前に花や灯明などを供養して荘厳《しょうごん》することなど七種の諸行が示されている通りです（『註釈版聖典（七祖篇）』九六六頁参照）。これらは阿弥陀仏とその浄土に直接関係しない行業ですが、一向にもっぱら念仏を修めることを助ける行業とみて、「異類の善根」と示されます。このように二行章では雑行として廃された諸行も、念仏を助成する行業としてみとめられています。

第三の傍正の義では、念仏も諸行も、上品、中品、下品の各々の三品の衆生に応じて説かれていることを示します。ここで「三品」と言われているのは、それぞれ『大経』の上輩、中輩、下輩の三輩のことです。まず、念仏は三輩いずれにおいても「一向専念無量寿仏」と説かれていることを示します。一方、諸行についても、菩提心を発して諸行を修めることなどが三輩すべてに説かれています。ここでは、衆生には三輩の違いがあるけれども、それぞれの違いに応じて念仏も諸行も説かれているということだけが述べられていますが、念仏と諸行が並べて示されていますが、念仏が正定業なのですから、後のところで、念仏と諸行の間に主流と傍流の違いがあることを明らかに示されます。

## 善導大師の意による

念仏と諸行の関係について廃立・助成・傍正の三義があることを示した後に、法然聖人は、さらに明確にご自分の主張を述べられます。すなわち、三義があるけれども、帰するところは、一向にもっぱら念仏申すことを説くことであると示します。その上で、念仏を立て、諸行を廃するために説くのが、第一義の廃立の義であり、諸行は念仏を助けるためであることを説くのが第二義の助成の義であり、念仏は主流であり諸行は傍流であることを説くのが第三義の傍正の義であることを明らかにされます。そして、「ただし、これらの三義の優劣は知りがたい。学ぶ人それぞれに、各々の心にしたがって取捨して下さい。けれどいまもし、善導大師の解釈に依れば、第一義の廃立の義を正意《しょうい》とする」と結ばれます。「浄土三部経」には諸行の往生が説かれるところもありますが、最終結論は念仏往生にあることを明示されるのです。

ところで法然聖人は、「ただ念仏」「本願の念仏を称する」と基本線を示されるのですが、「取捨はそれぞれにまかせます」とも述べられますので、法然聖人の門弟において諸行の見方が異なってきます。

鎮西流《ちんぜいりゅう》の弁長上人《べんちょうしょうにん》は、聖道門と浄土門の二門を兼学《けんがく》する立場に立って、諸行は本願の行ではないが往生は可能であると説きます。西山流《せいざんりゅう》の証空上人《しょうくうしょうにん》は、本願に帰するまでの諸行は自力の行であるが、本願に帰すれば、諸行はよみがえって、すべて念仏に内包される善として、諸行を行っているままが、他力念仏の相となることを説きます。

親鸞聖人は、諸行や自力の念仏による往生が示された第十九願の行信《ぎょうしん》・第二十願の行信と、第十八願の行信との真仮《しんけ》の区別をはっきりさせ、廃立の立場で諸行をみていきます。しかし、その廃立の意のなかにも、第十九願・二十願を方便の願として、真実の願である第十八願に誘引《ゆういん》せんとする大悲のはたらきをみていきます。

諸行をどうみるかは、法然聖人の門弟において大きな課題ですが、法然聖人はこのように広い視野に立ちつつ、基本線を示されるのです。

## 『観経』の九品すべては称名念仏を勧める

廃立・助成・傍正の三義の結論は、善導大師の意によって廃立の義の立場に立ち、『大経』の三輩は、称名念仏の勧めにあることが述べられました。

続いて、『大経』の三輩と『観無量寿経（観経）』の上品上生から下品下生までの九品とを比較して問答を設けています。『大経』には三輩すべてに「一向専念無量寿仏」という称名念仏の勧めがありましたが、『観経』には、上品、中品といろいろな往生の行業が説かれているのですが、称名念仏は、善行をなし得ず、善知識の勧めに従って念仏申す下品だけに説かれています。

問いは、『大経』の三輩を詳しく説き開いた内容が、『観経』の九品とみることが出来るという説に依るならば、『大経』と『観経』の説かれることは矛盾しているのではないかというものです。

答えには、二義が述べられています。まず第一義は、『大経』の三輩を詳しく説き開いたのが『観経』の九品であるという立場に立ち、これを源信和尚《げんしんかしょう》の『往生要集』の文（『註釈版聖典（七祖篇）』一一三四頁）を引いて証明します。今この引用の部分は省略しましたが、そこには、一つの行業にしてもその行じられ方の優劣によって九品を分けることができ、念仏を含めて、道理としては無量の行業が九品のそれぞれにある。『観経』の九品に説かれてある行業は、その一端を示しているだけである。それ故に、九品すべてに念仏が説かれていると述べられています。

## 『往生要集』の念仏

ここで、日本浄土教の流れの中で念仏思想がどのように説かれてきたかということについて述べておきたいと思います。

法然聖人が「念仏を申す」と言われる場合は、称名念仏をあらわします。源信和尚の『往生要集』では、阿弥陀仏や浄土を観察する観念念仏が詳しく説かれ、その観念念仏を修めることが出来ない人は、称名念仏しなさいと述べています（『同』九五七頁）。そのほか、心を集中して称える定業《じょうごう》の念仏、心を集中することが出来無いままで申す散業《さんごう》の念仏、阿弥陀仏や具体的な浄土のありさまを観じながら修める有相業の念仏、有と無への執着を超えた無念無相の境地で申す無相業の念仏など、さまざまな念仏が説かれています（『同』一一三〇頁）。また平生《へいぜい》の念仏のほかに、日時を限って申す別時《べつじ》の念仏、いよいよ命終近くで作法を整えて申す臨終《りんじゅう》の念仏も詳しく説かれています。

このように観念念仏のほかにさまざまな念仏を説き、念仏を修める作法や時期まで論じた源信和尚ですが、その真のお心はどこにあったのでしょうか。

法然聖人や親鸞聖人は、源信和尚が『往生要集』冒頭で、末法濁世《まっぽうじょくせ》の人々に対して、往生極楽の教行を勧められ、自身を「予《よ》がごとき頑魯《がんろ》のもの（私のような愚かな者）」（『註釈版聖典（七祖篇）』七九七頁）と述べられている文や、『往生要集』に『観経』の意を示した、「極重《ごくじゅう》の悪人《あくにん》は、他《た》の方便《ほう》《べん》なし。ただ仏《ぶつ》を称念《しょうねん》して、極楽《ごくらく》に生《しょう》ずることを得《う》」（『同』一〇九八頁）という文に注目して、源信和尚は、帰するところ、称名念仏をお勧めくださっているとみておられます。

## 『観経』の結論から

先の問いをさらに『観経』に説かれる内容の上からみていくのが答えの第二義となります。『観経』では、はじめに、あまねく多くの人びとに通ずるように、定善の行・散善の行を説いていますが、後には、これらの行を廃して、念仏一行を勧めておられます。そして、『観経』の結論の「なんぢよくこの語《ご》を持《たも》て。この語《ご》を持《たも》てといふは、すなはちこれ無量寿仏《むりょうじゅぶつ》の名《みな》を持《たも》てとなり」（『註釈版聖典』一一七頁）とあるこの文がよくその内容をあらわしていると述べて、詳しくは、下の念仏付属章で述べるとして、九品の行は、ただ念仏にあると結んでいます。

ここで挙げられている『観経』の結論の文は、善導大師が特に注目し、今また法然聖人が注目しています。『観経』には広く、定善・散善の行など、むつかしい往生の行業が説かれていますが、「無量寿仏の名を持て」の文によって、これらは廃する行であって、念仏一行を勧めることが明らかになったとみるのです。

その結論のみを述べますと、帰するところは称名念仏にあるということです。九品にはあらゆる行業が種々に説かれてあっても、誰でもの救いを誓われた阿弥陀仏は本願の行業として称名念仏をお選びくださっているからです。また、なぜに本願で念仏をお選びくださったのであるかと言えば、念仏が時機相応であるからです。末法の世の人々にふさわしい行は称名念仏であることが知られます。

このように『観経』の結論を称名念仏とみるのは、阿弥陀仏が本願でお選びくださったからであると同時に、時機相応の行であることが強調されているのです。

法然聖人は、ゆるやかに諸行往生もみとめているようであっても、最終的には九品すべてに下品に説かれる称名念仏を勧めておられることが知られます。

# 第五章　利益章のこころ

## 本文と意訳

### 【本　文】

念仏利益《ねんぶつりやく》の文《もん》。

『無量寿経《むりょうじゅきょう》』の下《げ》にのたまはく、「仏《ぶつ》、弥勒《みろく》に語《かた》りたまはく、〈それかの仏《ぶつ》の名号《みょうごう》を聞《き》くことを得《う》ることありて、歓喜踊躍《かんぎゆやく》し、乃至《ないし》一念《ねん》せん。まさに知《し》るべし、この人《ひと》は大利《だいり》を得《う》となす。すなはちこれ無上《むじょう》の功徳《くどく》を具足《ぐそく》す〉」と。

善導《ぜんどう》の『礼讃《らいさん》』にいはく、

「それかの弥陀仏《みだぶつ》の名号《みょうごう》を聞《き》くことを得《う》ることありて、歓喜《かんぎ》して一念《ねん》を至《いた》すもの、みなまさにかしこに生《しょう》ずることを得《う》べし」と。

わたくしに問《と》ひていはく、上《かみ》の三輩《ぱい》の文《もん》に准《じゅん》ずるに、念仏《ねんぶつ》のほかに菩提心等《ぼだいしんとう》の功徳《くどく》を挙《あ》ぐ。なんぞかれらの功徳《くどく》を歎《ほ》めずして、ただ独《ひと》り念仏《ねんぶつ》の功徳《くどく》を讃《ほ》むるや。答《こた》へていはく、聖意《しょうい》測《はか》りがたし。さだめて深《ふか》き意《こころ》あらんか。しばらく善導《ぜんどう》の一意《い》によりてしかもこれをいはば、原《もと》それ仏意《ぶつい》はまさしくただちにただ念仏《ねんぶつ》の行《ぎょう》を説《と》かんと欲すといへども、機《き》に随《したが》ひて一往《おう》菩提心等《ぼだいしんとう》の諸行《しょぎょう》を説《と》きて、三輩《ぱい》の浅深不同《せんじんふどう》を分別《ふんべつ》す。しかるをいま諸行《しょぎょう》においてはすでに捨《す》てて歎《ほ》めたまはず。置《お》きて論《ろん》ずべからざるものなり。ただ念仏《ねんぶつ》の一行《ぎょう》につきてすでに選《えら》びて讃歎《さんだん》す。思《おも》ひて分別《ふんべつ》すべきものなり。もし念仏《ねんぶつ》に約《やく》して三輩《ぱい》を分別《ふんべつ》せば、これに二の意《こころ》あり。一には観念《かんねん》の浅深《せんじん》に随《したが》ひてこれを分別《ふんべつ》す。二には念仏《ねんぶつ》の多少《たしょう》をもつてこれを分別《ふんべつ》す。浅深《せんじん》は上《かみ》に引《ひ》くところのごとし。「もし説《せつ》のごとく行《ぎょう》ぜば、理上《りじょう》上《じょう》に当《あた》れり」（往生要集・下）と、これなり。次《つぎ》に多少《たしょう》は、下輩《げはい》の文《もん》のなかにすでに十念乃至《ねんないし》一念《ねん》の数《かず》あり。上《じょう》・中《ちゅう》の両輩《りょうはい》はこれに准《じゅん》じて随《したが》ひて増《ぞう》すべし。『観念法門《かんねんぼうもん》』にいはく、「日別《にちべつ》に念仏《ねんぶつ》一万遍《まんべん》、またすべからく時《とき》によりて浄土《じょうど》の荘厳《しょうごん》を礼讃《らいさん》すべし。はなはだ精進《しょうじん》すべし。あるいは三万《まん》・六万《まん》・十万《まん》を得《う》るものは、みなこれ上品上生《じょうぼんじょうしょう》の人《ひと》なり」と。まさに知《し》るべし、三万以上《まんいじょう》はこれ上品上生《じょうぼんじょうしょう》の業《ごう》、三万以去《まんいこ》は上品以下《じょうぼんいげ》の業《ごう》なり。すでに念数《ねんじゅ》の多少《たしょう》に随《したが》ひて品位《ほんい》を分別《ふんべつ》することこれ明《あき》らけし。いまこの「一念《ねん》」といふは、これ上《かみ》の念仏《ねんぶつ》の願成就《がんじょうじゅ》（第十八願成就文）のなかにいふところの一念《ねん》と下輩《げはい》のなかに明《あ》かすところの一念《いちねん》とを指《さ》す。願成就《がんじょうじゅ》の文《もん》のなかに一念《ねん》といふといへども、いまだ功徳《くどく》の大利《だいり》を説《と》かず。また下輩《げはい》の文《もん》のなかに一念《ねん》といふといへども、また功徳《くどく》の大利《だいり》を説《と》かず。この〔流通分《るずうぶん》の〕一念《ねん》に至《いた》りて、説《と》きて大利《だいり》となし、歎《ほ》めて無上《むじょう》となす。まさに知《し》るべし、これ上《かみ》の一念《ねん》を指《さ》す。この「大利《だいり》」とはこれ小利《しょうり》に対《たい》する言《ことば》なり。しかればすなはち菩提心等《ぼだいしんとう》の諸行《しょぎょう》をもつて小利《しょうり》となし、乃至《ないし》一念《ねん》をもつて大利《だいり》となす。また「無上《むじょう》の功徳《くどく》」とはこれ有上《うじょう》に対《たい》する言《ことば》なり。余行《よぎょう》をもつて有上《うじょう》となし、念仏《ねんぶつ》をもつて無上《むじょう》となす。すでに一念《ねん》をもつて一無上《むじょう》となす。まさに知《し》るべし、十念《ねん》をもつて十無上《むじょう》となし、また百念《ひゃくねん》をもつて百無上《ひゃくむじょう》となし、また千念《せんねん》をもつて千無上《せんむじょう》となす。かくのごとく展転《てんでん》して少《しょう》より多《た》に至《いた》る。念仏恒沙《ねんぶつごうじゃ》なれば、無上《むじょう》の功徳《くどく》また恒沙《ごうじゃ》なるべし。かくのごとく知《し》るべし。しかればもろもろの往生《おうじょう》を願求《がんぐ》せん人《ひと》、なんぞ無上大利《むじょうだいり》の念仏《ねんぶつ》を廃《はい》して、あながちに有上小利《うじょうしょうり》の余行《よぎょう》を修《しゅ》せんや。

（『註釈版聖典（七祖篇）』一二二一～一二二四頁）

**【意　訳】**

念仏利益の文。

『無量寿経』の下巻に説かれてある。「釈尊が弥勒菩薩に仰せになる。〈かの阿弥陀仏の名号を聞いて、信じ喜び、乃至（わずか）一念する者まで、まさにこの人は大利《だいり》を得る者とする。すなわちこれは無上《むじょう》（この上ない）功徳を具えるのである〉」

善導大師の『往生礼讃』にいわれてある。

「かの阿弥陀仏の名号のいわれを聞いて、歓喜してわずか一声する者まで、みなまさにかの国に往生することができよう」

わたくしに問うていう。上の三輩の文に準ずるに、念仏のほかに菩提心などの功徳が挙げられてあるが、どうしてそれらの功徳を讃めないで、ただ独《ひと》り念仏の功徳だけを讃めるのか。答えていう。仏の思召しは測りがたい。きっと深い意味があろう。しばらく善導大師の意によってこれをいうに、もとをたずねれば、仏の本意はまさしくただ念仏の行だけを説こうとされることにあるけれども、人々の素質・能力にしたがってひとまず菩提心などの諸行を説いて、上輩・中輩・下輩の三輩の浅深の別を分けられたのである。ところが、今は諸行についてはすでに捨てて讃められないのであるから、捨て置いて論ずべきではない。ただ念仏の一行についてはすでに選んで讃嘆されるのであるから、思うてよく分別すべきである。もし念仏について三輩を分けるならば、これに二つの意がある。一つには観念の浅深にしたがってこれを分け、二つには念仏の多少をもってこれを分けるのである。浅深とは、上の第四「三輩章」に『往生要集』の文を引くところのようである。「もし経論に説かれている通りに行じたならば、理《ことわり》として上品上生に当る」というのがこれである。次に多少とは、下輩の文の中にすでに「十念」から「一念」に至るまでの数がある。上輩・中輩の二輩は、その素質・能力に準じて随って数を増すであろう。『観念法門』に、「日ごとに一万回念仏せよ。またよろしく六時《ろくじ》（一日六回）の時間によって浄土の荘厳相を礼拝し讃嘆して大いに精進せよ。あるいは日に三万・六万・十万などの念仏をする者は、みな上品上生の人である」といわれてある。ゆえに三万回以上は上品上生の行業であり、三万回以下は上品以下の行業であると知るべきである。すでに念仏の数の多い少ないにしたがって上輩・中輩・下輩の品位を分けることは明らかである。今ここに「一念」というのは、上の第十八願成就文の中にいわれた「一念」と、下輩の中に明かされた「一念」とを指す。第十八願成就文の中には「一念」といってあるけれども、まだ功徳の大利を説かず、また下輩の文の中にも「一念」といってあるが、まだ功徳の大利を説かない。この流通分《るずうぶん》の「一念」に至って、説いて「大利」と示し、讃めて「無上」といわれるのである。ゆえに、これは上の「一念」を指すということを知るべきである。この「大利」というのは小利《しょうり》に対する言葉である。そうであるから、菩提心などの諸行をもって小利とし、「乃至一念」をもって「大利」とするのである。また「無上功徳」というのは有上《うじょう》に対する言葉である。念仏以外の余行をもって有上とし、念仏をもって「無上」とするのである。すでに「一念」をもって一無上とするのであるから、十念をもって十無上とし、百念をもって百無上とし、また千念をもって千無上とすると知るべきである。このようにだんだんと少より多に至るから、念仏がガンジス河の砂の数ほど多ければ、無上功徳もまたガンジス河の砂の数ほどであろう。このように心得べきである。それゆえ往生を願い求める人々は、どうして無上大利の念仏を廃して、強いて有上小利の余行を修めてよかろうか。

## 【講　読】

### 利益章の構成

前の三輩章において法然聖人は、念仏と諸行の関わりを論じて、廃立と助正と傍正の三義をあげて、帰するところは、念仏以外の諸行を廃して念仏を立てる廃立にあることが述べられました。その説き方は非常にゆるやかな述べ方となっていました。「三義の取捨は、それぞれにまかせます」という表現をとりながらも、廃立の立場に立って、帰するところは念仏一行にあることを示されたのです。

利益章は次のような構成となっています。

標章の文――念仏利益の文
引　文┬「弥勒付属の文」（『大経』下巻・流通分）
　　　└「一念得生《いちねんとくしょう》の文」（善導大師『往生礼讃』）
私　釈┬イ「弥勒付属の文」で念仏を讃えられた理由を問う
　　　├ロ九品それぞれに説かれる念仏の相違を明かす
　　　└ハ『大経』の「一念」に注目し、数にとらわれない、大利無上の念仏を明らかにする

この利益章で注目すべきことは、念仏の利益を明らかにしながらも、私釈の冒頭でまず、念仏と諸行との関わりを述べて、「三輩の文には念仏と諸行が説かれていたのに、なぜ、弥勒付属の文にいたって、念仏の利益だけを説いて、諸行の利益を説かないのか」ということを問答することです。それはこれまで論じられてきた諸行と念仏の関わりについての結論が、弥勒付属の文によって示されていると考えることができます。

さらにこの章で注目すべきことは、標章に「念仏利益の文」と掲げられるように、称名念仏申す

ことが私の救いにどう関わるのかということが述べられていることです。この問題はこの章の結論でもあり、すでに引文で示されています。引文では、『大経』の弥勒付属の文によって、「名号を聞いて喜び、わずか一回でも称名念仏申すところに大利を得る。それは名号の持つこの上ない功徳を身に具えるからである」と述べ、さらに善導大師の『往生礼讃』の文により、「名号を聞いて喜び、一回でも称名念仏するものは、浄土に往生する」と示されています。弥勒付属の文の「大利」とは、『往生礼讃』に示されるように、私たちが浄土に往生するということです。念仏には究極的な功徳があるから、念仏者はその功徳によって、大利と示される究極的な利益、つまり浄土往生を得ることになるのです。

さらに私釈では弥勒付属の文に「一念」（一声の称名念仏）が示されていることについて、十念であろうと百念であろうと、その念仏は数にとらわれない他力の念仏であることが明らかにされています。

## 弥勒付属の文で念仏の利益だけを讃えられた仏意

私釈の中、法然聖人は、三つの問題について述べています。まず第一は、諸行と念仏を対比させ、なぜ弥勒付属の文では、念仏の無上功徳だけが讃えられているのかを述べます。第二に、九品それぞれに念仏が説かれるが、その相違は何かを説きます。さらに第三に、『大経』に説かれる「一念」に注目して、数にとらわれない、大利無上の念仏を明らかにされます。この三点について詳述します。

第一に三輩の文には、念仏のほかに、菩提心などの諸行が説かれているが、なぜ、『大経』の最後にある弥勒付属の文では念仏の功徳だけを説くのであろうかと問いを発《おこ》します。そして、善導大師の意によれば、念仏を説くのが釈尊の真意であるが、三輩の文では、人々の素質・能力にしたがってひとまず菩提心などの諸行を説いて、上輩・中輩・下輩の浅深の別を分けられたのであると述べます。一方、この弥勒付属の文では、すでに諸行は捨てられて讃《ほ》められないのであるから、捨て置いて論ずる必要はないと、大変明快な理由によって、念仏の一行だけを讃嘆する釈尊の意を明らかにしています。このように、広く諸行（特に菩提心などを取り上げ）から問いを発して、念仏一行の利益を説くのです。

## 九品すべてに称名念仏

続いて念仏に関して三輩を分けるとすれば、観念の浅深と、念仏の多少によって分別することができるといわれます。

まず観念の浅深について、『往生要集』には、浅深の別によって、有相業《うそうごう》、無相業《むそうごう》、散心《さんしん》、定心《じょうしん》などの念仏が説かれますが、「もし説《せつ》のごとく行《ぎょう》ずるは、理《り》、上上《じょうじょう》に当《あた》れり」（『註釈版聖典（七祖篇）』一一三四頁）といわれるように、経説の通りに、無相業、定心などの高度な念仏を行ずれば、上品上生に通じると述べています。称名念仏についても、「三輩章」に「念仏《ねんぶつ》また九品《ぼん》に通《つう》ずべし」（『同』一一二二頁）とありますので、その浅深の別によって、称名念仏も三輩九品に分かたれると考えられます。しかしそれらは帰するところ選択本願の念仏ですので、九品の称名念仏はすべて、九品という人びとの素質・能力の区別に関わりのない、本願に順う他力の称名念仏であるとみられます。

次に称名念仏の数の多少によって三輩九品が分かたれることが明かされます。まず、下輩に「十念」から「一念」に至るまでの念仏の数の多少があることを示します。続いて、善導大師の『観念法門』の「三万・六万・十万の念仏の人は上品上生の人なり」（『同』六〇四頁、取意）という文を引用して、三万以上の称名念仏は上品上生であり、三万以下は上品以下であると述べて、数の多い人びとは上品の念仏の人となり、数の少ない人びとは、上品以下の人であると示します。

ここに示された九品の称名念仏を表面的に受け止めるならば、「称名念仏の数が多い人の念仏ほど上根者《じょうこんしゃ》の念仏で、数の少ない人の念仏ほど下根《げこん》の念仏ということであれば、数の多い念仏こそ功徳があり、数の少ない念仏は功徳が少ないということになるのであろうか。自力の念仏を勧めているのであろうか」といった疑問が起ってきます。しかしそうではなく、これらがまったく他力の念仏であり、数の多少に関わりなく、一声一声に無上の功徳を得る念仏であると示すのが次の問題です。

## 一声一声に無上の功徳を具足する

利益章の私釈において、最も重要な点は、「一念」に無上利益の功徳を具足するということです。『大経』下巻の弥勒付属の文に、「かの阿弥陀仏の名号を聞いて、信じ喜び、乃至（わずか）一念する者まで、まさにこの人は大利を得た者とする。すなわちこれは無上（この上ない）功徳を具えるのである」という文があり、法然聖人はこれに注目します。

『大経』で「一念」について述べられたところは、本願成就文（『註釈版聖典』四一頁）と下輩の文（『同』四二頁）とこの「弥勒付属の文」の三箇所です。法然聖人はこれらの「一念」を、本願章で「念《ねん》と声《しょう》は同一の称名念仏《しょうみょうねんぶつ》」（『註釈版聖典（七祖篇）』一二二二頁、取意）と示されたように、すべて称名念仏の「一念」とみられています。本願成就文も、下輩の文もいずれも重要な文ですが、このなかで、「一念」の称名念仏にこの上ない功徳が説かれていると示されているのは「弥勒付属の文」です。そのことに法然聖人は注目されているのです。

さらに注目すべきは、菩提心などの念仏以外の諸行を「小利」、「乃至一念」（一声に至るまでの称名念仏）を「大利」と見て、さらに諸行は「有上」であり、念仏は「無上の功徳」を具えていると示しておられる点です。菩提心などの諸行は、「小利・有上」の小さく限りのある利益の行業であるのに対し、一声の称名念仏は、「無上・大利」のこの上なく限りのない功徳、絶対の善を有していると説かれるのです。

続いて次のように一念の無上功徳が説かれます。

一念をもつて一無上となす。……十念をもつて十無上となし、……百念をもつて百無上となし、……千念をもつて千無上となす。展転して少より多に至る。念仏恒沙なれば、無上の功徳また恒沙なるべし。

「恒沙《ごうじゃ》」はガンジス河の砂の数を表しますので、ガンジス河の砂ほどの無数の称名念仏に、数をこえた無量の功徳があることが示されます。ただし「一念に一無上の大利功徳を具足する」ということは、一声の称名念仏に最高の大利を具足するということですから、たった一声であろうと、ガンジス河の数ほどであろうと、数にかかわらず、一声一声のそれぞれに無上功徳の大利を得ることになります。一切の数にとらわれず、一声の念仏であっても一生涯の念仏であろうと無上の大利功徳を有することが知られます。

選択本願に順じて称名念仏申す者は浄土に往生するという大利を得るのであって、それは称名念仏の行業に無上の功徳が具足しているからであると他力の念仏が強調されるのです。

## 「行の一念」から「信の一念」へ

『選択集』を継承する親鸞聖人は、名号のいわれを聞信して称名する最初の一声に無上の利益を具《そな》えるという弥勒付属の文の「一念」を「行の一念」と示しています。そのことを『教行信証』「行巻」行一念釈に、

往相回向《おうそうえこう》の行信《ぎょうしん》について、行《ぎょう》にすなはち一念《いちねん》あり、また信《しん》に一念《いちねん》あり。行の一念《いちねん》といふは、いはく、称名《しょうみょう》の遍数《へんじゅ》について選択易行《せんじゃくいぎょう》の至極《しごく》を顕開《けんかい》す。（『註釈版聖典』一八七頁）

と、最初の一声というもっとも少ない数が示されているのは、本願念仏の易行の究極の意義を表されたものと受け止められました。ここに、この利益章の影響が知られます。

さらに親鸞聖人は、「信巻」の信一念釈に、

それ真実《しんじつ》の信楽《しんぎょう》を案《あん》ずるに、信楽《しんぎょう》に一念《いちねん》あり。一念《いちねん》とはこれ信楽開発《しんぎょうかいほつ》の時剋《じこく》の極促《ごくそく》を顕《あらわ》し、

広大難思《こうだいなんじ》の慶心《きょうしん》を彰《あらわ》すなり。（『同』二五〇頁）

と、本願成就文の「一念」を「信の一念」と見られ、「一念」とは信心が開け発《おこ》る最初の時をあらわし、広大で思いはかることのできない徳をいただいたよろこびの心を表していると受け止められました。法然聖人を受けて、「行の一念」から「信の一念」を開き、「行の一念」に無上の利益を得るという内容を、さらに「信の一念」で明らかにされ、本願成就文の「即得往生《そくとくおうじょう》（すなはち往生を得）」（『同』四一頁）に注目し、「信の一念」に往生成仏すべき身に定まる現生正定聚《げんしょうしょうじょうじゅ》の問題へと展開します。いずれにしても『選択集』の「利益章」から『教行信証』の行・信一念釈への展開を知ることができます。

# 第六章　特留章のこころ

## 本文と意訳

### 【本　文】

末法万年《まっぽうまんねん》の後《のち》に余行《よぎょう》ことごとく滅《めっ》し、特《こと》に念仏《ねんぶつ》を留《とど》めたまふ文《もん》。

『無量寿経《むりょうじゅきょう》』の下巻《げかん》にのたまはく、「当来《とうらい》の世《よ》に経道滅尽《きょうどうめつじん》せんに、われ慈悲《じひ》をもつて哀愍《あいみん》して、特《こと》にこの経《きょう》を留《とど》めて止住《しじゅう》すること百歳《ひゃくさい》ならしめん。それ衆生《しゅじょう》ありてこの経《きょう》に値《あ》ふもの、意《こころ》の所願《しょがん》に随《したが》ひてみな得度《とくど》すべし」と。

わたくしに問《と》ひていはく、『経《きょう》』（大経・下）にただ「特留此経止住百歳《どくるしきょうしじゅうひゃくさい》」といひて、まつたくいまだ「特留念仏止住百歳《どくるねんぶつしじゅうひゃくさい》」といはず。しかるにいまなんぞ「特留念仏《どくるねんぶつ》」といふや。答《こた》へていはく、この経《きょう》の詮《せん》ずるところまつたく念仏《ねんぶつ》にあり。（中略）しかればすなはちこの経《きょう》の「止住《しじゅう》」は、すなはち念仏《ねんぶつ》の止住《しじゅう》なり。しかる所以《ゆえん》は、この経《きょう》に菩提心《ぼだいしん》の言《ことば》ありといへども、いまだ菩提心《ぼだいしん》の行相《ぎょうそう》を説《と》かず。また持戒《じかい》の言《ごん》ありといへども、いまだ持戒《じかい》の行相《ぎょうそう》を説《と》かず。（中略）自余《じよ》の諸行《しょぎょう》これに准《じゅん》じて知《し》るべし。ゆゑに善導和尚《ぜんどうかしょう》の『往生礼讃《おうじょうらいさん》』にこの文《もん》を釈《しゃく》していはく、

「万年《まんねん》に三宝滅《ぼうめつ》しなば、この『経《きょう》』（大経）住《じゅう》すること百年《ひゃくねん》あらん。その時《とき》に聞《き》きて一念《ねん》せん、みなまさにかしこに生《しょう》ずることを得《う》べし」と。

またこの文《もん》を釈《しゃく》するに略《りゃく》して四の意《こころ》あり。一には聖道《しょうどう》・浄土《じょうど》二教《きょう》の住滅《じゅうめつ》の前後《ぜんご》、二には十方《ぽう》・西方《さいほう》二教《きょう》の住滅《じゅうめつ》の前後《ぜんご》、三には兜率《とそつ》・西方《さいほう》二教《きょう》の住滅《じゅうめつ》の前後《ぜんご》、四には念仏《ねんぶつ》・諸《しょ》行《ぎょう》二行《ぎょう》の住滅《じゅうめつ》の前後《ぜんご》なり。（中略）四に念仏《ねんぶつ》・諸行《しょぎょう》二行《ぎょう》の住滅《じゅうめつ》の前後《ぜんご》といふは、諸行往《しょぎょうおう》生《じょう》の諸教《しょきょう》は先《さき》に滅《めっ》す、ゆゑに「経道滅尽《きょうどうめつじん》」といふ。念仏往生《ねんぶつおうじょう》はこの経《きょう》特《ひと》り留《とど》まる、ゆゑに「止住百歳《しじゅうひゃくさい》」といふ。まさに知《し》るべし、諸行往生《しょぎょうおうじょう》は機縁《きえん》もつとも浅《あさ》く、念仏往生《ねんぶつおうじょう》は機縁《きえん》はなはだ深《ふか》し。しかのみならず、諸行往生《しょぎょうおうじょう》は縁少《えんすく》なく、念仏往生《ねんぶつおうじょう》は縁多《えんおお》し。また諸《しょ》行往生《ぎょうおうじょう》は近《ちか》く末法万年《まっぽうまんねん》の時《とき》を局《かぎ》る。念仏往生《ねんぶつおうじょう》は遠《とお》く法滅百歳《ほうめつひゃくさい》の代《よ》に霑《うる》ふ。

問《と》ひていはく、すでに「われ慈悲《じひ》をもつて哀愍《あいみん》して、特《こと》にこの経《きょう》を留《とど》めて止住《しじゅう》すること百歳《ひゃくさい》ならん」（大経・下）といふ。もししからば釈尊《しゃくそん》、慈悲《じひ》をもつてしかも経教《きょうきょう》を留《とど》めたまはんに、いづれの経《きょう》いづれの教《きょう》か、しかも留《とど》まらざらんや。しかるをなんぞ余経《よきょう》を留《とど》

めずして、ただこの経《きょう》を留《とど》めたまふや。答《こた》へていはく、（中略）もし善導和尚《ぜんどうかしょう》の意《こころ》によらば、この経《きょう》のなかにすでに弥陀如来《みだにょらい》の念仏往生《ねんぶつおうじょう》の本願《ほんがん》（第十八願）を説《と》けり。釈迦《しゃか》、慈悲《じひ》をもつて念仏《ねんぶつ》を留《とど》めんがために、殊《こと》にこの経《きょう》を留《とど》めたまふ。余経《よきょう》のなかにはいまだ弥陀《みだ》如来《にょらい》の念仏往生《ねんぶつおうじょう》の本願《ほんがん》を説《と》かず。ゆゑに釈尊《しゃくそん》、慈悲《じひ》をもつてこれを留《とど》めたまはず。おほよそ四十八願《がん》みな本願《ほんがん》なりといへども、殊《こと》に念仏《ねんぶつ》をもつて往生《おうじょう》の規《のり》となす。ゆゑに善導《ぜんどう》釈《しゃく》していはく（法事讃・上）、

「弘誓《ぐぜい》、門多《もんおお》くして四十八なれども、ひとへに念仏《ねんぶつ》を標《あらわ》してもつとも親《した》しとなす。人《ひと》よく仏《ぶつ》（阿弥陀仏）を念《ねん》ずれば、仏還《ぶつかえ》りて念《ねん》じたまふ。専心《せんしん》に仏《ぶつ》を想《おも》へば、仏《ぶつ》、人《ひと》を知《し》りたまふ」と。以上

ゆゑに知《し》りぬ、四十八願《がん》のなかに、すでに念仏往生《ねんぶつおうじょう》の願《がん》（第十八願）をもつて本願中《ほんがんちゅう》の王《おう》となすといふことを。ここをもつて釈迦《しゃか》の慈悲《じひ》、特《こと》にこの経《きょう》をもつて止住《しじゅう》すること百《ひゃく》歳《さい》するなり。例《れい》するに、かの『観無量寿経《かんむりょうじゅきょう》』のなかに、定散《じょうさん》の行《ぎょう》を付属《ふぞく》せずして、ただ孤《ひと》り念仏《ねんぶつ》の行《ぎょう》を付属《ふぞく》したまふがごとし。これすなはちかの仏願《ぶつがん》に順《じゅん》ずるがゆゑに、念仏《ねんぶつ》一行《ぎょう》を付属《ふぞく》す。

問《と》ひていはく、百歳《ひゃくさい》のあひだ念仏《ねんぶつ》を留《とど》むべきこと、その理《り》しかるべし。この念仏《ねんぶつ》の行《ぎょう》

は、ただかの時機《じき》に被《こうむ》らしむとやなさん、はた正像末《しょうぞうまつ》の機《き》に通《つう》ずとやなさん。答《こた》へていはく、広《ひろ》く正像末法《しょうぞうまっぽう》に通《つう》ずべし。後《のち》を挙《あ》げて今《いま》を勧《すす》む。その義知《ぎし》るべし。

（『註釈版聖典（七祖篇）』一二二四～一二二八頁）

**【意　訳】**

末法の時代が一万年続いた後の法滅《ほうめつ》の時には、他の行はことごとく滅するが、特に念仏だけを留《とど》められることを示す文。

『無量寿経（大経）』の下巻に説かれている。「やがて将来、わたし（釈尊）が示したさまざまなさとりへの道はみな失われてしまうであろうが（経道滅尽《きょうどうめつじん》）、わたしは慈《いつく》しみの心をもって哀れみ、特にこの経（『大経』）だけをその後百年の間留めておこう（止住百歳《しじゅうひゃくさい》）。そしてこの経に出会うものは、みな願いに応じて迷いの世界を離れてさとりの世界に生れることができるであろう」。

わたくしに問うていう。『大経』にはただ「特にこの教えだけを百年の間留めよう」といって、まったく「特に念仏だけを百年の間留めよう」とは説かれてない。それなのに今どうして「特に念仏だけを留められる」というのか。答えていう。この経の説きあらわすところはまったく念仏にある。（中略）そうであるから、『大経』を「留める」というのは、すなわち念仏を留めることである。そういうわけは、この経には菩提心という言葉はあるけれども、いまだ菩提心の内容や実践方法を説かれていないし、また持戒という言葉はあるけれども、いまだ持戒の内容や実践方法を説かれていないからである。（中略）そのほかの諸行はこれに準じて知るべきである。ゆえに善導大師の『往生礼讃』にこの文を解釈して、

末法一万年の後、他の教えがすべて滅しても、『大経』の念仏の教えだけは百年の間留まるであろう。そのときこの教えを聞いてわずか一声念仏する者まで、みな阿弥陀仏の国に往生することができる。

といわれてある。

またこの文を解釈するのに、略して四つの意味がある。一つには聖道門と浄土門との二つの教えの存続と消滅の前後、二つには十方《じっぽう》浄土往生と西方浄土往生との二つの教えの存続と消滅の前後、三つには兜率天《とそってん》往生と西方浄土往生との二つの教えの存続と消滅の前後、四つには念仏と諸行との二つの行の存続と消滅の前後である。（中略）四つに念仏と諸行との二つの行の存続と消滅の前後というのは、諸行往生のいろいろな教えは、先に滅するから「経道滅尽」といい、念仏往生の説かれたこの経は特に留まるから「止住百歳」というのである。ゆえに諸行

往生は衆生との縁が最も浅く、念仏往生は縁が甚だ深いと知るべきである。しかも、諸行往生に縁ある人は少なくて念仏往生に縁ある人は多く、また諸行往生は末法万年の時までに限るが、念仏往生は遠く法滅の後百年の間うるおすのである。

問うていう。すでに「わたしは慈しみの心をもって哀れみ、特にこの経だけをその後百年の間留めておこう」と説かれている。もしそうであれば、釈尊が慈悲をもって留められるのであって、いずれの経いずれの教えも留められないはずはないであろう。それなのにどうして、他の経を留めないで、ただ『大経』だけを留められるのか。答えていう。（中略）もし善導大師の意に依れば、『大経』の中にすでに阿弥陀仏の念仏往生の本願を説かれてあるから、釈尊の慈悲は念仏を留めるために、殊にこの経を留められる。ほかの経の中にはまだ阿弥陀仏の本願を説かれてないから、釈尊の慈悲はそれらを留められないのである。およそ四十八願はみな本願であるけれども、殊に念仏をもって往生の規範とする。ゆえに善導大師が解釈して、

「本願は多くて四十八あるけれども　ひとえに念仏をもって最も阿弥陀仏に親しい行であるとされる。人がよく仏を念ずれば仏もまたその人を念じ　専心に仏を想えば仏はその人をお知りになる」といわれてある。

ゆえに四十八願の中で、すでに念仏往生の願をもって本願中の王とすることが知られる。こ

のように、釈尊の慈悲は特にこの経をもって百年の間留められるのである。たとえば、かの『観無量寿経』の中に定善・散善の行を後世に伝えるようにと伝授されないで、ただひとり念仏だけを伝授されるようなものである。これは阿弥陀仏の願に順ずるから、念仏の一行を伝授されるのである。

問うていう。法滅の後、百年の間念仏を留められるということは、その道理はそうであろうが、この念仏の行はただかの法滅の時期の衆生だけにこうむらせるとするのか、それとも正法・像法・末法の時の衆生にも通ずるとするのか。答えていう。ひろく正法・像法・末法の時にも通ずる。後の法滅の時のことを挙げて、今の衆生に勧められるのである。その意味を知るべきである。

## 【講　読】

### 「特留念仏」を『大経』（流通分）で証明する

特留章は次のような構成となっています。

標章の文──末法万年の後、特に念仏を留める文

引　文──「特留此経止住百歳」の文（『大経』下巻・流通分）

私　釈──三つの問答によって内容を明らかにする

　　第一問答　「特留此経止住百歳」の文が、念仏を百年留める文であることを明らかにする

　　第二問答　釈尊はなぜ、他の経ではなく『大経』を留められるのかを明らかにする

　　第三問答　念仏は、正法・像法・末法の時代にも通じることを明らかにする

まず標章の文には、「末法の時代が一万年続いた後の法滅の時には、他の行はことごとく滅するが、特に念仏だけを留められることを示す文」と述べます。

ここに出る「末法」・「法滅」という言葉は、三時思想《さんじしそう》に由来するものです。三時思想とは、諸説がありますが、釈尊が入滅してから時を経るほど、人間の能力が落ち、時代も濁り、さとりを得にくくなるという思想です。釈尊が入滅した後の千年（あるいは五百年）は、教えによって正しく修行が行われ、さとりを得ることができる「正法」の時代です。その次の千年を「像法」と言い、教えによって修行が行われるが、さとりを得ることができない時代となり、次の「末法」の一万年間

には、教えはあるが、行ずることもさとることもできない時代とされます。そして、末法の時代の後は、教えが滅尽《めつじん》する「法滅」の時代を迎えると言われています。

もともと『大経』の流通分では、仏法が滅尽する法滅の時になっても、百年間は「『大経』を留める」と説かれているのですが、標章の文で法然聖人は、これを「特《こと》に念仏を留める」と独自の主張を示されたのです。もちろん、その念仏とは、本願章に説かれたように、称えられる名号にはあらゆる功徳が摂められているゆえに勝れており、また、いつでも、どこでも、誰もが行じ易い、「勝《しょう》」と「易《い》」の徳を具えた「選択本願の念仏（称名念仏）」です（『註釈版聖典（七祖篇）』一二〇七頁参照）。

『大経』には、菩提心や戒律などのさまざまな行が説かれていますが、法然聖人は、『大経』の結論を、あらゆる人々を救いたいという、平等の慈悲の心に催された阿弥陀仏が選ばれた「選択本願の念仏」にあると見定められたのです。後に親鸞聖人が『教行信証』「教巻《きょうかん》」に、『大経』の要《かなめ》は阿弥陀仏の本願であり、その本質は阿弥陀仏の名号である（『註釈版聖典』一三五頁、取意）と説かれる意は、これら本願章やこの特留章の意を承けていると言えます。

そして標章の文を証明するために、『大経』「流通分」の「特留此経止住百歳」の文が引かれます。法然聖人はこの文を、「教法が滅尽する時となっても、釈尊はあらゆる人びとを慈しみ哀しまれて念仏を留められ、その教法に出遇った者は迷いの世界を離れてさとりの世界に生れることができる」と読み込まれました。

阿弥陀仏は、平等の慈悲の心によって「選択本願の念仏」を完成されましたが、これを承ける釈尊も、あらゆる人びとを慈しみ哀しまれ、教法が滅尽する時も念仏を留められたのです。

## 第一問答―ひろく諸教と比較する

続く私釈で法然聖人は、三つの問答によって、「特留此経止住百歳」の文を「念仏を百年留める文」と主張された真意を明らかにします。

まず第一の問答では、『大経』では「此経（この経）」を百年留めると示されているのに、どうして念仏を百年留めると言い得るのか、その理由について明らかにしています。

この答えについては次の順序で述べられています。

①『大経』の結論は念仏にあります。それはすでに本願章や三輩章などで明らかにしました。先師、善導大師・懐感禅師・恵心僧都（源信和尚）などの主張もその通りです。従って、留められるのは念仏であります。

②なぜならば、『大経』には念仏のほかに菩提心や戒律などの諸行が説かれていますが、名前が説

かれているだけで、その内容や実践の方法が説かれていません。むしろ菩提心については『菩提《ぼだい》心経《しんぎょう》』などに、また戒律についても大乗・小乗の経典に詳しく説かれています。しかしそれらの経典が先に滅すれば、どうして菩提心や戒律を修めることができましょうか。それ以外の諸行もみな同じでありましょう。従って、留められるのは諸行ではなく、念仏であります。

③それ故に善導大師は『往生礼讃』において、「末法一万年の後、仏・法・僧の三宝《さんぽう》が滅しても『大経』の念仏の教えは、百年の間留まるであろう。そのときこの教えを聞いて、わずか一声念仏する者まで、みな浄土に往生することができる」と念仏による浄土往生の法を述べられているのです。

④また、「聖道門と浄土門」、「十方浄土往生の諸教と西方浄土往生の教」、「上生兜率往生と西方浄土往生」を比較すると、浄土門や西方往生教のみが法滅の後も百年留まります。そして、諸行と念仏についていえば、諸行往生はみな失われてしまう（経道滅尽）が、念仏往生はその後百年の間留められます（止住百歳）。従って、諸行往生は機縁浅く、念仏往生は機縁が深いことが知られます。

このように、末法一万年の後、念仏のみが百年留まるという問題について、ひろく諸教と比較しながら論じています。すなわち、菩提心などの諸行は法滅の時には滅亡して衆生との機縁は途切れてしまうけれど、念仏往生の教えは百年留まるので、衆生にとって機縁深い教えであることを示すのです。

## 第二問答―念仏往生の願は王本願なり

次の第二の問いは、法滅の時に、釈尊が慈しみと哀しみの心で『大経』を留められると説かれるが、なぜ『大経』に限るのか、いずれの経教《きょうきょう》でもよいではないか、というものです。

その答えには、善導大師の意によるとして、『大経』には、阿弥陀仏の念仏往生の願（第十八願）が誓われているから、これを承けて釈尊は慈悲の心をもって、念仏を留めるために『大経』を留められるのであると示します。それに対し、他の経には、念仏往生の本願を説いていないから、釈尊は留められないのであると言われます。ここに釈尊と阿弥陀仏が二尊《にそん》一致して念仏を勧められ、これを善導大師が開顕《かいけん》されたという「阿弥陀仏→釈尊→善導」という流れを読みとることができます。

そして法然聖人は、念仏が浄土往生の規範となるのであるから、「阿弥陀仏の四十八の誓願の中でも、念仏往生の願である第十八願が最も阿弥陀仏に親しい行である」とする善導大師の『法事讃』の文を引証して、その結論として、念仏往生の願である第十八願を「本願中の王」（王本願）と述べられるのです。また、念仏が留められた例として、釈尊が『観経』で、称名念仏以外の定善・散善の諸行を阿難に伝授せず、念仏一行を伝授したこと（『註釈版聖典』一一七頁参照）をあげ、その理由として、念仏は阿弥陀仏の本願に順《したが》うからである、と説かれました。

## 第三問答―念仏は正法・像法・末法の三時に通ずる

最後の問いは、念仏の法はただ法滅の時の衆生にだけ通用するものか、あるいは、正法・像法・末法の三時の衆生にも通じるものなのかという問いです。その答えには、念仏は、法滅の時の衆生を救うばかりでなく、広く正法・像法・末法の三時に通じると、末法の今、念仏に出遇うことを勧めています。ここで法然聖人は一切の法が滅しても念仏の法のみ不滅であるという事実から、念仏が三時に通じた教えであると考えられています。尚、ここで、「百年の間、念仏が留まる」と言われる時の「百」という数は、あらゆる数を含む満数を表します。法然聖人は百という数を、法滅の後の百年に限らず、「いつまでも、永遠に念仏が留まる」とみておられたと言えましょう。いつまでも念仏が留まるということは、いつでも念仏の法に遇えるということです。ですから、正法・像法・末法の三時の人びと、そして、いつの時代の人びとにもつねに念仏による救いの道が開かれていることになります。

　これを承けて親鸞聖人は、末法の意識を、無限の過去から迷い続けている「罪悪深重《ざいあくじんじゅう》の凡夫《ぼんぶ》」という自覚に深め、三時をこえて今、念仏の法が盛んであることを強調されました。末法の意識を自己の罪障《ざいしょう》へと深化させて受け止めていかれたのでした。このことについては、別の機会に述べたいと思います。

# 第七章　摂取章のこころ

## 本文と意訳

**【本　文】**

弥陀《みだ》の光明余行《こうみょうよぎょう》のものを照《て》らさず、ただ念仏《ねんぶつ》の行者《ぎょうじゃ》を摂取《せっしゅ》する文《もん》。

『観無量寿経《かんむりょうじゅきょう》』にのたまはく、「無量寿仏《むりょうじゅぶつ》に八万《まん》四千《せん》の相《そう》あり。一々の相《そう》に八万《まん》四千《せん》の随《ずい》形好《ぎょうこう》あり。一々の好《こう》に八万《まん》四千《せん》の光明《こうみょう》あり。一々の光明《こうみょう》あまねく十方世界《ぽうせかい》の念仏《ねんぶつ》の衆生《しゅじょう》を照《て》らし、摂取《せっしゅ》して捨《す》てたまはず」と。

同経《どうきょう》の『疏《しょ》』（定善義）にいはく、「（中略）問《と》ひていはく、つぶさに衆行《しゅぎょう》を修《しゅ》してただよく回向《えこう》すれば、みな往生《おうじょう》を得《う》。なにをもつてか仏《ぶつ》の光《ひかり》あまねく照《て》らすにただ念仏者《ねんぶつしゃ》を摂《せっ》する、なんの意《こころ》かあるや。答《こた》へていはく、これに三義《ぎ》あり。一には親縁《しんえん》を明《あ》かす。衆生《しゅじょう》、行《ぎょう》を起《おこ》して口《くち》につねに仏《ぶつ》を称《しょう》すれば、仏《ぶつ》すなはちこれを聞《き》きたまふ。身《み》につねに仏《ぶつ》を礼敬《らいきょう》すれば、仏《ぶつ》すなはちこれを見《み》たまふ。心《しん》につねに仏《ぶつ》を念《ねん》ずれば、仏《ぶつ》すなはちこれを知《し》りたまふ。衆生仏《しゅじょうぶつ》を憶念《おくねん》すれば、仏《ぶつ》また衆生《しゅじょう》を憶念《おくねん》したまふ。彼此《ひし》の三業《ごう》あひ捨離《しゃり》せず。ゆゑに親縁《しんえん》と名《な》づく。二には近縁《ごんえん》を明《あ》かす。衆生《しゅじょう》仏《ぶつ》を見《み》んと願《がん》ずれば、仏《ぶつ》すなはち念《ねん》に応《おう》じて現《げん》じて目《め》の前《まえ》にまします。ゆゑに近縁《ごんえん》と名《な》づく。三には増上縁《ぞうじょうえん》を明《あ》かす。衆生称念《しゅじょうしょうねん》すれば、すなはち多劫《たこう》の罪《つみ》を除《のぞ》きて、命終《いのちおわ》らんと欲《ほっ》する時《とき》、仏《ぶつ》、聖衆《しょうじゅ》とみづから来《きた》りて迎接《こうしょう》したまふ。もろもろの邪業繋《け》よく礙《さ》ふるものなし。ゆゑに増上縁《ぞうじょうえん》と名《な》づく。自余《じょ》の衆行《しゅぎょう》はこれ善《ぜん》と名《な》づくといへども、もし念仏《ねんぶつ》に比《くら》ぶれば、まつたく比校《ひきょう》にあらず。このゆゑに、諸経《しょきょう》のなかに処々《しょしょ》に広《ひろ》く念仏《ねんぶつ》の功能《くのう》を讃《ほ》む。『無量寿経《むりょうじゅきょう》』の四十八願《がん》のなかのごときは、ただもつぱら弥陀《みだ》の名号《みょうごう》を念《ねん》じて生《しょう》ずることを明《あ》かす。また『弥陀経《みだきょう》』のなかのごときは、一日《にち》七日《にち》もつぱら弥陀《みだ》の名号《みょうごう》を念《ねん》じて生《しょう》ずることを得《う》と。また十方恒沙《ぼうごうじゃ》の諸仏《しょぶつ》の虚《むな》しからずと証誠《しょうじょう》したまふ。またこの『経《きょう》』（観経）の定散《じょうさん》の文《もん》のなかには、ただもつぱら名号《みょうごう》を念《ねん》じて生《しょう》ずることを得《う》と標《あらわ》せり。この例《れい》一にあらず。広《ひろ》く念仏三昧《ねんぶつざんまい》を顕《あらわ》しをはりぬ」と。（中略）

　わたくしに問《と》ひていはく、仏《ぶつ》の光明《こうみょう》ただ念仏者《ねんぶつしゃ》を照《て》らして、余行《よぎょう》のものを照《て》らさざるはなんの意《こころ》かあるや。答《こた》へていはく、解《げ》するに二の義《ぎ》あり。一には親縁等《しんえんとう》の三の義《ぎ》、文《もん》のごとし。二には本願《ほんがん》の義《ぎ》、いはく余行《よぎょう》は本願《ほんがん》にあらざるがゆゑに、これを照摂《しょうしょう》したまはず。念《ねん》仏《ぶつ》はこれ本願《ほんがん》のゆゑに、これを照摂《しょうしょう》したまふ。ゆゑに善導和尚《ぜんどうかしょう》の『六時礼讃《じらいさん》』にいはく、「弥陀《みだ》の身色《しんじき》は金山《こんぜん》のごとし。相好《そうごう》の光明《こうみょう》は十方《ぼう》を照《て》らす。ただ仏《ぶつ》を念《ねん》ずるのみありて光接《こうしょう》を蒙《こうむ》る。まさに知《し》るべし、本願《ほんがん》もつとも強《こわ》しとなす」と。以上

また引《ひ》くところの文《もん》（定善義）のなかに、「自余《じよ》衆善《しゅぜん》雖《すい》名是《みょうぜ》善《ぜん》若《にゃく》比《ひ》念仏者《ねんぶつしゃ》全非《ぜんひ》比校也《ひきょうや》」といふは、意《こころ》のいはく、これ浄土門《じょうどもん》の諸行《しょぎょう》に約《やく》して比論《ひろん》するところなり。念仏《ねんぶつ》はこれすでに二百《ひゃく》一十億《おく》のなかに選取《せんしゅ》するところの妙行《みょうぎょう》なり。諸行《しょぎょう》はこれすでに二百《ひゃく》一十億《おく》のなかに選捨《せんしゃ》するところの粗行《そぎょう》なり。ゆゑに「全非比校也《ぜんひひきょうや》」といふ。また念仏《ねんぶつ》はこれ本願《ほんがん》の行《ぎょう》なり。諸行《しょぎょう》はこれ本願《ほんがん》にあらず。ゆゑに「全非比校也《ぜんひひきょうや》」といふ。

（『註釈版聖典（七祖篇）』一二二八～一二三一頁）

## 【意訳】

阿弥陀仏の光明は、他の行を修める者を照らさず、ただ念仏の行者だけを摂め救い取ってお捨てにならないこと（摂取不捨《せっしゅふしゃ》）を示す文。

『観無量寿経（観経）』には、「阿弥陀仏（無量寿仏）のお体には八万四千のすぐれたところ（相《そう》）があり、そのそれぞれにはまた八万四千のこまかな特徴（随形好《ずいぎょうこう》）がそなわっている。さら

にそのそれぞれにまた八万四千の光明があり、その一つ一つの光明はひろくすべての世界を照らして、仏を念じる人々を残らずその中に摂め取り、お捨てになることがないのである」と説かれてある。

この『観経』を註釈した善導大師の『観経疏』「定善義」には、

「(中略) 問うていう。いろいろの行をよく修めて、それを往生のために向けるならばみな往生できる。このように阿弥陀仏の光はあまねく照らされるのに、どうしてただ念仏の行者だけが摂め救われるのか。答えていう。これに三つの意味がある。一つは親縁である。人々が行を起して口に常に名号を称えるならば、仏はこれをお聞きになる。身に常に仏をうやまい礼拝すれば、仏はこれをご覧になる。心に常に仏を念ずれば、仏はこれをお知りになる。仏を心に想いたもつならば、仏もまた人々を心に想いたもたれる。このように阿弥陀仏と人々の、身と口と心が互いに離れない関係にあるので、親縁と名づけるのである。二つに近縁である。人々が仏を見たいと願えば、仏は目の前に現れてくださるほど近い関係にあるので、近縁と名づけるのである。三つには増上縁《ぞうじょうえん》である。人々が仏のみ名を称えるならば、長きにわたって造った罪が除かれて、命が終ろうとする時、阿弥陀仏が聖衆と共に来って迎えとり、浄土に導き入れ、種々のよこしまな業の障りにさまたげられることがない。このように阿弥陀仏は浄土往生を得させるすぐれた力を与えて下さる関係にあるので、増上縁と名づけるのである。他の多くの行も善い行いといわれているけれども、もし念仏と比較するならば、全く比べものにならない。この故に、諸々の経の中には広く念仏のはたらきがほめられている。『無量寿経』の四十八願の中には、〈ただ阿弥陀仏の名号を専ら称えて浄土に往生を得る〉と明かされてある。また『阿弥陀経』の中には、〈一日あるいは七日専ら阿弥陀仏の名号を称えて往生を得る〉とあり、また、〈十方におられるガンジス河の砂の数ほどのさまざまな仏がたが、それが真実であることを証明されている〉と説かれている。また、この『観経』で、阿弥陀仏とその浄土を観察する行や、悪を止《とど》め善を修める行が説かれるところに、〈ただ専ら名号を称えて往生を得る〉とあらわされている。このような例は少なくない。以上、念仏の行者が摂取不捨の利益を得るという文にちなんで、広く念仏三昧を顕わしおわった」といわれてある。（中略）

わたくしに問うていう。阿弥陀仏の光明がただ念仏の行者だけを照らして、他の行者を照らさないのは、どういうわけであるか。答えていう。これを解釈するのに、二つの義がある。一つには親縁などの三義で、これはいま挙げた文の通りである。二つには本願の義で、すなわち他の行は本願に誓われたものでないからこれを照らし摂めず、念仏は本願に誓われた行であるからこれを照らし摂める。ゆえに善導大師の『往生礼讃』（日中讃）に、阿弥陀仏のお体の色は黄金《こがね》の山のようである。お姿から放たれる光明はすべての世界を照らす　しかしただ念仏の行者だけが摂取の光明を蒙《こうむ》る。まさに念仏を誓われた本願を最もすぐれた力とすることを知るがよい。以上

といわれてある。また前に引いた文（定善義）の中に、「他の多くの行も善い行いといわれているけれども、もし念仏と比較するならば、全く比べものにならない」といわれてあるのは、浄土門の中の諸々の行と比べて論ずるのである。念仏はすでに二百一十億の法の中で選び取られたすぐれた行であり、諸行はすでに二百一十億の法の中で選び捨てられた劣った行であるから、「全く比べものにならない」といわれたのである。また念仏は本願に選び定められた行であり、諸行はそうではないから、「全く比べものにならない」といわれたのである。

## 【講読】

### 念仏の衆生を光明摂取する

摂取章は次のような構成となっています。

標章の文――弥陀の光明は余行の者を照らさず、ただ念仏の行者を摂取する文

引　文―┬『観経』定善・真身観の光明摂取の文
　　　　├『観経疏』「定善義」三縁釈《さんえんじゃく》の文
　　　　└『観念法門』五種功徳分《ごしゅくどくぶん》の中、護念増上縁《ごねんじょうぞうえん》の文

私　釈――念仏者を光明摂取するのは、本願の念仏にあることを示す

この章は、阿弥陀仏の光明は、余行（念仏以外の諸行）の者を照らさず、念仏の行者を摂取する意味を明らかにします。これを明らかにするために『観経』の真身観の文（『註釈版聖典』一〇二頁参照）を引証します。「真身観」は、阿弥陀仏の浄土に生れたいと願う韋提希のために、釈尊が日想観、水想観《すいそうかん》と次々と定善の行を説かれ、極楽浄土の観察の行が説きすすめられる中で、華座観《けざかん》の前で観音菩薩《かんのんぼさつ》と勢至菩薩《せいしぼさつ》をともなわれた阿弥陀仏が空中にお立ちになられます。続いて阿弥陀仏の華座と像とを観察することが説かれた後に、「阿弥陀仏の真のお姿とその光明を想いなさい」と真身観が説かれます。

この真身観の中で、阿弥陀仏は、八万四千のすぐれた相《すがた》をお持ちになられ、さらにそれぞれ細かな特徴があり、それぞれに八万四千の光明があり、その光明が、すべての世界を照らして下さって

念仏申す人をその中に摂め取って捨てないと示されます。

有名な「光明遍照《こうみょうへんじょう》　十方世界《じっぽうせかい》　念仏衆生《ねんぶつしゅじょう》　摂取不捨《せっしゅふしゃ》」の文が引証されます。

この真身観の「摂取不捨」の文で説かれるように、阿弥陀仏が無数の光明を放って念仏申す人をその光明の中に摂め取って捨てないということは、いかなる悲しみの人も苦しみの人も、必ずお救い下さるということを示されているのです。ただし、『観経』の真身観の文だけでは、何故に、念仏の人のみを光明に摂め取り、余行の人びとを、摂取しないのであろうかという理由がはっきりしません。それを善導大師は、真身観の文意をつめて、明らかにします。

## 光明摂取の意

善導大師の『観経疏』「定善義」の真身観の文では、なぜ念仏者を光明に摂め取り、余行の者は、摂取しないのかという問題について、問答を設けて、仏意《ぶつい》を明らかにします。
問　多くの行を修め、さとりのために回向すればみな往生できるのに何故、阿弥陀仏の光明は、念仏者だけを摂取するのであろうか。
答　親縁、近縁、増上縁の三義（三縁釈）を出して念仏申すものが光明に摂取される理由を明らかにします。

次にその三義について要約しますと、

(a) **親縁の義**

阿弥陀仏と念仏申す者とは、親しいのです。衆生が、口にみ仏の名を称えれば、阿弥陀仏は、聞いて下さいます。仏を礼拝すれば、阿弥陀仏は見ていて下さいます。仏を憶《おも》えば、阿弥陀仏もまた憶っていて下さいます。衆生の口業《くごう》・身業《しんごう》・意業《いごう》と仏の三業《さんごう》が相い応じ、一つになっているので親しいのです。

このように衆生と阿弥陀仏の関わりが、親密であることを示します。ここではっきりすることは、阿弥陀仏の名を称え、阿弥陀仏を礼拝し、阿弥陀仏を憶うということです。余行は、他の仏の名を称えたり、他の仏を礼拝するということですから、南無阿弥陀仏でなければいけないのです。

(b) **近縁の義**

衆生が、仏を見たいと思うと、仏は目の前に姿を現されるのです。『阿弥陀経』では、極楽浄土は、十万億の仏土《ぶつど》をこえたところにあると説いていますが(『註釈版聖典』一二二頁参照)、称名念仏申し、阿弥陀仏を憶うときに、私のところに来て下さっているので、近縁とあらわします。

### (c) 増上縁の義

衆生が、称名念仏すれば、はるかなる過去より犯してきた罪が除かれ、命終の時に仏さまがお迎えにきて下さいます。同時にどのようなあやまれる行業であろうとも、念仏申す人の障りにはなりません。どのような悪業をかさねてきた人でも念仏申す者は、光の中に摂め取られているので、増上縁を「無障礙《むしょうげ》」ともあらわします。

このように念仏申す者と、阿弥陀仏との関わりがいかに深いかを述べて、その他の行業は、善行であっても称名念仏と比べれば、念仏が、最もすぐれた行であることを示します。

この三縁釈の義を述べた後、善導大師は、称名念仏のはたらきを明らかにする文は、諸経の中に多くあると説き「浄土三部経」を引いて証明します。そこに善導大師の独自の見方をみることが出来ます。

『無量寿経』の四十八願のなかのごときは、ただもっぱら弥陀の名号を念じて生ずることを得と明かす。

と述べます。『大経』の四十八願には、第一願の無三悪趣の誓いにはじまって、さまざまな誓いがありますが、四十八願の誓いの内容は、専ら称名念仏して浄土に往生することであると結論づけています。

次に『小経』を引いて、

一日七日もっぱら弥陀の名号を念じて生ずることを得と。また十方恒沙の諸仏の虚しからずと証誠したまふ。

と述べます。『小経』は、一日から七日の称名念仏をすすめて、往生浄土を説く経典であり、また十方諸仏がこの念仏往生を証明して下さる、と二つの事柄にしぼって明らかにします。

次に『観経』については、

定散の文のなかには、ただもっぱら名号を念じて生ずることを得と標せり。

と述べます。これも大胆な見方を提示しています。『観経』には定善・散善の行が説かれてあるけれども、その文中に、専修称名が説かれてあるとみています。この三縁釈はもちろんですが、後に三心釈《さんしんじゃく》の深心《じんしん》の釈に、「就行立信の釈」を設けて、称名念仏を明らかにした本願について述べられますので（『註釈版聖典（七祖篇）』四六三頁参照）、帰するところ、『観経』の行は、称名念仏にあるとみておられます。

これらの引文を「広く念仏三昧を顕しをはりぬ」と結んでいます。称名念仏の専修を「念仏三昧」

と顕していることが、ひたすら称名念仏することがいかに大切かを明らかにしています。

今は原文を省略しましたが、この後『観念法門』の文（『同』六一八頁参照）を引証します。そこで五種の利益を説く中、護念増上縁の文中に、阿弥陀仏の身相《しんそう》の一一に念仏者が照らされるということは、仏の心光《しんこう》に摂められ護《まも》られることだと述べます。（後に親鸞聖人は、信心の利益で「心光常護《しんこうじょうご》の益《やく》」を説きますが、『観念法門』の影響をうけていることが知られます。）

## 私釈―光明の摂取は本願の念仏

法然聖人は、私釈において、摂取章の意《こころ》をより明瞭にされます。

阿弥陀仏の光明が、念仏者を照らして、余行の者を照らさず、何故に念仏者だけを照らすのかを問答して、二義があると示します。第一義は、善導大師の引文において詳しく説かれている「三縁釈」の義であり、第二は、本願の義であると述べます。今は、特に本願の義に注目して、述べています。

余行は本願にあらざるがゆゑに、これを照摂したまはず。念仏はこれ本願のゆゑに、これを照摂したまふ。

と説き、これを「『六時礼讃』にいはく」として、金山のような、弥陀の身色《しんじき》の光明は、十方を照らすが、称名念仏の者を、光接《こうしょう》するとして、特に「本願もっとも強しとなす」の文によって証明します。善導大師の意をうけることを説きつつ、念仏は、本願の行であるから、摂取されることを明らかにされます。

これは、すでに本願章の中で述べられていることであり、『選択集』全体を通して説かれることで、阿弥陀仏の大悲心は、誰もが行ずることの出来る念仏を選ばれたことにあるとの主張をもう一度はっきり指摘されるのです。余行の者を摂取しないということは、排他的ではなく、本願の行は、慈悲心にもとづくゆえにすべてに開かれた行なのです。

この私釈において注目すべきは、先に引証した『観経疏』三縁釈の結びである「自余の衆善は、これ善と名づくといへども、もし念仏に比ぶれば、まったく比校にあらず」の文を引き、浄土門の中の諸行と比較し、念仏は、二百一十億仏土のなかより選取した行であるから本願の行であり、諸行は、善行であっても本願の行ではなく、念仏には及ばないと示すのです。光明摂取を説きつつ、諸行を修めるものは、なぜ光明摂取されないかを明らかにしています。

## 煩悩にまなこさへられて

法然聖人が摂取章を設けて、念仏者は光明摂取の中にあることを説かれるのは、今の救い、現生、の救いを強調されることにあります。しかも善導大師の影響を強くうけていることが知られます。この摂取不捨を基本として、親鸞聖人は、現生正定聚を明らかにされます。現生十益《げんしょうじゅうやく》で説かれる「心光常護《しんこうじょうご》の益《やく》」（『註釈版聖典』二五一頁）なども、この摂取章をうけると言えましょう。しかし、三縁釈で述べられる、衆生と仏の関わりについて、親鸞聖人は、独自の主張をされることに注目すべきでしょう。源信僧都の『往生要集』には、極重悪人が、ただ称名念仏で救われていくことが説かれ、仏の大悲の光明はつねにわが身を照らしていて下さるけれど、煩悩に眼《まなこ》を障《さ》えられてこれを見ることが出来ないと述べられますが（『註釈版聖典（七祖篇）』一〇九八頁参照、『同』九五六頁参照）、親鸞聖人は、これを「正信偈《しょうしんげ》」でも、『高僧和讃《こうそうわさん》』でも説かれます。「和讃」では、

煩悩《ぼんのう》にまなこさへられて　摂取《せっしゅ》の光明《こうみょう》みざれども
大悲《だいひ》ものうきことなくて　つねにわが身《み》をてらすなり
（『註釈版聖典』五九五頁）

と示されます。摂取の光明の中にありつつ、つねに逃げつづけている身です。その救いを説いてくださっているのです。衆生と仏は、相応するのではなく、阿弥陀仏に背をむけている衆生を光明摂取して下さるとみるのです。聖人独自の救いの構造をみることが出来ましょう。摂取不捨の解釈がさらに展開しているのです。

# 第八章　三心章のこころ

## 本文と意訳（一）

**【本　文】**

念仏《ねんぶつ》の行者《ぎょうじゃ》かならず三心《しん》を具足《ぐそく》すべき文《もん》。

『観無量寿経《かんむりょうじゅきょう》』にのたまはく、「もし衆生《しゅじょう》ありてかの国《くに》に生《しょう》ぜんと願《がん》ずるものは、三種《しゅ》の心《しん》を発《おこ》して即便往生《すなわちおうじょう》しなん。なんらをか三となす。一には至誠心《しじょうしん》、二には深心《じんしん》、三には回向発《えこうほっ》願心《がんしん》なり。三心《しん》を具《ぐ》すればかならずかの国《くに》に生《しょう》ず」と。

同経《どうきょう》の『疏《しょ》』（散善義）にいはく、「『経《きょう》』（観経）にのたまはく、〈一には至誠心《しじょうしん》〉と。〈至《し》〉は真《しん》なり。〈誠《じょう》〉は実《じつ》なり。一切衆生《さいしゅじょう》の身口意業《しんくいごう》に修《しゅ》するところの解行《げぎょう》、かならず真実心《しんじつしん》のうちになすべきことを明《あ》かさんと欲《ほっ》す。外《ほか》に賢善精進《けんぜんしょうじん》の相《そう》を現《げん》じ、内《うち》に虚仮《こけ》を懐《いだ》くことを得《え》ざれ。貪瞋《とんじん》・邪偽《じゃぎ》・奸詐百端《かんさひゃくたん》にして悪性《あくしょう》侵《おか》しがたし。事《じ》、蛇蝎《じゃかつ》に同《おな》じ。三業《ごう》を起《おこ》すといへども名《な》づけて雑毒《ぞうどく》の善《ぜん》となす。また虚仮《こけ》の行《ぎょう》と名《な》づく。真実《しんじつ》の業《ごう》と名《な》づけず。もしかくのごとき安《あん》心《じん》・起行《きぎょう》をなせば、たとひ身心《しんしん》を苦励《くれい》して、日夜《にちや》十二時急《じきゅう》に走《はし》り急《きゅう》になして、頭燃《ずねん》を救《はら》ふがごとくすとも、すべて雑毒《ぞうどく》の善《ぜん》と名《な》づく。この雑毒《ぞうどく》の行《ぎょう》を回《めぐ》らして、かの仏《ぶつ》の浄土《じょうど》に生《しょう》ずることを求《もと》めんと欲《ほっ》せば、これかならず不可《ふか》なり。なにをもってのゆゑぞ。まさしくかの阿弥陀仏《あみだぶつ》の因中《いんちゅう》に菩薩《ぼさつ》の行《ぎょう》を行《ぎょう》じたまひし時《とき》に、乃至《ないし》一念《ねん》一刹那《せつな》も、三業《ごう》に修《しゅ》するところ、みなこれ真《しん》実心《じつしん》のうちになしたまひしによりてなり。おほよそ施為《せい》・趣求《しゅぐ》するところ、またみな真実《しんじつ》なるべし。また真実《しんじつ》に二種《しゅ》あり。一には自利《じり》の真実《しんじつ》、二には利他《りた》の真実《しんじつ》なり。（中略）また真実心《しんじつしん》のうちに、意業《いごう》をもってこの生死《しょうじ》三界等《がいとう》の自他《じた》の依正《えしょう》二報《ほう》を軽賤《きょうせん》し厭捨《えんしゃ》し、不善《ふぜん》の三業《ごう》をばかならずすべからく真実心《しんじつしん》のうちに捨《す》つべし。またもし善《ぜん》の三業《ごう》を起《おこ》さば、かならずすべからく真実心《しんじつしん》のうちになすべし。内外明闇《ないげみょうあん》を簡《えら》ばず、みなすべからく真実《しんじつ》なるべし。ゆゑに至誠《しじょう》心《しん》と名《な》づく。（中略）

『往生礼讃《おうじょうらいさん》』にいはく、（中略）一には至誠心《しじょうしん》、いはゆる身業《しんごう》をもってかの仏《ぶつ》を礼拝《らいはい》し、口《く》業《ごう》をもってかの仏《ぶつ》を讃嘆称揚《さんだんしょうよう》し、意業《いごう》をもってかの仏《ぶつ》を専念観察《せんねんかんざつ》す。おほよそ三業《ごう》を起《おこ》すに、かならずすべからく真実《しんじつ》なるべし。ゆゑに至誠心《しじょうしん》と名《な》づく。（中略）

わたくしにいはく、引《ひ》くところの三心《しん》はこれ行者《ぎょうじゃ》の至要《しよう》なり。所以《ゆえん》はいかんぞ。『経《きょう》』

（観経）にはすなはち、「具《ぐ》三心《しん》者《しゃ》必《ひっ》生《しょう》彼《ひ》国《こく》」といふ。明らかに知《し》りぬ、三を具《ぐ》すればかならず生《しょう》ずることを得《う》べし。『釈《しゃく》』（礼讃）にはすなはち、「若《にゃく》少《しょう》一心《しん》即《そく》不《ふ》得《とく》生《しょう》」といふ。明らかに知《し》りぬ、一も少《か》けぬればこれさらに不可《ふか》なり。これによりて極楽《ごくらく》に生《うま》れんと欲《おも》はん人《ひと》は、まつたく三心《しん》を具足《ぐそく》すべし。そのなかに「至誠心《しじょうしん》」とはこれ真実《しんじつ》の心《しん》なり。その相《そう》、かの文《もん》（散善義）のごとし。ただし「外《ほか》に賢善精進《けんぜんしょうじん》の相《そう》を現《げん》じ、内《うち》に虚仮《こけ》を懐《いだ》く」といふは、外《げ》は内《ない》に対《たい》する辞《ことば》なり。いはく外相《げそう》と内心《ないしん》と不調《ふじょう》の意《こころ》なり。すなはちこれ外《げ》は智《ち》、内《ない》は愚《ぐ》なり。賢《けん》といふは愚《ぐ》に対《たい》する言《ことば》なり。いはく外《げ》はこれ賢《けん》、内《ない》はすなはち愚《ぐ》なり。善《ぜん》は悪《あく》に対《たい》する辞《ことば》なり。いはく外《げ》はこれ善《ぜん》、内《ない》はすなはち悪《あく》なり。精進《しょうじん》は懈怠《けだい》に対《たい》する言《ことば》なり。いはく外《げ》には精進《しょうじん》の相《そう》を示《しめ》し、内《ない》にはすなはち懈怠《けだい》の心《しん》を懐《いだ》く。もしそれ外《げ》を翻《ほん》じて内《ない》に蓄《たくわ》へば、まことに出要《しゅつよう》に備《そな》ふべし。「内《うち》に虚仮《こけ》を懐《いだ》く」と等《ら》とは、内《ない》は外《げ》に対《たい》する辞《ことば》なり。いはく内心《ないしん》と外相《げそう》と不調《ふじょう》の意《ことば》なり。すなはちこれ内《ない》は虚《こ》、外《げ》は実《じつ》なり。虚《こ》は実《じつ》に対《たい》する言《ことば》なり。いはく内《ない》は虚《こ》、外《げ》は実《じつ》なるものなり。仮《け》は真《しん》に対《たい》する辞《ことば》なり。いはく内《ない》は仮《け》、外《げ》は真《しん》なり。もしそれ内《ない》を翻《ほん》じて外《げ》に播《ほどこ》さば、また出要《しゅつよう》に足《た》りぬべし。

（『註釈版聖典（七祖篇）』一二三一～一二四八頁）

【意　訳】

念仏の行者は必ず三心を具足すべきの文。

『観無量寿経（観経）』には、「もし人々の中でかの国に生れようと願う者は、三種の心をおこしてすなわち往生する。その三種の心とは何かといえば、一つには至誠心《しじょうしん》、二つには深心、三つには回向発願心《えこうほつがんしん》である。この三種の心を欠けめなく具える者は必ずかの国に生れるのである」と説かれてある。

この『観経』を註釈した善導大師の『観経疏』「散善義」には、「『観経』に説かれている。〈一つには至誠心〉と。〈至〉とは真であり、〈誠〉とは実である。すべての人々が身《しん》・口《く》・意《い》の三業に修めるところの行業は、必ず真実心をもってなすべきことを明かしたいとの思召しである。外に賢善《けんぜん》精進《しょうじん》の相《すがた》を現して、内にいつわりを懐《いだ》くことがあってはならない。凡夫には、むさぼり・いかり・よこしま・いつわり・わるだくみなど数かぎりなく起り、悪性《あくしょう》の変りがたいことは、あたかも蛇や蠍《さそり》のようである。三業に行を修めても、それは毒のまじった善と名づけ、またいつわりの行と名づけるもので、決して真実の行業とは名づけられないのである。もし、このような心をもって行業を起す者は、たとえ身心を苦しめ励まして、昼夜を問わず懸命に努め、あたかも頭上の火を払い消すようにしても、それはすべて毒のまじった善と名づける。この毒のまじった行を因として、かの仏の浄土に生れようと求めても、それは必ず不可である。なぜかというと、まさしく、かの阿弥陀仏が因位《いんに》のとき、菩薩の行を修められた際には、わずか一念・一刹那の間も、その身・口・意の三業に行ぜられたところが、みな真実心の中でなされたことによるからである。従って阿弥陀仏が、衆生に施しを行う利他もさとりを求める自利も、いずれもともに真実である。また真実に二種ある。一つには自利の真実。二つには利他の真実である。（中略）また真実心で、意にこの迷いの三界などの自分や他人の国土および衆生の果報を軽んじ嫌い捨てる。衆生がなすところの不善の三業は、真実心の中に捨て、また善の三業を起すならば、必ず真実心において行うべきである。内心と外相、智明《ちみょう》と愚闇《ぐあん》の別をいわず、みな真実であるべきである。これを至誠心と名づける。（中略）

『往生礼讃』にいわれてある。（中略）「一つには至誠心。身業においてかの阿弥陀仏を礼拝し、口業において讃嘆・称揚し、意業において専念・観察して、身・口・意の三業に、真実心をもってなすべきである。だから至誠心というのである」（中略）

私見を述べる。いま引いた三心は行者の最も要《かなめ》とするところである。そのわけはどうかというに、『観経』には「三心を具する者は必ずかの国に生れる」と説かれてある。よって、三心を具えるならば必ず往生を得るということが明らかに知られる。善導大師の釈（往生礼讃）には、「もし一心を欠いたならば往生はできない」といわれてある。三心のなかで一心を欠くならばまた不可であるということが明らかに知られるのである。こういうわけであるから、極楽に往生しようと願う人は、全く三心を具えるべきである。その中、至誠心というのは、これは真実心である。その相はかの文（散善義）の通りである。ところで「外に賢善精進の相を現し、内に虚仮を懐く」というのは、外とは内に対する辞《ことば》である。すなわち外の相と内の心とがそろわないという意味であって、外には賢者をよそおい内心は愚かなことをいう。賢とは愚に対する辞である。すなわち外には賢者をよそおい内心は愚かなことをいう。善とは悪に対する辞である。すなわち外には善人をよそおい内心は悪であることをいう。精進とは懈怠《けだい》に対する辞である。すなわち外には善根をつとめる相を示して内には懈怠の心を懐くことをいう。もし外にあらわす賢善精進の相を内に蓄えて心も賢善精進の相になるならば、まことに迷いを出る要道にかなうであろう。「内に虚仮を懐く」などというのは、内とは外に対する辞である。すなわち内の心と外の相とが調《ととの》わないという意味である。すなわちこれは、内心は虚《こ》であり外には実《じつ》をよそおうことである。虚とは実に対する辞である。すなわち内の心は虚であり外の相は実なる者をいう。仮とは真に対する辞である。すなわち内の心は仮であり外の相は真なることをいう。もし内の心の虚仮を外にあらわして相も愚かになるならば、また迷いを出る要となるであろう。

## 【講　読】

### 「三心章」の構成

三心章は、次のような構成となっています。

標章の文――念仏の行者かならず三心を具足すべき文

引　文――『観経』彼の国に生ぜんと願うものは、三心を発して往生すべし。三心とは至誠心・深心・回向発願心である。

　　　――『観経疏』「散善義」三心釈の文

　　　――『往生礼讃』「前序」安心《あんじん》・起行《きぎょう》・作業《さごう》を述べる中、安心（三心）を説く文

私　釈――至誠心・深心について法然聖人の私釈を示す（回向発願心については私釈がありません）

三心章で注目すべきは、『観経』の三心（至誠心・深心・回向発願心）をあげ、善導大師の『観経疏』「散善義」の三心釈の文と『往生礼讃』の安心を示す文を順次ほとんど引文している点です。実に長文の引文ですが、これを三心章に引証しますので、善導大師の三心の強い影響を受けるのが法然聖人の信心観になります。

善導大師の引文の後に、法然聖人の私釈があり、そこで法然聖人の三心観が示されることになります。

この章を拝読するにあたって、三心章の述べ方とは異なりますが、至誠心・深心・回向発願心の三心それぞれの文を順次取り上げて、考察をすすめていきたいと思います。

今、至誠心の問題は、「善導大師の引文」「法然聖人の私釈」「親鸞聖人の読みかえ」を先に考察し、次に深心の問題、回向発願心の問題を考察していきたいと思います。

## 『観経』の文で証する

標章の文に「念仏の行者かならず三心を具足すべき文」とあって、『観経』の「かの国に生ぜんと願ずるものは、……三心を具すればかならずかの国に生ず」という文を引証します。

この『観経』の文は、「上品上生《じょうぼんじょうしょう》」（『註釈版聖典』一〇八頁）の中に説かれるのですが、今、「念仏の行者」とあることによって、『観経』には定善の行、散善の行とむずかしい行が説かれてあっても、称名念仏して往生を願うものは、疑いながらの念仏ではなく、三心具足の念仏でなければならぬことを明らかにされます。法然聖人の「私釈」の結びには、この点について、「三心はすべての行に通ずるけれど、今は特に往生の行である念仏の三心について述べてある。すべての行に通ずる三心をあげて、念仏の三心を説くのであるから、三心が重要であることに注目すべきで、おろそかにしてはいけない（『註釈版聖典（七祖篇）』一二四九頁、取意）と述べています。

## 善導大師の至誠心釈

まず善導大師の『観経疏』「散善義」の解釈では、「至誠心」とは、「〈至〉は真《しん》なり」、「〈誠〉は実《じょう》なり」といわれるように「真実心」であり、この真実心をもって、身・口・意の三業を修すべきことを説かれます。

次に我われの行業が、いかに不真実心にもとづく雑毒《ぞうどく》の善、虚仮《こけ》の行であるかを示されます。外《ほか》には賢善精進の相を示し、内《うち》に虚仮を懐くことがあってはならない（外には賢く善行を修め、精進、努力の姿を見せ、内には、いつわりの心をいだくことがあってはならない）、むさぼり、いかり、よこしま、いつわり、わるだくみなどの心がみちみちていて、悪性の変りがたいことは、毒へびやさそりのようなものであり、そのような心で三業をおさめても、毒のまじった善、いつわりの行と名づけ、真実の行業とは名づけないのである、といわれます。

このように人間の不真実心にもとづく行業を徹底的に述べて、どれだけ不純で、いつわりの行業であるかを述べます。

それだけではなく、その不真実心にもとづく行業において、どんなに努力をかさねて浄土の往生を願っても、不可であると示されます。

次に阿弥陀仏が、成仏される以前の法蔵菩薩の行業において、わずか一念、一刹那の間も、三業もすべて、真実心においてなされ、衆生に利益をお与え下さる利他の行も、おさとりを求める自利の行も、すべて真実行であることを述べられます。

このように衆生の三業は、不真実心にもとづき、阿弥陀如来の三業は、真実心にもとづくことを対比させながら、我われの行業すべては、真実心による善の三業であるべきことをすすめます。内外一致して真実心であることを明らかにします。

さらにこの至誠心を明確に述べる『往生礼讃』の至誠心について引証します。至誠心とは、身業においては、かの阿弥陀仏を礼拝し、口業においては、阿弥陀仏を讃嘆・称揚《しょうよう》し、意業においては、阿弥陀仏を専念・観察することで、身・口・意の三業すべて、真実心をもってなすべきことを明らかにしています。

## 私釈に示される至誠心

私釈（『註釈版聖典（七祖篇）』一二四七頁）では、『観経』の「三心《さんしん》を具《ぐ》すればかならずかの国《くに》に生《しょう》ず」の文《もん》を引き、さらに『往生礼讃』の「もし一心《いっしん》も少《か》けぬれば、すなはち生《しょう》ずることを得《え》ず」の文を引き、三心の中、一心が欠けても往生は不可であることを明示しています。私釈において法然聖人は、ただ念仏ですが、『観経』と『往生礼讃』にもとづく信心の必具を明らかにされます。

従って善導大師の「外《ほか》に賢善精進《けんぜんしょうじん》の相《そう》を現《げん》じ、内《うち》に虚仮《こけ》を懐《いだ》く」（『観経疏』「散善義」、『同』四五五頁）の文について、外と内とが一致しなければならぬとして、まず「賢善精進の相」について、

外《げ》は智《ち》・賢《けん》・善《ぜん》・精進《しょうじん》の相《そう》
内《ない》は愚《ぐ》・愚《ぐ》・悪《あく》・懈怠《けだい》の心《しん》

であるから、外を翻《ほん》じて内に蓄《たくわ》えれば、内外一致して、出離の要道となると示されます。また「内に虚仮を懐く」については、

内《ない》は虚《こ》・仮《け》

外《げ》は実《じつ》・真《しん》であるから、内を翻じて、外に播《ほどこ》さば、出離の要道となると述べられます。外側は素晴らしさ、賢善、努力の姿を示しつつ、内側は、愚悪、懈怠の心、虚仮をいだいてはいけないと説かれます。内外一致して精進努力していけというよりも、「翻ずる」「蓄える」の表現を用いられます。これをどのように読むか。「内と外と一致すべし」とおっしゃっているのか。あるいは、自らを「愚痴《ぐち》の法然」「愚者《ぐしゃ》になりて往生す」と説かれていますので、どこまでも「愚者のままで」かざる心なきことを示しているとみるか、意見の分れるところです。しかし、愚者に徹していかれた法然聖人ですから、至誠心とは、かざる心のない、聖者は聖者のまま、愚者は愚者のまま、ありのままの心を示されていると言えましょう。善導大師をうけて法然聖人独自の至誠心の見方が示されます。「偏《ひとえ》に善導《ぜんどう》一師《し》に依《よ》る」(『同』一二八六頁)とおっしゃりながら、独自の信心観が示されています。

## 親鸞聖人の読みかえ

親鸞聖人の『教行信証』の「信巻」には、「大信とは何か」が述べられた後に、これを証明する諸師の文が引証されます。その中、善導大師の『観経疏』「散善義」の三心釈の文が引証されています（『註釈版聖典』二一六頁参照）。

詳しく三心釈が引証されます。親鸞聖人の信心の見方は、善導大師の信心の見方の影響をうけていることが知られます。

ところで、親鸞聖人は、善導大師の文を引証しながら、ところどころ読み変えます。この読み変える基本線は、善導大師においては、衆生に真実は無く、如来は真実であるから、衆生は内外ともに真実になるようにつとめるべきだという解釈になっていますが、これを聖人は、衆生に真実は無いから、如来よりその真実をお与え下さるのですという立場に立って読みかえていかれます。次に代表的な読みかえをあげましょう。

## 善導大師の読み

一切衆生《さいしゅじょう》の身口意業所修《しんくいごうしょしゅう》の解行《げぎょう》、かならずすべからく真実心《しんじつしん》のうちになすべきことを明《あ》かさんと欲《ほっ》す（すべからく衆生《しゅじょう》の身口意の三業をもってなす行業は、必ず真実心をもってなすべきことを明らかにします）

（『註釈版聖典（七祖篇）』四五五頁）

外《ほか》に賢善精進《けんぜんしょうじん》の相《そう》を現《げん》じ、内《うち》に虚仮《こけ》を懐《いだ》くことを得《え》ざれ（外側に賢善精進の相を現して、内に

虚仮を懐くことがあってはならない。内外一致して真実になるようにつとめるべきである）

（『同』四五五頁）

おほよそ施為《せい》・趣求《しゅぐ》したまふところ、またみな真実《しんじつ》なるによりてなり（如来が自利利他〈施為趣求〉されるところはみな真実心によってなされたものです）

（『同』四五六頁）

## 親鸞聖人の読みかえ

一切衆生《いっさいしゅじょう》の身口意業《しんくいごう》の所修《しょしゅ》の解行《げぎょう》、かならず真実心《しんじつしん》のうちになしたまへるを須《もち》ゐんことを明《あ》かさんと欲《おも》ふ（一切衆生の身口意業をもってなす行は、如来がなしたまへる真実心をもってなす行業を用いることを明らかにします）

（『註釈版聖典』二一六頁）

外《ほか》に賢善《けんぜん》精進《しょうじん》の相《そう》を現《げん》ずることを得《え》ざれ、内《うち》に虚仮《こけ》を懐《いだ》いて（外に賢善精進の相を現じてはいけない。何故なら内に虚仮を懐いているからです）

（『同』二一七頁）

おほよそ施《ほどこ》したまふところ趣求《しゅぐ》をなす、またみな真実《しんじつ》なり（如来が真実心によって修められた功徳を衆生に施してくださるのであり、それをいただいて浄土に生れようと願うのであれば、またみな

真実なのです）　　（『同』二一七頁）

少しむずかしいところもありますが、親鸞聖人は、すべて如来の真実心にもとづいて、あらゆる行業は与えられるのであり、衆生に真実心はありえないと読み変えていかれます。今は、至誠心の解釈ですから、如来の真実心が衆生に与えられ（回向される）その信心にもとづく念仏が説かれます。

次に深心釈になりますが、この至誠心と深心との関係などむずかしい問題もありますが、順次考えていくことにしましょう。

# 本文と意訳（二）

## 【本　文】

〈二には深心《じんしん》〉と。〈深心《じんしん》〉といふはすなはちこれ深信《じんしん》の心《しん》なり。また二種《しゅ》あり。一には決定《けつじょう》して深《ふか》く、自身《じしん》は現《げん》にこれ罪悪生死《ざいあくしょうじ》の凡夫《ぼんぶ》、曠劫《こうごう》よりこのかたつねに没《もっ》しつねに流転《るてん》して、出離《しゅつり》の縁《えん》あることなしと信《しん》ず。二には決定《けつじょう》して深《ふか》く、かの阿弥陀仏《あみだぶつ》の、四十八願《がん》をもつて衆《しゅ》生《じょう》を摂受《しょうじゅ》したまふこと、疑《うたがい》なく慮《おもんぱか》りなくかの願力《がんりき》に乗《の》りてさだめて往生《おうじょう》を得《う》と信《しん》ず。（中略）『往生礼讃《おうじょうらいさん》』にいはく、「（中略）二には深心《じんしん》、すなはちこれ真実《しんじつ》の信心《しんじん》をもつて、自身《じしん》はこれ煩悩《ぼんのう》を具足《ぐそく》せる凡夫《ぼんぶ》、善根薄少《ぜんごんはくしょう》にして三界《がい》に流転《るてん》して火宅《かたく》を出《い》でずと信知《しんち》し、いま弥陀《みだ》の本弘誓願《ほんぐぜいがん》、名号《みょうごう》を称《しょう》すること下《しも》十声《しょう》・一声《しょう》等《とう》に至《いた》るに及《およ》ぶまでさだめて往生《おうじょう》を得《う》と信知《しんち》して、乃至《ないし》一念《ねん》も疑心《ぎしん》あることなし。ゆゑに深心《じんしん》と名《な》づく。（中略）

次《つぎ》に「深心《じんしん》」とは、いはく深信《じんしん》の心《しん》なり。まさに知《し》るべし、生死《しょうじ》の家《いえ》には疑《うたがい》をもつて所《しょ》止《し》となし、涅槃《ねはん》の城《みやこ》には信《しん》をもつて能入《のうにゅう》となす。ゆゑにいま二種《しゅ》の信心《しんじん》を建立《こんりゅう》して、九品《ぼん》の往生《おうじょう》を決定《けつじょう》するものなり。またこのなかに「一切《さい》の別解《べつげ》・別行《べつぎょう》・異学《いがく》・異見《いけん》」等《とう》といふは、これ聖道門《しょうどうもん》の解《げ》・行《ぎょう》・学《がく》・見《けん》を指《さ》す。その余《よ》はすなはちこれ浄土門《じょうどもん》の意《こころ》なり。文《もん》にありて見《み》るべし。あきらかに知《し》りぬ、善導《ぜんどう》の意《こころ》またこの二門《もん》を出《い》でず。

（『註釈版聖典（七祖篇）』一二三四〜一二四九頁）

## 【意　訳】

善導大師の『観経疏』「散善義」にいわれてある。「『観経』には、（中略）〈二つには深心〉と説かれている。深心というのは、すなわち深く信じる心である。これにまた二種がある。一つには、わが身は今このように罪深い迷いの凡夫であり、はかり知れない昔からいつも迷い続けて、これから後も迷いの世界を離れる手がかりがないと、ゆるぎなく深く信ずる（機の深信）。二つには、阿弥陀仏の四十八願は衆生を摂め取ってお救いくださると、疑いなくためらうことなく、阿弥陀仏の願力におまかせして、間違いなく往生すると、ゆるぎなく深く信じる（法の深信）。（中略）

『往生礼讃』にいわれてある。「（中略）二つには深心。すなわちこれは真実の信心である。わたしはあらゆる煩悩を持っている凡夫であり、善根は少なく、迷いの世界に生れ変り死に変りしてそこから出ることができないと信知し、いま阿弥陀仏の本願は、名号を称えること、わずか十声・一声などの者に至るまで、必ず往生させてくださると信知して、一声の称名に至るまで少しも疑いの心がない、だから深心というのである。（中略）私見を述べる。（中略）つぎに深心というのは、深く信ずる心である。生れ変り死に変りし続ける迷いの家にとどまるのは本願を疑うからであり、さとりの城《みやこ》に入るのは本願を信ずるが故であると知るべきである。こういうわけで、いま機と法の二種の深心をあらわして、すべての人々の往生を定めるのである。またこの中（「散善義」の深心釈）に「すべての別解《べつげ》・別行《べつぎょう》・異学《いがく》・異見《いけん》」などというのは、聖道門の解釈・修行・学問・見解を指すのである。そのほかは浄土門の意である。文を見て知ることができよう。よって善導の意もまたこの聖道・浄土の二門を出ないということが明らかに知られるのである。

## 【講　読】

### 善導大師の深心釈

①『観経疏』の二種深信

『選択集』では、善導大師の『観経疏』の深心釈の長文をかなり引用されています。このうち、まず『観経疏』の二種深信より考えていきたいと思います。

善導大師は、はじめに「深心《じんしん》といふは、すなはちこれ深信《じんしん》の心《しん》なり。また二種《にしゅ》あり」と述べます。『観経』に説く「深心」（名詞）は、深く信ずる心であり、それに二種ありとして、私達の「信ずる心相《しんそう》」（動詞）を明らかにします。「深心とは何を信ずるのですか」「信ずる心相は、どのような内容ですか」とより具体的に、深信を明らかにしていきます。

一には決定《けつじょう》して深《ふか》く、自身《じしん》は現《げん》にこれ罪悪《ざいあく》生死《しょうじ》の凡夫《ぼんぶ》、曠劫《こうごう》よりこのかたつねに没《もっ》しつねに流転《るてん》して、出離《しゅつり》の縁《えん》あることなしと信《しん》ず（私は今、罪悪をかさね迷いの世界にある愚かな身です。しかも、はかりしれない過去より、迷いの世界に沈みきっており、これから後も、その世界を離れることは出来ないと、明らかに深く信じています）。

善導大師は、「自身は現にこれ」と、自らの今の姿を告白され、その身が、無限のかなたより迷いつづけ、これから先の未来にわたっても迷いつづける身であることを述べています。自らの姿を明らかにすると同時に、人間が迷いの世界を流転しつづけていることを信知《しんち》しますので、「機《き》の深信《じんしん》」と言います。

仏教で「機」とは、「可能性を含むもの、仏縁《ぶつえん》に遇《あ》い、教を受け入れることの出来る人間」を指しますが、「機の深信」とは、人間が深い闇をかかえて流転しつづけている姿を、ごまかしなく、見きわめていく信心です。次に、二には決定《けつじょう》して深《ふか》く、かの阿弥陀仏《あみだぶつ》の、四十八願《がん》をもつて衆生《しゅじょう》を摂受《しょうじゅ》したまふこと、疑《うたがい》なく慮《おもんぱか》りなくかの願力《がんりき》に乗《の》りてさだめて往生《おうじょう》を得《う》と信《しん》ず（かの阿弥陀仏の四十八願が、衆生を救い摂《おさ》めとって下さることを全く疑わず、本願力《ほんがんりき》をうけ入れて浄土に往生が出来るということを、明らかに深く信ずる）。

これは、必ずお救いくださる本願力を信知するので、「法の深信」とあらわします。このような機法二種の深信は、現在の闇の深さを、過去と未来をふくめて表し、救いようのない人間が、必ず阿弥陀仏の願力に救われ、浄土に往生していくことをあらわしますから、実に深い信心の内容を示しているので、後の浄土教の信心に大きな影響を与えました。

なお、この二種深信を述べた後、対外的な批判にどう応ずべきかなど、さらに深信について詳しく述べられます。この点については、法然聖人や親鸞聖人の二種深信のところで述べたいと思います。

②『往生礼讃』の二種深信

『観経疏』の後に、同じく善導大師の『往生礼讃』が引用されます。『往生礼讃』は、『六時礼讃』とも言い、一日を、日没《にちもつ》、初夜《しょや》、中夜《ちゅうや》、後夜《ごや》、晨朝《じんじょう》、日中《にっちゅう》の六時に区切って、お経を読誦したり、礼拝して浄土を願う人の宗教的な実践を述べた書です。この書のはじめに、浄土を願うものは、必ず三心《さんしん》を具すべきこと、五念門を行ずべきこと、これらをどう修めるべきかという、四修《ししゅ》（恭敬《くぎょう》修《しゅ》、無余修《むよしゅ》、無間修《むけんしゅ》、長時修《じょうじしゅ》）が説かれます。このような実践方法と共に先にあげた三心の中に、二種深信が説かれているのです。

第一の深信（機の深信）については、

自身《じしん》はこれ煩悩《ぼんのう》を具足《ぐそく》せる凡夫《ぼんぶ》、善根薄少《ぜんごんはくしょう》にして三界《がい》に流転《るてん》して火宅《かたく》を出《い》でずと信知《しんち》し（この私は煩悩にみちみちた凡夫であり、わずかな善根《ぜんごん》しかなしえず、迷いの世界を流転して無常の世界に在りつづける身を深く信知します）

第二の深信（法の深信）については、

いま弥陀《みだ》の本弘誓願《ほんぐぜいがん》、名号《みょうごう》を称《しょう》すること下《しも》十声《しょう》・一声等《しょうとう》に至《いた》るに及《およ》ぶまでさだめて往生《おうじょう》を得《う》と信知《しんち》して、乃至《ないし》一念《ねん》も疑心《ぎしん》あることなし（いま阿弥陀仏のお誓いは、名号を称すること臨終の十声、一声であってもみな浄土に往生することを得ると信じて全く疑心はありません）

とあります。この二種深信は、機の深信で迷いの世界（三界）を流転しつづけている身を信知すると同時に、法の深信では、第十八願のお誓いは、臨終にいたっても、数にとらわれない他力の称名念仏の者は、必ず浄土に往生することを信知すると説いています。機法二種の深信が説かれつつ、『観経疏』の二種深信と比較すると、その内容に相違があることが知られます。『観経疏』の方では、機の深信は、曠劫に流転する身は、迷いの世界に沈みきって、全く善根はなし得ない身と述べていますが、『往生礼讃』は、「善根薄少《ぜんごんはくしょう》（わずかな善行しかなし得ない身）」とあります。また、『観経疏』の法の深信では、四十八願の願力の救いが説かれていますが、『往生礼讃』では、第十八願の称名念仏の救いにしぼられています。

このように二種深信の内容について深く問いつめると、善導大師は、『往生礼讃』よりも『観経疏』において、より凡夫の救いを徹底して述べられ、掘りさげられているとみることが出来ます。この点については先師の研究においてもすでに指摘されています。

## 法然聖人の二種深信

先に述べたように、『往生礼讃』の二種深信から『観経疏』の二種深信において展開が考えられ、著書の成立についても、『往生礼讃』→『観経疏』の順で書かれたのではないかという指摘もありますが、法然聖人は、善導大師の著述について成立の前後を問題にしないで、『観経疏』の二種深信を証明されるために『往生礼讃』の二種深信をお引きになられます。両書の心相は同一とみられて、それを私釈で明瞭にされるのです。

法然聖人の深信の見方には、三つの問題がとりあげられています。

第一に、
生死《しょうじ》の家《いえ》には疑《うたがい》をもつて所止《しょし》となし、涅槃《ねはん》の城《みやこ》には信《しん》をもつて能入《のうにゅう》となす（本願を疑う者は、生死の家、迷いの世界にとどまり、涅槃の城〈おさとりの世界、浄土〉には、信心によって入ることができる）。

と、信と疑を明らかにし、信心が涅槃に入る因となることを示されます。

第二に、
二種《しゅ》の信心《しんじん》を建立《こんりゅう》して、九品《ぼん》の往生《おうじょう》を決定《けつじょう》するものなり（二種深信というゆるぎない信心を樹立し、九品の人びとの往生を明らかにします）。

と、深心は二種深信にしぼられることが述べられます。

第三に深心釈では、次のように述べています。
またこのなかに「一切《いっさい》の別解《べつげ》・別行《べつぎょう》・異学《いがく》・異見《いけん》」等《とう》といふは、これ聖道門《しょうどうもん》の解《げ》・行《ぎょう》・学《がく》・見《けん》を指《さ》す。その余《よ》はすなはちこれ浄土門《じょうどもん》の意《こころ》なり。文《もん》にありて見《み》るべし（深心釈の文中に述べられる、別解、別行、異学、異見の人びとというのは、聖道門の学問の解釈、修行、学問、見解とみることが出来ます。その他は浄土門の意です。文を見て知ることが出来ます）。

今は、二種深信の文のみを掲げて他を省略していますが、善導大師の深心釈では、さらに『観経』・

『小経』・「仏語《ぶつご》」を深信すべきことが説かれ、さらに自己の心をゆるぎないものとして（自心《じしん》を建《こん》立《りゅう》する）、釈尊の教えに従い、修行し、永く疑心を除くことが勧められます。そして、「一切の別解・別行・異学・異見・異執《いしゅう》」のために心の動揺があってはならないと、強い信心の確立が説かれます。この文をうけて、法然聖人は、これらの批判は聖道門よりの問いかけであり、いよいよ弥陀の本願を疑心なく受け入れることが説かれるのです。この点については、親鸞聖人は二種深信の見方においてさらに詳しく述べられます。

## 親鸞聖人の二種深信の見方

『教行信証』「信巻」には「大信《だいしん》とは何か」を明らかにされるところに三心釈の文が引文され、「二種深信」の文も引かれてあります（『註釈版聖典』二一七頁）。

「信巻」には、『大経』の三心を明らかにする、三心一心《さんしんいっしん》の問答があり、「至心《ししん》」「信楽《しんぎょう》」「欲生我《よくしょうが》国《こく》」の三心の内容がつめられますが（法義釈《ほうぎしゃく》）、そのいずれの内容も、人間に真実心がなく、曠劫《こうごう》より流転の身であることが詳しく述べられます。善導大師の機の深信の影響を強くうけていることが知られます。例えば「至心釈」（『註釈版聖典』二三一頁参照）に「一切《いっさい》の群生海《ぐんじょうかい》、無始《むし》よりこのかた乃至今日今時《ないしこんにちこんじ》に至《いた》るまで、穢悪汚染《えあくわぜん》にして清浄《しょうじょう》の心《しん》なし、虚仮諂偽《こけてんぎ》にして真実《しんじつ》の心《しん》なし（すべての生きとし生けるものは、はじめなき過去より現在にいたるまで、悪によごれて、清らかな心なく、うそいつわりにみちている)」と述べられます。善導大師の機の深信をうけて、「一切の群生海」というすべての生きとし生けるものの存在悪を示されたもので、「信楽釈」「欲生釈」もそのような表現になっています。

親鸞聖人は、このような真実なき流転の身のために、阿弥陀如来は菩薩の行を修められる時に、一念一刹那においても清浄心をつくし、真実心をつくして、南無阿弥陀仏というお徳のみちた名号を完成されて、これを衆生に回施《えせ》したまう(至心釈)と説かれて、如来の願力が、「名号回施」となっていると述べられます。これは、如来の願力のはたらきをさらにより具体的に示されたものです。他の「信楽釈」も、「欲生釈」も同じ解釈ですから、結局、機法二種の深信は、親鸞聖人の『大経』の三心にそれぞれ受け入れられ、より徹底されたとみることが出来ます。「信巻」では、三心即一心のつめは、信楽の一心であり、その心相は「無疑心《むぎしん》」であることが述べられますので、善導大師や、法然聖人のおっしゃる無疑心は、そのまま親鸞聖人の一心の心相と重なるところがあります。

しかし親鸞聖人は、『観経』の見方に隠彰《おんしょう》の見方(経典の底流にある真実の立場)だけではなく、顕説《けんぜつ》(表に顕れている自力の立場)をみられますので、深心に自力の信をみることになります。したがって、「二種深信」にも自力信をみることになり、善導大師や法然聖人には説かれていない二種深信の見方が示されています。
「化巻《けかん》」の「観経隠顕《かんぎょうおんけん》」（『観経』の隠彰と顕説）を論ずるところでは、顕の義によれば、至誠心、深心、回向発願心の三心は、いずれも「自利各別《じりかくべつ》にして利他《りた》の一心《いっしん》にあらず（それぞれの機根《きこん》によって生ずる自力の三心であり、他力《たりき》の一心ではない）」（『同』三八一頁）と述べています。

前述のように『観経疏』深心釈は、二種深信のほかに長い文があり、これを親鸞聖人は、二種深信のほかに、第三に「決定《けつじょう》して『観経』を深信《じんしん》す」、第四に「決定《けつじょう》して『弥陀経《みだきょう》』を深信《じんしん》す」、第五に「唯仏語《ただぶつご》を信《しん》じ決定《けつじょう》して行《ぎょう》による」、第六に「この『経《きょう》』（観経）によりて深信《じんしん》す」、第七に「また深心《じんしん》の深信《じんしん》は決定《けつじょう》して自心《じしん》を建立《こんりゅう》せよ」と分け、『愚禿鈔《ぐとくしょう》』ではこれを「七深信」として示します（『同』五二二頁）。

これらの文の中、第三の『観経』を深信する文と、第七の自心を建立する文は、「化巻」の観経隠顕を述べる文に引用します（『同』三八六頁）。また第四の『小経』を深信する文は、「化巻」真門《しんもん》釈《じゃく》（第二十願の行信を述べる所）に引用し（『同』四〇二頁）、これらの深心釈の文を第十九願や第二十願の自力の心をあらわす文とみています。さらにこれをつめて、「二種深信」の中、第二の法の深信より、後の五つの深信が開かれたとみることが出来ますので、機法二種の深信は、機にとらわれる深信と、法にとらわれる深信とがあり、他力の二種深信と明らかに分けられることが知られます。

この点をより明らかにされているのは『愚禿鈔』です。二種深信を述べて「この深信《じんしん》は他力至極《たりきしごく》の金剛心《こんごうしん》、一乗無上《いちじょうむじょう》の真実信海《しんじつしんかい》なり」（『註釈版聖典』五二一頁）と他力の一心をあらわす場合と、続いて「機の深信」は「自利《じり》の信心《しんしん》」（『同』五二二頁）、「法の深信」は「利他《りた》の信海《しんかい》」（同頁）といわれて、自力の信、他力の信に分けておられます。

親鸞聖人の二種深信の見方は、『大経』と『観経』が同じ他力真実をあらわす経典とみる場合は、他力の信心をあらわす心相とみており、『観経』を顕説の立場よりみれば、機と法とが別々にとらわれる自力の信とみていることがわかります。

# 本文と意訳（三）

## 【本　文】

同経《どうきょう》の『疏《しょ》』（散善義）にいはく、「『経《きょう》』（観経）にのたまはく、（中略）三には〈回向発願心《えこうほつがんしん》〉と。〈回向発願心《えこうほつがんしん》〉といふは、過去《かこ》および今生《こんじょう》の身口意業《しんくいごう》に修《しゅ》するところの世《せ》・出世《しゅっせ》の善根《ぜんごん》、および他《た》の一切《さい》の凡聖《ぼんしょう》の身口意業《しんくいごう》に修《しゅ》するところの世《せ》・出世《しゅっせ》の善根《ぜんごん》を随喜《ずいき》して、この自《じ》他《た》の所修《しょしゅ》の善根《ぜんごん》をもつて、ことごとくみな真実《しんじつ》の深信《じんしん》の心《しん》のうちに回向《えこう》して、かの国《くに》に生《しょう》ぜんと願《がん》ず。ゆゑに回向発願心《えこうほつがんしん》と名《な》づく。また回向発願《えこうほつがん》とは、かならずすべからく決定《けつじょう》の真実心《しんじつしん》のうちに回向《えこう》して、得生《とくしょう》の想《おもい》を願作《がんさ》すべし。この心深《しんふか》く信《しん》ずることなほ金剛《こんごう》のごとく、一切《さい》の異見《いけん》・異学《いがく》・別解《べつげ》・別行《べつぎょう》の人等《にんとう》のために動乱破壊《どうらんはえ》せられず。ただこれ決定《けつじょう》して一心《しん》に捉《と》りて、正直《しょうじき》に進《すす》みて、かの人《ひと》の語《ご》を聞《き》きて、すなはち進退《しんたい》ありて、心《しん》に怯弱《こうにゃく》を生《しょう》じて、回顧《えこ》して道《どう》に落《お》ちて、すなはち往生《おうじょう》の大益《だいやく》を失《うしな》ふことを得《え》ざれ。問《と》ひていはく、もし解行不同《げぎょうふどう》の邪《じゃ》雑《ぞう》の人等《にんとう》ありて、来《きた》りてあひ惑乱《わくらん》して、種々《しゅじゅ》の疑難《ぎなん》を説《と》きて、〈往生《おうじょう》を得《え》ず〉といひ、あるいはいはん、〈なんぢら衆生《しゅじょう》、曠劫《こうごう》よりこのかたおよび今生《こんじょう》の身口意業《しんくいごう》に、一切《さい》の凡聖《ぼんしょう》の身《しん》の上《うえ》においてつぶさに十悪《あく》・五逆《ぎゃく》・四重《じゅう》・謗法《ほうぼう》・闡提《せんだい》・破戒《はかい》・破見等《はけんとう》の罪《つみ》を造《つく》りて、いまだ除尽《じょじん》することあたはず。しかもこれらの罪《つみ》は三界《がい》の悪道《あくどう》に繋属《けぞく》す。いかんぞ一生《しょう》の修福念仏《しゅふくねんぶつ》をもつて、すなはちかの無漏無生《むろむしょう》の国《くに》に入《まい》りて、永《なが》く不退《ふたい》の位《くらい》を証悟《しょうご》することを得《え》んや〉と。答《こた》へていはく、諸仏《しょぶつ》の教行《きょうぎょう》、数塵沙《かずじんじゃ》に越《こ》えたり。稟識《ほんじき》の機縁《きえん》、情《こころ》に随《したが》ひて一にあらず。たとへば世《せ》間《けん》の人《ひと》の眼《まなこ》に見《み》つべく信《しん》じつべきがごときは、明《みょう》はよく闇《あん》を破《は》し、空《くう》はよく有《う》を含《がん》す、地《じ》はよく載養《さいよう》す、水《みず》はよく生潤《しょうにん》す、火《ひ》はよく成壊《じょうえ》するがごとし。かくのごとき等《ら》の事《じ》、ことごとく待対《たいたい》の法《ほう》と名《な》づく。すなはち目《め》に見《み》つべし。千差万別《せんじゃまんべつ》なり。いかにいはんや仏法《ぶっぽう》の不思議《ふしぎ》の力《ちから》、あに種々《しゅじゅ》の益《やく》なからんや。随《したが》ひて一の門《もん》より出《い》づといふは、すなはち一の煩悩《ぼんのう》の門《もん》より出《い》づるなり。随《したが》ひて一の門《もん》より入《い》るといふは、すなはち一の解脱智慧《げだつちえ》の門《もん》より入《い》るなり。これがために縁《えん》に随《したが》ひて行《ぎょう》を起《おこ》して、おのおの解脱《げだつ》を求《もと》む。なんぢ、なにをもつてかすなはち有縁《うえん》にあらざる要行《ようぎょう》をもつてわれを障惑《しょうわく》する。しかもわが愛《あい》するところは、すなはちこれわが有縁《うえん》の行《ぎょう》なり。すなはちなんぢが所求《しょぐ》にあらず。なんぢが愛《あい》するところは、すなはちこれなんぢが有縁《うえん》の行《ぎょう》なり。またわが所求《しょぐ》にあらず。このゆゑに所楽《しょぎょう》に随《したが》ひてその行《ぎょう》を修《しゅ》すれば、かならず疾《と》く解脱《げだつ》を得《う》。行者《ぎょうじゃ》まさに知《し》るべし。もし解《げ》を学《がく》せんと欲《おも》はば、凡《ぼん》より聖《しょう》に至《いた》るまで、乃《ない》至仏果《しぶつか》まで、一切無礙《さいむげ》にみな学《がく》することを得《え》よ。もし行《ぎょう》を学《がく》せんと欲《おも》はば、かならず有縁《うえん》の法《ほう》によれ。少《すこ》しき功労《くろう》を用《もち》ゐるに多《おお》く益《やく》を得《う》。

また一切の往生人等《おうじょうにんとう》にまうす。いまさらに行者《ぎょうじゃ》のために一の譬喩《ひゆ》を説《と》きて、信心《しんじん》を守護《しゅご》して、もつて外邪異見《げじゃいけん》の難《なん》を防《ふせ》がん。（中略）

また〈回向《えこう》〉といふは、かの国《くに》に生《しょう》じをはりて、還《かえ》りて大悲《だいひ》を起《おこ》して、生死《しょうじ》に回入《えにゅう》して衆《しゅ》生《じょう》を教化《きょうけ》するをまた回向《えこう》と名《な》づく。（中略）

わたくしにいはく、（中略）回向発願心《えこうほつがんしん》の義《ぎ》、別《べつ》の釈《しゃく》を俟《ま》つべからず。行者《ぎょうじゃ》これを知《し》るべし。この三心《しん》は総《そう》じてこれをいへば、もろもろの行法《ぎょうほう》に通《つう》ず。別《べつ》してこれをいへば、往生《おうじょう》の行《ぎょう》にあり。いま通《つう》を挙《あ》げて別《べつ》を摂《せっ》す。意《こころ》すなはちあまねし。行者《ぎょうじゃ》よく用心《ようじん》して、あへて忽諸《こつしょ》せしむることなかれ。

（『註釈版聖典（七祖篇）』一二三二～一二四九頁）

**【意　訳】**

善導大師の『観経疏』「散善義」にいわれてある。「『観経』には、（中略）〈三つには回向発願心〉と説かれている。回向発願心というのは、過去と今生《こんじょう》とにおいて、身口意の三業を修めたところの世間の善根や出世間の善根と、および他のすべての凡夫や聖者たちが身口意の三業を修めたところの世間・出世間の善根とを随喜して、この自分の善根と、他の善根を随喜したのとを、ことごとくまことの心をもって往生の因にふり向け、浄土に生れようと願うから

「回向発願心」というのである。また回向発願心とは、かならずゆるぎない真実心をふりむけ（回向して）往生安堵《あんど》の想いを発すべきをいう。この心のかたく信ずることは、金剛のようであるから、すべての異見・異学・別解・別行の人たちによって、乱されたり、やぶりくだかれたりすることがない。ただ決定して一心に願力を信じて、惑うことなく進み、かれらのことば、すなわち「心が定まらず、おそれをいだいてためらうから、願力の道より落ちて往生の大利益を失うであろう」というのを聞いてはならぬ。問うていう。もし、学解《がくげ》や修行の異なる自力の人たちが来て、かわるがわる惑わし、あるいはいろいろの疑難を説いて「往生できぬ」といったり、あるいはまた、「あなたたちは、はかり知られぬ昔より今生にいたるまで、身口意の三業にわたり、あらゆる凡夫や聖者がたに対して、つぶさに十悪《じゅうあく》・五逆・四重《しじゅう》・謗法《ほうぼう》・闡《せん》提《だい》・破戒・破見《はけん》などの罪を造り、まだそれらの罪を除きつくすことができない。かくして、これらの罪は衆生を三界の悪道につなぐものである。どうして、わずか一生のあいだ、善根を修め、念仏したからといって、すぐさまかの無漏《むろ》・無生《むしょう》の浄土に生れて、とこしえに不退の位をさとるというようなことがあり得ようか」というであろう。これに対してどうするか。答えていう。諸仏の教えや修行の道は、その数が非常に多く、衆生の機縁もその根機《こんき》にしたがってそれぞれ異なっている。たとえば、世間の人の眼に見て、すぐわかるようなものでいえば、明りはよく衆生の闇を破り、虚空《こくう》はよくものをおさめ、地はよくものを載せ育て、水はよくものをうるおし生長させ、火はよくものを成熟させたり破壊したりするようなものである。これらのものごとを、ことごとく〈相い対する法〉と名づける。かようなものは、現に見られる通りで千差万別である。まして仏法不思議の力が、どうして、さまざまの利益のないはずがあろうか。自分の機縁にしたがって、どれか一つの法門によって出ることは、それが迷いを出る一つの門であり、どれか一つの法門によって入ることは、それがさとりに入る一つの門である。これがために、機縁にしたがって行を修め、おのおのさとりを求めるべきである。そなたは、なぜわたしの根機に合う行でない法をもってわたしを妨げ惑わそうとするのか。ところで、わたしの好むところは、わたしの根機に合う行であって、そなたの求めるものではなく、そなたの好むところは、そなたの根機に合う行であって、わたしの求めるものではない。こういうわけであるから、それぞれの好むところにしたがってその行を修めるならば、かならず早くさとりを得るのである。行者よ、よく知るべきである。もし学解を学ぼうと思うなら、凡夫から聖者、さらに仏果にいたるまで、すべての法をどれでも自由に学ぶことができる。しかし、実際に行を修めようと思うならば、かならず自分の根機に合う法によるべきである。根機に合う法によれば、わずかな苦労で多大な功徳を得るからである。

また、すべての往生をねがう人たちに告げる。いま重ねて念仏を行ずる人のために、一つの譬えを説いて、信心をまもり、もって、外からの考えの異なる人たちの非難を防ごう。（中略）また、回向というのは、浄土に往生してからのち、さらに大悲心をおこして迷いの世界にかえって衆生を済度する。これもまた回向と名づけるのである。（中略）私見を述べる。（中略）回向発願心の義は、別して解釈するまでもない。行者はこれを知るべきである。この三心は、総じていえばいろいろの行法《ぎょうほう》に通じ、別していえば往生の行についていうのである。今は通の三心を挙げて、別の往生浄土の行についていうのであって、三心はあまねく通ずる。行者はよく心を用いて、決してゆるがせにしてはならない。

## 【講　読】

### 『観経疏』回向発願心釈の構成

『選択集』では、至誠心、深心の釈と同じように、「回向発願心」釈においても、『観経』の文、善導大師の『観経疏』、『往生礼讃』の引用文と続き、法然聖人の私釈となっています。『観経疏』回向発願心釈は、次のような構成となっています。

①過去・今生の身口意に修める自他の善根を回向して彼の国に生ぜんと願う。
②異学・異見のいかなる批判にも乱されず、必ず往生できるという得生《とくしょう》の想いをなす。
③種々の解釈や行業の異なる人々からの「念仏申しても往生できない」という批判にどのように答えるか。
④二河譬《にがひ》（譬えと合法《がっぽう》）
⑤結びの文。回向の解釈より還相回向《げんそうえこう》を述べる。

有名な「二河譬（二河白道《にがびゃくどう》の譬喩《ひゆ》）」の前において、回向発願心の解釈がなされ、後には、結びとともに、彼の浄土に往生した後に、再び還《かえ》り来って利他のはたらきをする還相回向の大悲心を、回向発願心とする解釈が示される点に注目すべきでしょう。

## 『観経疏』回向発願心とは

善導大師の回向発願心釈はかなりむつかしい内容になっています。すでに構成のところで述べたように、二河譬の前で三つの解釈が出されています。

第一の解釈では、回向発願心とは、自らの過去・今生になしてきた身口意業の善根と、他の人びとのなしている身口意業の善根を喜び、これを深信のうちに回向して、彼の国に生れんと願う心であると述べています。本願に順って、往生を願うけれど、自他一切の身口意業の善根をつくしての願生心と示しています。

第二の解釈では、いつわりなく浄土に生れたいという想いをなし、その心は願力をうけ入れる金《こん》剛心《ごうしん》でもあるから、すべての異見・異学・別解・別行の人びとに心が乱されたりくだかれることがない。ゆるぎなく一心に願力をうけ入れて浄土を想い進むと示されます。

第三の解釈では、問答を設けて、学解や修行の異なる人びとが、さまざまな疑問や批判をなして「往生はできない」と言い、あるいは、「あなた方は、はるかなる過去より今まで、身口意の三業をもって十悪・五逆などの重罪をかさねてきており、今もそれをとり除くことは出来ない。それらの罪業はこれからも悪道につなぎとめることとなる。どうして一生の間、善根を修め、念仏を申したからといって、おさとりの世界である浄土に往生し、不退の位をさとることが出来ようか。それは出来ない」と問いをおこしています。

これに答えて、「諸仏の教えや修行の道は無数にあり、それぞれの衆生に仏教の機縁が開かれるのも、機根（素質能力）の相違によるのです」と述べ、「仏教の理論を学ぶ（学解）者は、凡夫から聖者がさとりにいたるまで、すべての法を自由に学ぶことが出来ます。しかし行を修めたいと思うのであれば、必ず自分の機根に合う有縁《うえん》の法によるべきであり、その法によれば、わずかな苦労で多くの功徳を得るのです」と、このように答えています。

要点のみをあげましたが、善導大師の回向発願心釈は帰するところ、いつわりのない身口意の三業をふりむけて浄土を願い、その浄土往生の想いに対して、さまざまな批判がなされても、強く有縁の行（機根に合う行）によることを主張しています。

## 二河譬――譬えと合法

回向発願心の解釈を終って、有名な二河譬（二河白道の譬喩）になります。この譬えが設けられた意図は、どのような外邪異見《げじゃいけん》の批判があろうと、「信心を守護するための譬えである」と述べています。動揺したり、疑ったり、退くような弱い心であってはならないと示します。この譬えは、大変すぐれた譬えですから、各自がくりかえし熟読しましょう（『註釈版聖典（七祖篇）』一二四二頁参照）。次に譬えを要約します。

一人の旅人があり、西に向かって百千里の道を行こうとするに、二つの大河があるのが見える。一つは火の河で南にある。二つは水の河で北にある。河の広さはそれぞれ百歩で、深くて底が無い。南北には、ほとりが無い。この二河の中間に、四、五寸の白道がある。長さは、東岸より西岸まで百歩である。水の波浪は、大波となって道をうるおし、火炎は道を焼く。水と火はたがいにまじわって止むことがない。

旅人が、はるかに広い荒野の中にさしかかった時、多くの群賊・悪獣が、ただ一人の旅人を見て、われがちに追いかけて殺そうとする。それに気づいた旅人は、西に走って二つの大河を見る。旅人が思うに、「二河の真ん中にある白道は、きわめて狭い。群賊・悪獣はせまって来る。西に向かえば、水火の二河に落ちるであろう」と。

さらに旅人は、おそれおののき自ら思うに「いまひき返しても死よりない。とどまっても死しかない。進んでも死よりない（三定死《さんじょうし》）。どうしても死を免れないとすれば、この道をたずねて前に進もう。すでに道があるから、かならず渡ることができる」。こう決心した時に、東岸より人の勧める声があって「この道を行け、かならず死を免れる」と。西岸に人あって喚《よ》び声を聞く。「そなた一心正念にして直ちに来なさい。わたしが護るから、水火二河に堕ちることを恐れなくてもよい」と。この二人の声を聞いて、疑いなくこの道をただちに進み、一歩二歩と行く時、東岸より群賊・悪獣が喚びかえして、「その道を行けばかならず死ぬにちがいない、ひき返せ」と。旅人は、かえりみることなく、一心にまっすぐ進んで西岸に到着し、さまざまな災いを離れ、良き友とあい、喜びのつきぬ身となったのである。

次に、合法（この譬えは、み教えで何を表わそうとしているか）について示します。

「東岸」は、娑婆世界（迷いの世界）。「西岸」は、阿弥陀仏の浄土。「群賊・悪獣」は、我われに生じてくる、すべての煩悩。「広びろとした荒野」は、悪友ばかりで、仏法をすすめる善知識に遇えない様子。「水の河」は、衆生の貪愛《とんない》、むさぼりの心、「火の河」は、衆生の瞋憎《しんぞう》、いかりの心。「四、五寸の白道」は、煩悩にみちた衆生の心におこる清らかな信心。「東岸の勧める声」は釈尊の教法。「よび戻す群賊・悪獣の声」は、学解・修行の異なる人びとが、念仏の行者をまどわす声。「西岸の喚び声」は、阿弥陀仏の本願のこころ。「西岸に到って善き友と会って喜ぶ」とは、釈尊のお勧め（発遣《はっけん》）と阿弥陀仏の喚び声（招喚《しょうかん》）に人びとが信順して、浄土に往生して喜びの限りないことをあらわす。

以上、二河譬を要約しました。いかなる論難や批判にも動揺せず、浄土を願生する旅人の歩みを語っていますが、この譬えで注目すべきは、我われの人間の姿をさまざまに表現して、煩悩にみちている私に、釈尊と阿弥陀仏の喚び声（念仏のおすすめ、本願の教法）があることが説かれます。最も注目すべきは、阿弥陀仏や浄土の存在を証明するのではなく、苦悩の中に生きる我われが、水火二河の煩悩の河をわたりつつ、喚び声がなければ生きられないという譬えになっていることです。

## 法然聖人の回向発願心釈

回向発願心の私釈で法然聖人は、ご自分の解釈を全く加えられず「別の釈を俟つべからず」と示されます。前述してきた善導大師の『観経疏』回向発願心釈の通りですとおっしゃるのです。専修称名一行とおすすめになる法然聖人が、善導大師の世・出世の身口意業の善根を往生業としてふりむけることをみとめる回向発願心の解釈を、そのままうけ入れるということについては、矛盾があるということになります。これをどう考えたらよいのだろうかという問題が残ります。

善導大師は、回向発願心釈の中で、「真実心や真実深信のうちに回向して」と行業のつめを信心のつめに集約していかれます。深信は、二種深信にありとみていかれたのが法然聖人です。和語の聖教には、「一切《いっさい》の善根《ぜんごん》をみな極楽《ごくらく》に回向《えこう》すべしと申《もう》せばとて、ことさらに余《よ》の功徳《くどく》をつくりあつめて回向《えこう》せよとには候《そうら》はず。……おのづから便宜《べんぎ》にしたがひて、念仏《ねんぶつ》のほかの善《ぜん》を修《しゅ》する事《こと》のあらんをも、しかしながら往生《おうじょう》の業《ごう》に回向《えこう》すべしと申《もう》す事《こと》にて候也《そうろふなり》」（御消息）といわれます。善根を回向するといっても、わざわざ他の業をすすめて、往生浄土のためにふりむけよということではない。中心は念仏であるが、便宜にしたがい、たまたま修めた業も自ずから回向することであると解釈しておられます。また、「つねに退《たい》する事《こと》なく念仏《ねんぶつ》するを、回向発願心《えこうほつがんしん》といふなり」（七箇条《しちかじょう》の起《き》請文《しょうもん》)、「往生《おうじょう》をねがふは回向発願心也《えこうほつがんしんなり》」(十二問答)と述べています。ひたすら称名を専修し、浄土を願う心を回向発願心とみて、『観経疏』の心と重なるとみておられたのです。

なお、親鸞聖人は、『観経疏』回向発願心釈の中、すでにみた第一釈は、『教行信証』「化巻」に引証し(『註釈版聖典』三八七頁)、第二釈と第三釈と二河譬は、「信巻」に引かれます(『同』二二一頁)。特に二河譬は「信巻」や『愚禿鈔』で「白道《びゃくどう》」について親鸞聖人独自の主張が示されています。この点については、別の機会に述べたいと思います。

また法然聖人は、三心章の私釈の結びで、三心はすべての行法に通ずるけれど、「別してこれをいへば、往生の行にあり」と、専修称名念仏に必ず三心を具すべきことを明らかにするのです。あくまでも本願に順ずる念仏であることを示し結ぶのです。

## 本文と意訳（四）

### 【本　文】

また一切《さい》の往生人等《おうじょうにんとう》にまうす。いまさらに行者《ぎょうじゃ》のために一の譬喩《ひゆ》を説《と》きて、信心《しんじん》を守護《しゅご》して、もつて外邪異見《げじゃいけん》の難《なん》を防《ふせ》がん。何《なん》の者《もの》かこれや。たとへば、人《ひと》ありて西《にし》に向《む》かひて百千《ひゃくせん》の里《り》を行《ゆ》かんと欲《ほっ》するに、忽然《こつねん》として中路《ちゅうろ》に二の河《かわ》あり。一はこれ火《ひ》の河《かわ》、南《みなみ》にあり。二はこれ水《みず》の河《かわ》、北《きた》にあり。二河《が》おのおの闊《ひろ》さ百歩《ひゃくぶ》、おのおの深《ふか》さ底《そこ》もなく、南北辺《なんぼくほとり》なし。まさしく水火《すいか》の中間《ちゅうげん》に一の白道《びゃくどう》あり。闊《ひろ》さ四五寸《すん》ばかりなるべし。この道東《みちひがし》の岸《きし》より西《にし》の岸《きし》に至《いた》るまで、また長《なが》さ百歩《ひゃくぶ》、その水《みず》の波浪《はろう》交過《きょうか》して道《みち》を湿《うるお》す。その火《ひ》の炎《ほのお》また来《きた》りて道《みち》を焼《や》く。水《すい》火《か》あひ交《まじ》はりてつねに休息《くそく》することなし。この人《ひと》すでに空曠《くうこう》のはるかなる処《ところ》に至《いた》るに、さらに人物《にんもつ》なし。多《おお》く群賊《ぐんぞく》・悪獣《あくじゅう》のみあり。この人《ひと》の単独《たんどく》なるを見《み》て、競《きお》ひ来《きた》りて殺《ころ》さんと欲《ほっ》す。この人死《ひとし》を怖《おそ》れて直《じき》に走《はし》りて西《にし》に向《む》かふに、忽然《こつねん》としてこの大河《たいが》を見《み》る。すなはちみづから念《ねん》言《ごん》すらく、〈この河南北《かわなんぼく》に辺畔《へんぱん》を見《み》ず。中間《ちゅうげん》に一の白道《びゃくどう》を見《み》る。きはめてこれ狭少《きょうしょう》なり。二の岸《きし》あひ去《さ》ること近《ちか》しといへども、なにによりてか行《ゆ》くべき。今日《こんにち》さだめて死《し》すること疑《うたが》はず。まさしく到《いた》り回《かえ》らんと欲《ほっ》すれば、群賊《ぐんぞく》・悪獣《あくじゅう》漸々《ぜんぜん》に来《きた》り逼《せ》む。まさしく南北《なんぼく》に避《さ》り走《はし》らんと欲《ほっ》すれば、悪獣《あくじゅう》・毒虫《どくちゅう》競《きお》ひ来《きた》りてわれに向《む》かふ。まさしく西《にし》に向《む》かひて道《みち》を尋《たず》ねて去《さ》らんと欲《ほっ》すれば、またおそらくはこの水火《すいか》の二河《が》に堕《だ》することを〉と。時《とき》に当《あた》りて惶怖《こうふ》することまたいふべからず。すなはちみづから思念《しねん》すらく、〈われいま回《かえ》るともまた死《し》なん。住《じゅう》すともまた死《し》なん。去《さ》るともまた死《し》なん。一種《しゅ》として死《し》を勉《まぬか》れじ。われむしろこの道《みち》を尋《たず》ねて前《まね》に向《む》かひて去《さ》らん。すでにこの道《みち》あり。かならず度《わた》るべし〉と。この念《ねん》をなす時《とき》に、東《ひがし》の岸《きし》にたちまちに人《ひと》の勧《すす》むる声《こえ》を聞《き》く。〈なんぢ、ただ決定《けつじょう》してこの道《みち》を尋《たず》ねて行《ゆ》け。かならず死《し》の難《なん》なからん。もし住《じゅう》せばすなはち死《し》なん〉と。また西《にし》の岸《きし》の上《うえ》に人《ひと》ありて、喚《よ》ばひていはく、〈なんぢ一心《しん》に正念《しょうねん》に直《じき》に来《きた》れ。われよくなんぢを護《まも》らん。すべて水火《すいか》の難《なん》に堕《だ》することを畏《おそ》れざれ〉と。この人《ひと》すでにここに遣《や》り、かしこに喚《よ》ばふを聞《き》きて、すなはちみづからまさしく身《しん》心《しん》に当《あた》りて、決定《けつじょう》して道《みち》を尋《たず》ねて直《じき》に進《すす》みて疑怯退心《ぎこうたいしん》を生《しょう》ぜず。あるいは行《ゆ》くこと一分《ぶん》二分《ぶん》するに、東《ひがし》の岸《きし》に群賊《ぐんぞく》等《ら》喚《よ》ばひていはく、〈なんぢ回《まわ》り来《きた》れ。この道嶮悪《みちけんあく》にして過《す》ぐることを得《え》じ。かならず死《し》すること疑《うたが》はず。われらすべて悪心《あくしん》をもつてあひ向《む》かふことなし〉と。この人喚《ひとよ》ばふ声《こえ》を聞《き》くといへども、また回顧《えこ》せず。一心《しん》に直《じき》に進《すす》みて道《みち》を念《ねん》じて行《ゆ》くに、須臾《しゅゆ》にすなはち西《にし》の岸《きし》に到《いた》りて、永《なが》く諸難《しょなん》を離《はな》れて、善友《ぜんぬ》とあひ見《み》て慶楽《きょうらく》已《や》むことなきがごとし。これはこれ喩《たと》へなり。

（『註釈版聖典（七祖篇）』一二四二～一二四四頁）

## 【意訳】

また、すべての往生をねがう人たちに告げる。いま重ねて念仏を行ずる人のために、一つの譬えを説いて、信心をまもり、もって、外からの考えの異なる人たちの非難を防ごう。それは何か。譬えば、ここにひとりの人があって、西に向かって百千里の遠い路を行こうとするのに、その中間に、たちまち二つの河のあるのが見える。一つに火の河は南にあり、二つに水の河は北にある。二つの河は、それぞれひろさが百歩で、いずれも深くて底がなく、南北はほとりがない。まさしく水火の二河の中間に一つの白道があって、そのひろさは四五寸ほどである。この道は東の岸から西の岸に至るまでの長さも、また百歩である。その水の波浪はこもごもすぎて道をうるおし、その火炎はまた来って道を焼き、水と火とがたがいにまじわって、いつもやむときがない。この人が、すでに広々とした場所に来たところ、そこには人がひとりもおらず、多くの群賊《ぐんぞく》・悪獣《あくじゅう》がいて、この人がただひとりであるのを見て、われがちにせまってきて殺そうとする。そこで、この人は死をおそれて、ただちに走って西に向かったが、たちまちこの大河を見てみずから思うていうには、〈この河は南北にほとりを見ず、まん中に一つの白道が見えるが、それはきわめて狭い。東西二つの岸のへだたりは近いけれども、どうして行くことができよう。今日はかならず死ぬにちがいない。まさしくかえろうとすれば、群賊・

悪獣が次第に来りせまってくる。まさしく南か北に避けて走ろうとすれば、悪獣・毒虫がわれがちに自分に向かってくる。まさしく西に向かって道をたずねて行こうとすれば、また、おそらくは水火の二河に落ちるであろう〉と。このときにあたり、おそれおののくことは、とても言葉にいいあらわすことができない。そこでみずから思うには、〈わたしはいま、かえっても死ぬだろう、とどまっても死ぬだろう、進んでも死ぬだろう。どうしても死を免れないとすれば、むしろこの道をたずねて前に向かって行こう。すでに、この道があるのだから、かならず渡れるだろう〉と。こういう思いになったとき、東の岸に人の勧める声が、たちまち聞えた。「そなたは、まどうことなく、ただこの道をたずねて行け、かならず死の難はないであろう。もしとどまっていたならば死ぬであろう」と。また西の岸に人がいて喚んでいうには「そなたは一心正念《いっしんしょうねん》にして、まっすぐに来れよ。わたしはよくそなたを護るであろう。すべて水火の難に落ちることをおそれるな」と。この人は、すでにこちらから勧められ、かしこから喚ばれるのを聞いて、みずからその通りに受け、まどうことなく道をたずねてただちに進み、すこしも疑いおそれしりぞく心をおこさない。そして、一歩二歩行ったとき、東の岸の群賊らが喚んでいうには、「きみよ、もどりなさい。その道はけわしくて、とても通り過ぎることはできないで、かならず死ぬにちがいない。われわれはすべて悪い心で向かっているのではない」と。

この人は、その喚びもどすことばを聞いたけれども、かえりみることなく一心にまっすぐ進んで行くならば、しばらくにして西の岸に到着して、とこしえにいろいろのわざわいを離れ、善き友とあい会うて、喜びたのしむことが尽きないようなものである。これはこれ譬えである。

## 【講　読】

### 本願招喚の勅命

『選択集』「三心章」回向発願心釈では、善導大師の二河譬（二河白道の譬喩）をそのまま引証しています（『註釈版聖典（七祖篇）』一二四二頁参照）。善導大師の譬えが、実に巧みな内容になっていますので、法然聖人は、そのまま引証されています。そのはじめに、

また一切《さい》の往生人等《おうじょうにんとう》にまうさく、いまさらに行者《ぎょうじゃ》のために一の譬喩《ひゆ》を説《と》きて、信心《しんじん》を守護《しゅご》して、もつて外邪異見《げじゃいけん》の難《なん》を防《ふせ》がん。　（『観経疏』、『註釈版聖典（七祖篇）』四六六頁）

とあります。譬えを説いて、念仏者の信心を守護して、どのような外邪異見があろうと、それらの批判にひきずられない、正しい立場を明らかにします。

この譬えは、非常にわかりやすく、巧みな譬えですので、親鸞聖人も注目され、その著述の中に

しばしば引用しておられます。

親鸞聖人の『教行信証』「行巻」六字釈においては、南無＝帰命の解釈に、「帰命」は「本願招喚《ほんがんしょうかん》の勅命《ちょくめい》なり」（『註釈版聖典』一七〇頁）とあります。「帰」と「命」の意味を分釈して、さらにこれを合釈して、私が帰依し、南無するのではなく、阿弥陀如来が私たちに「帰せよ」「依り所にせよ」とよびかけて下さるのが「帰命」の意味だとみておられます。

すでに二河譬の内容について述べましたが、水と火の河を前にした旅人が、西の岸に人がいて、「そなたは一心正念にして、直ちに来なさい。わたしが護るから、水火の二河に堕ちることを恐れなくてもよい」と言う、その喚び声を聞く（阿弥陀如来の声を聞く）とあります。水火の二河は、「貪《むさぼ》りの心」と「瞋《いか》りの心」をあらわします。我われには、無数の煩悩心があり、これを三毒の煩悩で代表せしめ、「貪り」「瞋り」「愚痴」であらわしますが、ここではその中でも、私たちの心の中にある深くはげしく燃える煩悩を「貪欲（貪り）」「瞋恚（瞋り）」であらわして、この私の深い心の闇に阿弥陀如来のよび声が聞えてくる。それを「招喚の声」とあらわします。

これを親鸞聖人は「本願」と重ねて「本願招喚の勅命」と示され、法然聖人は「選択本願の念仏」とあらわされています。阿弥陀仏の本願は、「我が名を称えてください。往生浄土の正しく決定する行業（正定業）です」という内容です。

親鸞聖人は、この「選択本願の念仏」をうけて、「大行《だいぎょう》」と説き、真如《しんにょ》、法性《ほっしょう》、一如《いちにょ》と示されるさとりの世界より顕現された「南無阿弥陀仏」であり、つねに我われによびかけて下さる名号とみていかれます。称える念仏のままが名号のはたらきであり、その内容を「本願招喚の勅命」とあらわします。これをさらに具体的にうけとめれば、私の称える念仏のままが、如来のよび声の念仏であり、「大行」のはたらく姿とみることが出来ます。

本願に順《したが》い、私が念仏申す、また、まわりの方がたが念仏申すそのままに「招喚の声」を聞くことになります。私の申す念仏のままが、如来の本願に順う、よび声に順う念仏です。さらにこの六字釈で注目すべきは、「南無」「帰命」「発願回向」「即是《そくぜ》其行《ごぎょう》」と解釈が次々進められても帰するところは、「南無阿弥陀仏」は、二河譬に説かれる、私への強いよびかけであるとみておられます。換言すれば、称名より聞名、そして聞名の内容を二河譬の「招喚の声」とみておられるのです。

## 願力の白道をあゆむ

水火二河の譬えは、「貪り」「瞋り」のはげしく燃える私（人間）の煩悩を譬えますが、これをわかりやすく表すのは、親鸞聖人による『一念《いちねん》多念《たねん》文意《もんい》』の「凡夫」の解釈です。凡夫について、我われには、無明煩悩がみちみちていると表し、「欲《よく》もおほく、いかり、はらだち、そねみ、ねたむこころおほくひまなくして、臨終《りんじゅう》の一念《いちねん》にいたるまで、とどまらず、きえず、たえずと、水火二《すいかに》河《が》のたとへにあらはれたり」（『註釈版聖典』六九三頁）と述べられます。我われの自己中心の欲望を言葉をつくして表現し、それらの激しい煩悩の燃える様子を、臨終まで「とどまらず、きえず、たえず」と表し、水火二河の譬えに示されてあると結びます。我われの深い闇をわかりやすく譬えたのが二河譬であるとされるのです。

　この二河譬の引用で注目すべきは、この後「かかるあさましきわれら、願力《がんりき》の白道《びゃくどう》を一分二分《いちぶんにぶん》やうやうづつあゆみゆけば、無礙《むげ》光仏《こうぶつ》のひかりの御《おん》こころにをさめとりたまふがゆゑに」と水火二河にはさまれた白道を「願力の白道」とあらわし、白道を歩む身となるとき、無礙光仏の仏心におさめとられるので、必ず浄土に往生し、この上ないさとりを開くことができると、その救いを示します。信心の人は、無明煩悩のみちみちたまま、かかるあさましき身のままが、救いの中にあることをわかりやすく表現しています。二河譬は、深い闇をかかえた人間存在を表すとともに、同時に白道を歩む身であることを示しています。

## 白道とその他の道

『教行信証』「信巻」欲生釈に、『観経疏』「散善義」回向発願心釈の文を引き、浄土に生れたいと想う心は、まちがいなく衆生をお救い下さる如来が真実心を回向して下さる金剛信心によることを述べ、どのような異見、異学、別解、別行の人びとの批判にも動揺することなく、白道をすすむべきことを明らかにされ（『註釈版聖典』二四三頁参照）、二河譬についての親鸞聖人の解釈を示されます（『同』二四四頁参照）。

聖人は「白道四五寸《びゃくどうしごすん》」について、「白」を「選択摂取《せんじゃくせっしゅ》の白業《びゃくごう》、往相回向《おうそうえこう》の浄業《じょうごう》」と表され、「道」を「本願一実《ほんがんいちじつ》の直道《じきどう》、大般涅槃《だいはつねはん》、無上《むじょう》の大道《だいどう》なり」と解釈されます。かなりむつかしい表現ですが、白道を歩くということは、阿弥陀如来が選択・回向された名号を行じながら、本願の真実の直道、この上ないさとりを開く大道をゆく身となることと示されます。

なお「信巻」の解釈では、「黒《こく》」について「無明煩悩《むみょうぼんのう》の黒業《こくごう》、二乗《にじょう》・人《にん》・天《てん》の雑善《ぞうぜん》」であると示され、「道」に対して「路《ろ》」は「二乗《にじょう》・三乗《さんじょう》、万善諸行《まんぜんしょぎょう》の小路《しょうろ》」であると解釈されています。白道に対する「黒路《こくろ》」を説かれ、二乗・三乗の万行《まんぎょう》、諸行の道があることを指摘されるのです。なお二河譬について詳しく解釈されるのは『愚禿鈔』ですので、さらに次のように解釈されています。

白路《びゃくろ》について、

六度万行《ろくどまんぎょう》、定散《じょうさん》なり。これすなはち自力小善《じりきしょうぜん》の路《ろ》なり。　（『同』五三七頁）

と述べ、さらに「黒」については、

六趣《ろくしゅ》・四生《ししょう》・二十五有《にじゅうごう》・十二類生《じゅうにるいしょう》の黒悪道《こくあくどう》なり。（同頁）

とあります。今「信巻」と『愚禿鈔』の解釈を総合してみると、

白道—本願一実の直道、大般涅槃への大道で、選択本願の名号を行ずる歩み

白路—聖道門や定善・散善の行を修める自力の行業

黒道—六趣・四生など迷いの道にあるものが行ずる行業

黒路—二乗・三乗・人・天の人びとが行ずる万善諸行の道

などに分類することが出来ます。必ずしもこのように明確に分類出来ない点もありますが、白道の内容を明確にするために、白路や黒道・黒路について言及している点は注目すべきでしょう。本願招喚の勅命《ちょくめい》を聞いて念仏申す者は、水火の煩悩をかかえたままで、本願の大道を歩む者であり、本願の大道に到るまでに、黒道、黒路、白路の道があり、それを分類されるということは、二河譬のように白道を歩む者への問いかけともみることが出来ます。真に本願の大道を歩む身となっているか、白路や黒路、黒道を歩んでいるのではないかという厳しい問いかけではないでしょうか。

さらに「信巻」の二河譬の解釈では、善導大師が「白道四五寸」を「能生清浄願心《のうしょうしょうじょうがんしん》（よく清浄の願心を生ず）」と示されたことについて、金剛のように堅固な真実の心を獲得することで、本願力によって回向された信心であると説かれます（『註釈版聖典』二四四頁参照）。親鸞聖人は、二河

譬をさらに解釈し、招喚の勅命を聞きつつ、往生浄土の歩みをする人の信心の内容をつめ、煩悩をかかえた身で、摂取の光明に生きる願力の白道をゆく者の姿を明らかにされているのです。

## 勅命の内容を解釈する

先述の『愚禿鈔』では、招喚の勅命の内容を「汝一心正念《なんじいっしんしょうねん》にして直《ただ》ちに来《きた》れ、我《われ》能《よ》く護《まも》らん」としぼって、次のように解釈されます。

「西《にし》の岸《きし》の上《うえ》に、人《ひと》ありて喚《よ》ばうていはく」といふは、阿弥陀如来《あみだにょらい》の誓願《せいがん》なり。（『同』五三八頁）

と、西の岸から喚ぶ声は、阿弥陀如来の「必ず救う、必ず仏にならしめる」という願心であることをつめ、

「汝《なんじ》」の言《ごん》は行者《ぎょうじゃ》なり、これすなはち必定《ひつじょう》の菩薩《ぼさつ》と名《な》づく。（同頁）

と「汝」とは必ず仏になることが定まった「必定の菩薩」であると述べて、龍樹菩薩の「即時《そくじ》入《にゅう》必定《ひつじょう》」と曇鸞大師の「入正定聚之数《にゅうしょうじょうじゅしじゅ》」、善導大師の「五種の嘉誉《かよ》（妙好人《みょうこうにん》などの五つのほめことば）」をあげて「真仏弟子《しんぶつでし》なり」と結んでいます。

この解釈は、如来の招喚の声が私に届いて、私が正定聚に住するのですが、「汝よ、必ず仏にせ

ずにはおかない」と喚ぶ如来の側に、すでに「必定の菩薩」、正定聚に住せしめずにはおかないという大悲のはたらきによる救いが成就されていることをあらわしています。すでに如来に喚ばれている、そのままが必ず仏になるべき身と定まっているとみています。非常に積極的な解釈になっています。

続いて、「一心」は「真実の信心」であり、「正念」は、「選択摂取の本願」「第一希有《だいいちけう》の行《ぎょう》」「金《こん》剛不壊《ごうふえ》の心《しん》」であると、行、信の二つを示されます。いろいろに解釈がなされると思いますが、他力の信心にもとづく大行、大信の生活を明らかにされているとみることが出来ましょう。「直《じき》」については、「回《え》・迂《う》（まわり道）」に対し、「方便仮門《ほうべんけもん》を捨《す》て」、「如来大願《にょらいだいがん》の他力《たりき》に帰《き》する」ことも明らかにしています。「護《ご》」についても、「阿弥陀仏果上《あみだぶつかじょう》の正意《しょうい》を顕《あらわ》す…また摂取不捨《せっしゅふしゃ》を形《あらわ》すの貌《かおばせ》」であり、「現生護念」であると解釈されています。大変むつかしい表現になっていますが、すでに阿弥陀仏になられたところに我われを摂取して捨てない救いは成就されているのであり、それが、今、阿弥陀仏の心光に常護され、諸仏に護られていることを示されます。

このように親鸞聖人の二河譬の見方は、「行巻」では、衆生の聞名や称名のままが、招喚の勅命であり、この勅命を聞きつつ歩む白道について、「信巻」では、白道を明らかにするために、仮《け》、偽《ぎ》に及ぶ、白路、黒路、黒道なども視野に入れつつ、帰するところ白道をゆく人の信心は、本願力回向の大信心を得ることであると明らかにされます。

また『愚禿鈔』では、招喚の声の内容である「汝《なんじ》一心《いっしん》正念《しょうねん》にして直《ただ》ちに来《きた》れ、我《われ》能《よ》く護《まも》らん」の文言についてそれぞれ丁寧に解釈されるのです。白道を行く者は、水火二河の深い闇をかかえた罪業の身（かかるあさましき身）がそのまま現生正定聚の身であることを慶ばれるのであります。

親鸞聖人にとって二河譬は重要な譬喩であったことがいよいよ知らされます。

# 第九章　四修章のこころ

## 本文と意訳

### 【本　文】

念仏《ねんぶつ》の行者《ぎょうじゃ》四修《しゅ》の法《ほう》を行用《ぎょうゆう》すべき文《もん》。

善導《ぜんどう》の『往生礼讃《おうじょうらいさん》』にいはく、「また四修《しゅ》の法《ほう》を勧行《かんぎょう》す。何者《なにもの》をか四となす。一には恭敬《くぎょう》修《しゅ》。いはゆるかの仏《ぶつ》および一切《さい》の聖衆等《しゅうじゅとう》を恭敬礼拝《くぎょうらいはい》す。ゆゑに恭敬修《くぎょうしゅ》と名《な》づく。畢命《ひつみょう》を期《ご》となして誓《ちか》ひて中止《ちゅうし》せざる、すなはちこれ長時修《じょうじしゅ》なり。二には無余修《むよしゅ》。いはゆるもつぱらかの仏《ぶつ》の名《みな》を称《しょう》して専念《せんねん》し専想《せんそう》し、もつぱらかの仏《ぶつ》および一切《さい》の聖衆等《しょうじゅとう》を礼讃《らいさん》して、余業《よごう》を雑《まじ》へず。ゆゑに無余修《むよしゅ》と名《な》づく。畢命《ひつみょう》を期《ご》となして誓《ちか》ひて中止《ちゅうし》せざる、すなはちこれ長時修《じょうじしゅ》なり。三には無間修《むけんしゅ》。いはゆる相続《そうぞく》して恭敬礼拝《くぎょうらいはい》し、称名讃歎《しょうみょうさんだん》し、憶念観察《おくねんかんざつ》し、回向発願《えこうほつがん》し、心々《しんしん》に相続《そうぞく》して余業《よごう》をもつて来《きた》し間《まじ》へず。ゆゑに無間修《むけんしゅ》と名《な》づく。また貪瞋煩悩《とんじんぼんのう》をもつて来《きた》し間《まじ》へず。犯《ぼん》せんに随《したが》ひ、随《したが》ひて懺《さん》せよ。念《ねん》を隔《へだ》て時《とき》を隔《へだ》て日《ひ》を隔《へだ》てず。つねに清浄《しょうじょう》ならしめよ。また無間修《むけんしゅ》と名《な》づく。畢命《ひつみょう》を期《ご》となして誓《ちか》ひて中止《ちゅうし》せざる、すなはちこれ長時修《じょうじしゅ》なり」と。

『西方要決《さいほうようけつ》』にいはく、「ただ四修《しゅ》を修《しゅ》してもつて正業《しょうごう》となす。一には長時修《じょうじしゅ》。初発心《しょほっしん》よりすなはち菩提《ぼだい》に至《いた》るまで、つねに浄因《じょういん》をなしてつひに退転《たいてん》なし。二には恭敬修《くぎょうしゅ》。これにまた五あり。一には有縁《うえん》の聖人《しょうにん》を敬《うやま》ふ。（中略）二には有縁《うえん》の像教《ぞうきょう》を敬《うやま》ふ。（中略）三には有縁《うえん》の善知識《ぜんぢしき》を敬《うやま》ふ（中略）。四には同縁《どうえん》の伴《とも》を敬《うやま》ふ。（中略）五には三宝《ぼう》を敬《うやま》ふ。（中略）三には無間修《むけんしゅ》。いはくつねに念仏《ねんぶつ》して往生《おうじょう》の心《しん》をなす。一切時《さいじ》において心《しん》につねに想《おも》ひ巧《たく》め。（中略）四には無余修《むよしゅ》。いはくもつぱら極楽《ごくらく》を求《もと》めて弥陀《みだ》を礼念《らいねん》するなり。ただし諸余《しょよ》の業行《ごうぎょう》雑起《ぞうき》せしめざれ。所作《しょさ》の業《ごう》、日別《にちべつ》にすべからく念仏《ねんぶつ》・誦経《じゅきょう》を修《しゅ》すべし。余課《よか》を留《とど》めざるのみ」と。

わたくしにいはく、四修《しゅ》の文《もん》見《み》つべし。繁《しげ》きを恐《おそ》れて解《げ》せず。ただし前文《ぜんもん》のなかに、すでに四修《しゅ》といひて、ただ三修《しゅ》のみあり。もしはその文《もん》を脱《だっ》せるか、もしはその意《こころ》あるか。さらに脱文《だつもん》にあらず。その深《ふか》き意《こころ》を有《ゆう》するなり。なにをもつてか知《し》ることを得《う》る。四修《しゅ》とは、一には長時修《ちょうじしゅ》、二には慇重修《おんじゅうしゅ》、三には無余修《むよしゅ》、四には無間修《むけんしゅ》なり。しかるに初《はじ》めの長時《じょうじ》をもつて、ただこれ後《のち》の三修《しゅ》に通用《つうゆう》す。いはく慇重《おんじゅう》もし退《たい》せば、慇重《おんじゅう》の行《ぎょう》すなはち成《じょう》ずべからず。無余《むよ》もし退《たい》せば、無余《むよ》の行《ぎょう》すなはち成《じょう》ずべからず。無間《むけん》もし退《たい》せば、無間《むけん》の修《しゅ》すなはち成《じょう》ずべからず。この三修《しゅ》の行《ぎょう》を成就《じょうじゅ》せしめんがために、みな長時《じょうじ》をもつて三修《しゅ》に属《ぞく》して、通《つう》じて修《しゅ》せしむるところなり。ゆゑに三修《しゅ》の下《しも》にみな結《けっ》して、「畢命為期誓不中止即是長時修《ひつみょういごせいふちゅうしそくぜじょうじしゅ》」（礼讃）といふこれなり。例《れい》するにかの精進《しょうじん》の余《よ》の五度《ど》に通《つう》ずるがごときのみ。

（『註釈版聖典（七祖篇）』一二四九～一二五三頁）

## 【意訳】

念仏の行者、四修の法を行じ用いるべきの文。

善導大師の『往生礼讃』にいわれてある。「また勧めて四修の修行（四修）の方法を行じさせる。何を四種とするのかというと、一つには恭敬修。それはかの阿弥陀如来およびかのすべての聖衆がたを、つつしんで尊敬し礼拝するから恭敬修という。命終るまで誓って中止しない、これが長時修である。二つには無余修。それは専ら阿弥陀仏の名号を称え、かの仏やすべての聖衆がたを専ら念じ、専ら想い、専ら礼し、専ら讃えて、他の行をまじえないから無余修という。命終るまで誓って中止しない、これが長時修である。三つには無間修。それは相続して恭敬・礼拝し、称名・讃嘆し、憶念・観察し、回向発願するのに、心々が相続して他の行をもって挟まないから無間修という。また貪欲（むさぼり）・瞋恚（いかり）などの煩悩をもってはさまないようにする。もしこれを犯せば、すぐに懺悔して、念を隔てず、時を隔てず、日を隔てずに、つねに清浄ならしめる、これもまた無間修という。命終るまで誓って中止しない、これが長時修である」

『西方要決』にいわれてある。「ただ四修を修めるのをもって正しい作業とする。一つには長時修。仏道への志をおこしてから仏果（さとり）を得るまで、つねに往生浄土への因を行じて最後まで退かないことである。二つには恭敬修。これにまた五つがある。一つには有縁の聖人（阿弥陀仏など）を敬う。（中略）二つには有縁の仏像と教法を敬う。（中略）三つには有縁の善知識を敬う。（中略）四つには同縁の伴《とも》を敬う。五つには三宝を敬う。（中略）三つには無間修。すなわち常に仏を念じて往生の想いをする。一切の時において心にいつもそのように想いをめぐらせ。（中略）四つには無余修、すなわち専ら極楽を願って阿弥陀仏を礼拝・念仏する。すべてその他のもろもろの行業はまじえて起してはならない。なすところの行業は日ごとに念仏・読経を修して、他の課をしないようにせよ。

わたくしにいう。四修の文は見ればわかるから、煩雑になるのを恐れて解釈しない。ただし前の文に四修といって、ただ三修のみがあるが、もしは文が脱けているのであろうか。もしはその意味があるのであろうか。決してその文が脱けているのではなくて、その深い意味があるのである。どうしてそれが知られるかというと、四修というのは、一つには長時修、二つには慇重修《おんじゅうしゅ》（恭敬修）、三つには無余修、四つには無間修である。しかるにはじめの長時修は、後の三修にみな通じせしめるからである。すなわち慇重修がもし中途で退《しりぞ》くならば、慇重の行は成ずることができない。また無余修がもし中途で退くならば、無余の行は成ずることができない。また無間修がもし中途で退くならば、無間の行は成ずることができない。この三修の行を成就させるために、みな長時修を三修に属して通じて修せしめるのである。ゆえに三修のおのおのを結ぶところにみな「命終るまで誓って中止しない、これが長時修である」（『往生礼讃』）というのである。例えば六波羅蜜の行の中で、かの精進の行が他の五度《ごど》の行に通ずるようなものである。

## 【講　読】

### 標章の文について

四修章は次のような構成となっています。

標章の文――念仏の行者四修の法を行用すべき文
引　文┬『往生礼讃』の文
　　　└『西方要決』の文
私　釈――長時修は他の三修すべてに通じて必要なることを明かす

まず標章の文に「念仏の行者四修の法を行用すべき文」とありますが、念仏の人は、どのようにしてこの念仏を実践すべきかが述べられます。四修とは、（一）恭敬修（身心ともに敬いの姿勢を保つこと）、（二）無余修（他の行は修めないこと）、（三）無間修（とぎれなく、称名念仏を修すること）、（四）長時修（臨終にいたるまで長時に修すること）の四つの実践方法を言います。標章の文で「行用すべき文」とありますが、法然聖人はこれら四修を用いること、換言すれば、称名念仏の実践を重視しておられたことが知られます。

## 『往生礼讃』の引文について

善導大師の『往生礼讃』前序に、安心、起行、作業の順で、称名念仏の実践方法が説かれています。今、この作業が、四修として詳しく説かれています（『註釈版聖典（七祖篇）六五六頁参照）。原文に従って、四修の定義が示されています。

恭敬修—仏および、すべての聖衆がたを心より臨終に到るまで敬い礼拝する。

無余修—かの仏の名を称して、専念専想し、かの仏および、一切の聖衆等を礼讃して、余の行業をまじえず、専ら称名を専修する。

無間修—相続して、恭敬礼拝し、称名讃歎する。阿弥陀仏を憶念し観察し、回向発願して、その想いを相続し、他の行業をまじえない。またさまざまな煩悩が生じてくれば、その折に懺悔し、つねに清浄の心を保つ。

このように、三修が称名念仏の心がまえとして説かれますが、いずれにも「畢命《ひつみょう》を期《ご》となして誓《ちか》ひて中止《ちゅうし》せざる、すなはちこれ長時修なり」（命終るまで誓って中止しないので、長時修と言います）の文が附言されています。四修と言っても、図示すれば、

恭敬修↙
無余修↓　長時修
無間修↘

と、三修いずれも臨終まで相続することが強調されているのです。

『往生礼讃』では、称名念仏する者の心がまえは、阿弥陀仏とその聖衆がたを心より敬い礼拝し、称名念仏して、余の行業をまじえず、さまざまな煩悩が生じても懺悔し、阿弥陀仏と聖衆がたを専想し、臨終まで、そのような生活を相続しつづけるという厳しい内容になっているのです。

## 『西方要決』の文について

次に慈恩大師基の著と伝えられる『西方要決』を引文します。ここでは、はじめに「長時修」が出されます。仏道を求めはじめてからさとり（菩提）にいたるまで、つねに往生浄土の因業を行じて、最後まで退かないこととあります。

恭敬修では、次のように敬う対象を五種あげて、より具体的に説明しています。

①有縁の聖人（阿弥陀仏など）を敬い、行住坐臥、西方に背を向けず、涕唾便痢《ていだべんり》（泣き、唾《つば》をはき、大・小便などの行為）の時は、西方に向かって行わないこと。
②有縁の像教《ぞうきょう》（仏像と教法）を敬うこと。（仏像については）西方の阿弥陀仏像を作り、西方浄土変《へん》相《そう》の図を描くこと。もしくは広く像を作ることが出来ない時には、ただ一仏と二菩薩（阿弥陀仏と観音・勢至）の像を作りなさい。（教法については）『阿弥陀経』などを五色の袋におさめて、みずから読み、他の人にその教えをすすめよ。この経典と仏像を安置し、六時（一日に六回）に礼拝し、懺悔し、華香をもって供養し、特に尊びなさい。
③有縁の善知識を敬うこと。すなわち、浄土の教えを宣《の》べる人を敬い重んじ、親しみ近づいて供養すべきである。別学の者（他の行法を学んでいる者）にも敬う心を起すべきである。
④同縁の伴を敬う。すなわち、同じ行業を修する者で、障り重く、独りで行業が成じないとしても、良き朋《とも》によりて行をなせば、互いに助け合うことができる。ゆえに同伴の善い因縁を深くお互いに保ちあわなければならない。
⑤三宝（仏《ぶっ》法《ぽう》・法《ほう》宝《ぼう》・僧《そう》宝《ぼう》）を敬うこと。仏法を保持するというのは、香木に彫ったり、綾絹《あやぎぬ》に織りこんだり、生地《きじ》のままの像（木彫りのままの像）や、金箔《きんぱく》をほどこした像に玉を散りばめたもの、あるいは絹の生地に図画したり、石に磨き、土に削って作られた仏像など、これらの霊像を特に

尊ぶのである。この像の形をみたてまつれば、罪が滅せられ、善根が増し、真仏を見ることになる。

法宝は、三乗《さんじょう》（声聞・縁覚・菩薩）のみ教えであって、法界《ほうかい》より流れ出た教えである。その法句のあらわすところは、さとりのてがかりとなるから、智慧を生ずる基本となる。尊い経を書写し、つねに浄らかな部屋に安置したり、箱に入れて貯え、大事にして敬うべきである。読誦の時は、身体や手を清めねばならない。

僧宝とは、聖僧、菩薩、破戒の人びとのことである。これらの人びとを平等に敬うべきである。

次に無間修とは、つねに念仏して往生の心をなすことであると示しています。心につねに想いつづけることであるということが、わかりやすく譬えられていますが、帰するところ、久しく生死に流転し、煩悩に迫められている身が、善縁に遇い、慈父《じふ》である阿弥陀仏の弘願《ぐがん》はあらゆる人びとをお救い下さることを聞いて、浄土に生れんと願う。このゆえに、つとめはげんで、仏恩を念じ、生涯をつくして、その想いをつくすべきである、と述べられています。

そして無余修とは、専ら極楽に生れんと願って阿弥陀仏を礼拝・念仏することで、諸余の行業をまじえて起さず、念仏・読経を修して、一日の日課となすべきであると述べられます。

このように『西方要決』では、四修について、わかりやすく、具体例をあげつつ、その重要性が説かれています。

しかも四修は、長時修より順次に説かれ、長時修の内容が、仏道修行の心を発してからさとりを得るまで、往生浄土の因業を修すべきであると説かれています。一方、すでにみた『往生礼讃』では、長時修は、臨終まで、他の三修を相続する意であるとみている点に特色があると言えましょう。窺基の作と伝えられているように、『西方要決』では、浄土願生を述べつつも、「菩提に至るまで」にも注目していると言えましょう。

次に恭敬修について詳述されている点が注目されます（原文の紹介は省略いたしました）。すでに述べたように①有縁の聖人を敬う、②有縁の像教を敬う、③有縁の善知識を敬う、④同縁の伴を敬う、⑤三宝を敬う、と述べて、いずれも具体例をあげて、いかに恭敬の心が重要であるかを述べるのです。「四修章」に『西方要決』が引証される理由も、念仏申す者の仏事や仏具のすべてを敬う基本姿勢を明らかにしているとみることが出来ましょう。

## 私釈について

私釈では、すでに述べた『往生礼讃』の四修をとりあげ、その真意を明らかにします。四修と言いつつ、三修しか述べていないのは何故か、「その文《もん》を脱《だっ》せるか、もしはその意《こころ》あるか」と問いを発《おこ》し、「脱文《だつもん》にあらず。その深《ふか》き意《こころ》を有《ゆう》するなり」と重要な意味があることを示します。

はじめの長時修は、後の三修に通用する意味があり、慇重（恭敬）の心が退くようなことがあれば、慇重の行は成じないと指摘します。無余修も、無間修も相続し、退することがあってはならないので、「この三修の行」を完成させるためにいずれも「畢命《ひつみょう》を期《ご》となして誓《ちか》ひて中止《ちゅうし》せざる」（命終るまで誓って中止しない）と述べるのです。

念仏者の実践は、命終るまで続けることが大切で、「三修」すべて長時修で結ばれると指摘します。くりかえしになりますが、仏事、仏具すべてに心から敬いの心をもち、専ら称名念仏を相続し、しかも余の行業を修めるのではなく、称名一行を命終るまで、中止することなく実践する。そこに真摯な念仏者の生き方があることを強調されるのです。

称名念仏は、選択本願の念仏であり、疑いながらの念仏ではありません。三心必具の念仏、本願に順ずる念仏を命終にいたるまで相続するところに念仏者の基本の生活があることを示されます。「臨命終るまでとは、「浄土に往生するまで、ただ念仏申す生活を続ける」とお教えいただきます。「臨終まで称名念仏申さねばならないのですか」というように、これを条件とみるのではなく、自然なる念仏者の実践であります。晩年の法然聖人は、「日に六万遍、七万遍の念仏を申された」と伝記にありますが、四修を重視され、生涯念仏を実践された法然聖人の生涯をしのぶことが出来ます。

なお法然聖人が、ご臨終近くに語られた「一枚起請文」（法然聖人のご遺言の法語とも伝えられています）には、「三心《さんしん》・四修《ししゅ》と申《もう》すことの候《そうろ》ふは、みな決定《けつじょう》して南無阿弥陀仏《なもあみだぶつ》にて往生《おうじょう》するぞと思《おも》ふうちに籠《こも》り候《そうろ》ふなり」（『註釈版聖典』一四二九頁）とあります。帰するところ、阿弥陀仏の本願に従って浄土に往生すると思ってお念仏申すところに、三心・四修すべてが含まれていますとおっしゃっておられます。真摯なお念仏にすべてが含まれているとお教えいただきます。

四修章を学ばさせていただきながら、あらためて、私自身にも「お念仏申しましょう」と問いかける事が大切であります。

# 第十章　化讃章のこころ

## 本文と意訳

### 【本　文】

弥陀《みだ》の化仏来迎《けぶつらいこう》して、聞経《もんきょう》の善《ぜん》を讃歎《さんだん》せずして、ただ念仏《ねんぶつ》の行《ぎょう》を讃歎《さんだん》したまふ文《もん》。

『観無量寿経《かんむりょうじゅきょう》』にのたまはく、「あるいは衆生《しゅじょう》ありてもろもろの悪業《あくごう》を作《つく》り、方等経典《ほうどうきょうてん》を誹《ひ》謗《ほう》せずといへども、かくのごときの愚人《ぐにん》、多《おお》く衆悪《しゅあく》を造《つく》りて慚愧《ざんぎ》あることなし。命終《いのちおわ》らんと欲《ほっ》する時《とき》、善知識《ぜんぢしき》の、ために大乗《だいじょう》の十二部経《ぶきょう》の首題《しゅだい》の名字《みょうじ》を讃《ほ》むるに遇《あ》はん。かくのごときの諸経《しょきょう》の名《な》を聞《き》くをもってのゆゑに、千劫《せんごう》の極重《ごくじゅう》の悪業《あくごう》を除却《じょきゃく》す。智者《ちしゃ》また教《おし》へて、掌《たなごころ》を合《あわ》せ手《て》を叉《あざ》へて〈南無阿弥陀仏《なもあみだぶつ》〉と称《しょう》せしむ。仏《ぶつ》の名《みな》を称《しょう》するがゆゑに、五十億劫《おくこう》の生死《しょうじ》の罪《つみ》を除《のぞ》く。その時《とき》かの仏《ぶつ》、すなはち化仏《けぶつ》・化観世音《けかんぜおん》・化大勢至《けだいせいし》を遣《つか》はして、行者《ぎょうじゃ》の前《まえ》に至《いた》らしめ、〈化仏等《けぶつとう》の〉讃《ほ》めてのたまはく、〈善男子《ぜんなんし》、なんぢ仏名《ぶつみょう》を称《しょう》するがゆゑにもろもろの罪消滅《つみしょうめつ》すれば、われ来《きた》りてなんぢを迎《むか》ふ〉」と。

同経《どうきょう》の『疏《しょ》』（散善義）にいはく、「聞《き》くところの化讃《けさん》、ただ称仏《しょうぶつ》の功《こう》を述《の》べて、〈われ来《きた》りてなんぢを迎《むか》ふ〉と、聞経《もんきょう》の事《じ》を論《ろん》ぜず。しかるに仏《ぶつ》の願意《がんい》に望《のぞ》めれば、ただ励《すす》めて正念《しょうねん》に名《みな》を称《しょう》せしむ。往生《おうじょう》の義《ぎ》、疾《と》きこと雑散《ぞうさん》の業《ごう》に同《おな》じからず。この『経《きょう》』（観経）および諸部《しょぶ》のなかのごとき、処々《しょしょ》に広《ひろ》く歎《たん》じて、勧《すす》めて名《みな》を称《しょう》せしむ。まさに要益《ようやく》となす、知《し》るべし」と。

わたくしにいはく、聞経《もんきょう》の善《ぜん》これ本願《ほんがん》にあらず。雑業《ぞうごう》のゆゑに化仏《けぶつ》讃《ほ》めたまはず。念《ねん》仏《ぶつ》の行《ぎょう》はこれ本願正業《ほんがんしょうごう》のゆゑに、化仏讃歎《けぶつさんだん》したまふ。しかのみならず、聞経《もんきょう》と念仏《ねんぶつ》とは滅罪《めつざい》の多少不同《たしょうふどう》なり。『観経疏《かんぎょうしょ》』（散善義）にいはく、「問《と》ひていはく、なんがゆゑぞ、経《きょう》を聞《き》くこと十二部《ぶ》なるに、ただ罪《つみ》を除《のぞ》くこと千劫《せんごう》、仏《ぶつ》を称《しょう》すること一声《しょう》するには、すなはち罪《つみ》を除《のぞ》くこと五百万劫《ひゃくまんごう》なるは、なんの意《こころ》ぞや。答《こた》へていはく、造罪《ぞうざい》の人障重《ひとさわりおも》くして、加《くわ》ふるに死苦《しく》来《きた》り逼《せ》むるをもつてす。善人《ぜんにん》多経《たきょう》を説《と》くといへども、餐受《さんじゅ》の心浮散《しんふさん》す。心散《しんさん》ずるによるがゆゑに、罪《つみ》を除《のぞ》くことやや軽《かろ》し。また仏名《ぶつみょう》はこれ一なれば、すなはちよく散《さん》を摂《せっ》してもつて心《しん》を住《じゅう》せしむ。また教《おし》へて正念《しょうねん》に名《みな》を称《しょう》せしむ。心重《しんおも》きによるがゆゑに、すなはちよく罪《つみ》を除《のぞ》くこと多劫《たこう》なり」と。

（『註釈版聖典（七祖篇）』一二五三～一二五五頁）

## 【意　訳】

阿弥陀仏の化仏《けぶつ》が来迎《らいこう》して、聞経《もんきょう》の善を讃嘆されずに、ただ念仏の行のみを讃嘆せられるの文。

『観無量寿経』に説かれてある。人々の中で、さまざまの悪業をつくり、大乗の経典を謗るようなことはないが、いろいろの悪をつくって、少しも心に恥じることを知らない愚かな人たちがある。こういう人が、命の終ろうとするとき、善知識がその人のために大乗のいろいろな経典の題号のいわれをほめたたえるのに遇う。すると、これらのいろいろの経題の名を聞いたばかりで、千劫《せんごう》の間のきわめて重い悪業が除かれる。さらに善知識は、その人に合掌して南無阿弥陀仏を称えよと教える。この教にしたがって、仏のみ名を称えることにより、五十億劫という長い間の生死の罪がすべて除かれるのである。このとき阿弥陀仏は化仏と観音・勢至の化菩薩をお遣わしになり、これらの化仏と化菩薩が、その人の前にきてほめたたえて仰せられるには、「行者よ、あなたはよく仏のみ名を称えたので、多くの罪がなくなった。そこでわれわれはここに来て、あなたを迎えるのである」と。

同じ経の疏《しょ》（「散善義」）にいわれてある。行者の聞いたところの化仏の讃嘆は、ただ称名の功を述べて「我は来《きた》って汝を迎える」と述べられて、経を聞いた善根のことはいわれない。ところで、阿弥陀仏の本願の意に望めれば、ただ自力を離れて正しい信をもって名号を称えることを勧められる。速やかに往生のできることは、自力の雑善の行とは同じではない。この『観経』およびほかの経典の処々に広く讃嘆せられてあるのは、勧めて称名させることを要《かなめ》とされるのである。これをよく知るべきである。

わたくしにいう。聞経の善は本願の行ではなく、雑行であるから、化仏がこれを讃嘆せられず、念仏の行は本願に誓われた正業であるから、化仏が讃嘆せられるのである。それだけではなく、聞経の善と念仏とは滅罪の多少が同じでない。『観経疏』「散善義」にいわれる。

問うていう。大乗十二部経の題号のいわれを聞けば、ただ千劫の罪を除くのに、阿弥陀仏の名号を称えること、わずか一声で五百万劫の罪を除くのは、どういうわけであるのか。

答えていう。罪を造る人は障りが重く、それに加えて、死の苦しみがまた迫っているから、善知識が多くの経典のいわれを説いても、それを受けいれる心が浮散《ふさん》している。心が散るから罪を除くことがやや軽い。それに対して、阿弥陀仏の仏名は境が一つであるから、よく散ることを摂めて、心を一つにとどめさせる。また教えて、心乱れず名号を称えさせるならば、その心が落ち着いているから、よく多劫の罪を除くことができるのである。

## 【講　読】

### 標章の文について

化《け》讃章《さんしょう》は次のような構成となっています。

標章の文——弥陀の化仏来迎して、聞経の善を讃歎せずして、ただ念仏の行を讃歎したまふ文

引　文——『観経』下品上生の文
　　　　『観経疏』「散善義」下品上生の文の解釈

私　釈——聞経の善が讃嘆されず、念仏のみが讃嘆される理由を明らかにする

標章の文には「弥陀の化仏来迎して、聞経の善を讃歎せずして、ただ念仏の行を讃歎したまふ文（阿弥陀仏の化仏が来迎して、聞経の善を讃歎されずに、ただ念仏の行のみを讃歎せられるの文）」とあります。

以下、この標章の文の内容を、『観経』下品上生の文を引いて証明されます。悪業をかさねてきた下品上生の者が、さまざまな大乗経典の題名を聞くという「聞経」の善縁にめぐまれ、罪が消滅

することが説かれているが、その善縁に中心があるのではなく、化仏・化観音《けかんのん》・化大勢至《けだいせいし》が来迎され、讃歎される真意は、ただ念仏行を修するところにあると説かれます。化讃章という章題も、多くの化仏が来迎する意《こころ》は念仏行を讃えることであるという意味であり、『選択集』全体の主題が、この章の結論としても示されているとみることが出来ます。

## 『観経』下品上生の引文

この化讃章では、標章の文に続く文に『観経』下品上生の文（『註釈版聖典』一一三頁）が引かれるので、まずこの下品上生の文について考察しておきたいと思います。

はじめに、『観経』上品三生、中品三生がとりあげられず、下品上生が引文されていることに注目したいと思います。上品、中品には、さまざまな善行をなした人に、臨終来迎が説かれ、往生の様子が示されていますが、下品三生には、悪業をかさねた者の往生が説かれますので、今は、下品上生をもって、下品三生の念仏往生をこの章で代表せしめているとみることができます。

下品三生のなか、本章に引用される下品上生の衆生は、もろもろの悪業をなし、大乗経典を謗《そし》るようなことはしないけれど、悪業をかさねながら慚愧《ざんぎ》の心がない人と説かれています。悪業をかさねながら、自らのなす行いが、いかに人を傷つけているかに気づかぬ人とも言えるでしょう。慚愧なき人でも往生が説かれるのです。

このような衆生が、いよいよ命終に臨んで、善知識が大乗のもろもろの経典の題号のいわれを讃《ほ》めたたえる縁に遇います。この聞経の善縁によって、「千劫の極重の悪業（千劫の間なしてきたきわめて重い悪業）」が除かれると説かれます。すなわち滅罪されることが説かれます。

さらに善知識は、合掌して「南無阿弥陀仏」と称えるよう、称名念仏をすすめます。「お念仏を申しなさい」「お念仏を申しなさい」と勧められ、それに従って称名念仏すると、「五十億劫の生死の罪（五十億劫の間、生死界＝まよいの世界にあってかさねてきた、悪業の罪）」が滅せられると説かれます。その時に、阿弥陀仏は、化仏や観音、勢至の諸菩薩を臨終来迎せしめ、これらの化仏と化菩薩が、「あなたは、称名念仏するがゆえに、もろもろの悪業が滅せられたので、私たちはあなたを迎えに来ました」と讃えられるのです。

順を追って、下品上生の文を読めば、聞経による滅罪と称名念仏による滅罪が説かれているけれど、善知識は、悪業をかさねてきた人びとに、具体的に「南無阿弥陀仏」と称える称名念仏を勧められ、「化仏」もその称名念仏を讃められることが知られます。この『観経』の上では、臨終ぎりぎりの時に、お念仏申すことが、いかに大事かが説かれるのです。

## 『観経疏』下品上生釈の意

次に善導大師の『観経疏』下品上生釈を引いて、化讃章で明らかにされようとすることをさらに明確にされます。

今、ここに引文される部分は一部であって、『観経疏』下品上生釈では、逐次に文が解釈され、次第に焦点が絞られてきます。次のようなことも問答されています。慚愧なきものが、大乗経典の名前を聞く時には、ただ千劫の罪が滅せられるのに対して、仏名を称する時には一声で五百万劫もの罪が滅せられる理由を問答しています。その理由として、造罪の人は障り重く、しかも死苦《しく》が逼《せま》っているので、善知識が多くの経典の名前を説き、聞経の善縁を説いても、教えを受け入れる心（餐受《さんじゅ》の心）が散り乱れるので、滅罪の内容が軽くなっているのであると述べています。

一方、仏名《ぶつみょう》を称することは、一仏名を称えることであるから散心を定心となすことが出来ると説き、称名念仏の方が、心が落着き、統一されるからとその理由を示すのです。聞経よりも称名念仏の方が心が統一され散心とならず、滅罪においても大きな利益を得ることを述べています（『註釈版聖典（七祖篇）』四八九頁参照）。

このような問答があって、この『選択集』での要《かなめ》の引文（『同』四九〇頁）に続きます。善導大師は、『観経』で、化仏・化観音・化大勢至が仏名を称することを讃えられる意は、「仏の願意に望むれば、ただ励めて正念に名を称せしむ。往生の義、疾きこと雑散の業に同じからず（阿弥陀仏の本願の意に望めれば、ただ自力を離れて正しい信をもって名号を称えることを勧められる。速やかに往生のできることは、自力雑善の行と同じではない）」と述べています。これは、注目すべき説示です。「本願の意に望めれば」と本願に従う称名念仏のすすめであり、そこに正念に住することとなり速やかに往生するから、自力の行業とは異なると述べています。

さらに注目すべきは、この引文の結びに「この『経』（観経）および諸部のなかのごとき、処々に広く歎じて、勧めて名を称せしむ。まさに要益となす（この『観経』および、ほかの経典の処々に広く讃歎せられてあるのは、勧めて称名させることを要とされる）」と説くことです。いかに称名念仏が自力の行業と異なり重要であり、しかも『観経』だけではなく諸経典にも称名念仏が重視されているかが強調されています。ここでは、善導大師が「仏の願意に望むれば」と本願に従う称名念仏であるから化仏の讃歎があると指摘する点は、特に注目すべきであります。

## 法然聖人の結び

こうして、法然聖人は『観経』と善導大師の『観経疏』の下品上生釈を引文し、私釈において明確に結論づけられます。すなわち、聞経の善は本願の行業ではないので雑業（念仏以外のさまざまな行業）です。雑業ですから化仏は讃歎されないのです。称名念仏は本願の行であり、他力の念仏ですから、化仏は讃歎されるのですと結ばれています。

なお私釈ではすでに述べた聞経と念仏についての滅罪の多少についても論じていますが、先に引文した『観経疏』下品上生釈の問答をそのまま引いて、法然聖人自身の見解は示されていません。くりかえしになりますが、善知識が次々と大乗のいろいろな経典の名前をあげて聞経の善縁を結んでも、往生人は、臨終の苦に逼《せ》められて、正念に住することが出来ないのです。

他方、一仏名を専修することは、どんなに苦に逼められていても「一仏名」であり易行であるから心が乱れず、正念に住すると述べています。帰するところは、本願の行であるから易行であり、往生の正《まさ》しき行業とみているのです。化讃章で、化仏に讃歎される称名念仏も、すでにみた本願章の勝易の二徳が基本となっているのです。

このように化讃章を拝読しますと、法然聖人は、『観経』下品上生の文中に、一生悪業をかさね、しかも慚愧なきものに聞経と称名念仏の往生業《おうじょうごう》が説かれ、その往生業に滅罪が説かれていることに注目し、しかも、「称南無阿弥陀仏」と阿弥陀仏の一仏名を専修することに注目し、化仏がその仏名を称することを讃えて、滅罪と往生が説かれることを重視されていることが知られます。さらに『観経疏』では、称名念仏を重視するのは、「仏の本願の意による」と述べられる点に注目して、私釈では、聞経等は自力の行であり、本願の行業ではないので「雑業」であるとまで明確に示されます。

このように化讃章の意をつめてきますと、阿弥陀仏のはたらきによって化仏や化観音、化大勢至菩薩が臨終に来迎することも、選択本願の行業、他力の称名念仏を平生において修めていくことにあり、平生の念仏が、臨終の念仏に相続されているものと考えられます。臨終の念仏による往生の行業を注目しつつ、時と処《ところ》を問わない、選択本願の他力の念仏を問題にしていますから、帰するところは、臨終・平生を問わない、本願に順ずる念仏を重視していることであります。

# 第十一章　讃歎念仏章のこころ

## 本文と意訳（一）

### 【本　文】

雑善《ぞうぜん》に約対《やくたい》して念仏《ねんぶつ》を讃歎《さんだん》する文《もん》。

『観無量寿経《かんむりょうじゅきょう》』にのたまはく、「もし仏《ぶつ》を念《ねん》ずるもの、まさに知《し》るべし、この人《ひと》はすなはちこれ人中《にんちゅう》の分陀利華《ふんだりけ》なり。観世音菩薩《かんぜおんぼさつ》・大勢至菩薩《だいせいしぼさつ》、その勝友《しょうう》となる。まさに道場《どうじょう》に坐《ざ》して諸仏《しょぶつ》の家《いえ》に生《うま》るべし」と。同経《どうきょう》の『疏《しょ》』（散善義）にいはく、「〈若念仏者《にゃくねんぶつしゃ》〉といふより下《しも》〈生《しょう》諸仏家《しょぶつけ》〉に至《いた》るまでよりこのかたは、まさしく念仏三昧《ねんぶつざんまい》の功能超絶《くのうちょうぜつ》して、実《じつ》に雑善《ぞうぜん》の比類《ひるい》となすことを得《う》るにあらざることを顕《あらわ》す。すなはちその五あり。一にはもつぱら弥陀仏名《みだぶつみょう》を念《ねん》ずることを明《あ》かし、二には能念《のうねん》の人《ひと》を讃《ほ》むることを明《あ》かし、三にはもしよく相続《そうぞく》して念仏《ねんぶつ》すれば、この人《ひと》ははなはだ希有《けう》となし、さらに物《もの》としてもつてこれに方《なら》ぶべきことなきことを明《あ》かす。ゆゑに分陀利《ふんだり》を引《ひ》きて喩《たと》へとなす。〈分陀利《ふんだり》〉といふは、人中《にんちゅう》の好華《こうけ》と名《な》づけ、また希有《けう》華《け》と名《な》づけ、また人中《にんちゅう》の上上華《じょうじょうけ》と名《な》づけ、また人中《にんちゅう》の妙好華《みょうこうけ》と名《な》づく。この華相伝《はなそうでん》して蔡《さい》華《け》と名《な》づく。この念仏《ねんぶつ》のものは、すなはちこれ人中《にんちゅう》の好人《こうにん》なり、人中《にんちゅう》の妙好人《みょうこうにん》なり、人中《にんちゅう》の上上人《じょうじょうにん》なり、人中《にんちゅう》の希有人《けうにん》なり、人中《にんちゅう》の最勝人《さいしょうにん》なり。四《よつ》にはもつぱら弥陀《みだ》の名《みな》を念《ねん》ずれば、すなはち観音《かんのん》・勢至《せいし》つねに随《したが》ひて影護《ようご》したまふこと、また親友知識《しんぬちしき》のごとくなることを明《あ》かす。五には今生《こんじょう》にすでにこの益《やく》を蒙《こうむ》りて、命《いのち》を捨《す》ててすなはち諸仏《しょぶつ》の家《いえ》に入《い》ることを明《あ》かす。すなはち浄土《じょうど》これなり。かしこに到《いた》り長時《じょうじ》に法《ほう》を聞《き》きて歴事《りゃくじ》し供養《くよう》す。因円《いんまど》かに果満《かまん》ず。道場《どうじょう》の座、あに賒《おそ》からんや」と。

わたくしに問《と》ひていはく、『経《きょう》』（観経）には、「もし仏《ぶつ》を念《ねん》ずるもの、まさに知《し》るべし、この人《にん》」等《とう》といふは、ただ念仏者《ねんぶつしゃ》に約《やく》してこれを讃歎《さんだん》す。釈《しゃく》の家《いえ》（善導）なんの意《こころ》ありてか、「実《じつ》に雑善《ぞうぜん》の比類《ひるい》となすことを得《う》るにあらず」（散善義）といひて、雑善《ぞうぜん》に相対《そうたい》して独《ひと》り念仏《ねんぶつ》を歎《ほ》むるや。答《こた》へていはく、文《もん》のなかに隠《かく》れたりといへども、義意《ぎい》これ明《あき》らけし。知《し》る所以《ゆえん》は、この『経《きょう》』（観経）すでに定散《じょうさん》の諸善《しょぜん》ならびに念仏《ねんぶつ》の行《ぎょう》を説《と》きて、そのなかにおいて孤《ひと》り念仏《ねんぶつ》を標《ひょう》して分陀利《ふんだり》に喩《たと》ふ。雑善《ぞうぜん》に待《たい》するにあらずは、いかんがよく念仏《ねんぶつ》の功《こう》の余善諸行《よぜんしょぎょう》に超《こ》えたることを顕《あらわ》さん。しかればすなはち「念仏者《ねんぶつしゃ》はすなはちこれ人中《にんちゅう》の好人《こうにん》」とは、これ悪《あく》に待《たい》して美《ほ》むるところなり。「人中《にんちゅう》の妙好人《みょうこうにん》」といふは、これ粗悪《そあく》に待《たい》して称《しょう》するところなり。「人中《にんちゅう》の上上人《じょうじょうにん》」といふは、これ下下《げげ》に待《たい》して讃《ほ》むるところなり。「人中《にんちゅう》の希有人《けうにん》」といふは、これ常有《じょうう》に待《たい》して歎《ほ》むるところなり。「人中《にんちゅう》の最勝人《さいしょうにん》」といふは、これ最劣《さいれつ》に待《たい》して褒《ほ》むるところなり。

（『註釈版聖典（七祖篇）』一二五五～一二五七頁）

## 【意訳】

雑善に対して念仏を讃嘆せられるの文。

『観無量寿経』（『観経』）に説かれている。もし念仏する者は、まさに知るべきである。この人は人々の中での分陀利華《ふんだりけ》（白蓮華《びゃくれんげ》）にたとえられる。観音・勢至の二菩薩は、その人のためにすぐれた友となってくだされる。そこで、その人は諸仏の家である無量寿仏の浄土に生れて、かならずさとりを開くであろう。

『観経』の註釈書である『観経疏』「散善義」にいわれてある。「もし念仏する者は」より「諸仏の家に生ず」までは、まさしく念仏三昧の功能が超えすぐれて、実に雑善と比べることができないことをあらわすのである。その中に五つある。一つには、もっぱら弥陀の名号を称えることを明かす。二つには、よく念仏する人をたたえることを明かす。三つには、もしよく相続して念仏する人は、はなはだたぐい希《まれ》であって、ほかにこれを比べられるものがないから、分陀利華（白蓮華）をもってたとえとすることを明かす。分陀利華というのは、人間の世界の中での好華《こうけ》と名づけ、また希有の華と名づけ、また人中の上々の華とも名づけ、また妙好華とも名づける。この華は、古来伝えて蔡華《さいけ》（めでたい花）と名づけているのがそれである。もし念仏する人は、人々の中での好人《こうにん》であり、妙好人であり、上々人《じょうじょうにん》であり、希有人《けうにん》であり、最勝人《さいしょうにん》である。四つには、もっぱら阿弥陀仏の名号を称える人を、すなわち観音・勢至の二菩薩はいつも影のかたちにしたがうように護ってくださる。また親しい友達となってくださるということを明かす。五つには、この世ですでにこのような利益を受けており、命終って仏の家に生れるであろう。すなわちそれは浄土のことである。かの浄土に往生し、とこしえに尊い法を聞き、また他方の世界に至って諸仏を供養するであろう。そこで成仏の因果が満足するのである。仏の座にのぼることが遠いことではないということを明かす。

わたくしに問うていう。『観経』には「もし念仏する者は、まさに知るべきである。この人は……」などといって、ただ念仏する人についてのみ讃嘆されている。善導大師はどういう意味があって、「実に雑善と比べることができない」といって、雑行に比べてただ念仏のみを讃嘆されるのか。

答えていう。経文の中に隠れてはいるが、その意味は明らかである。そうと知られるわけは、この『観経』には、すでに定・散の諸善と念仏とを説き、しかもその中でただ念仏のみを指して、分陀利華（白蓮華）にたとえられるのである。雑行に対して比べるのでなかったならば、どうして念仏の功徳が、その他の諸行に超えすぐれているということを顕《あらわ》すことができようか。そうであるから、念仏する人は「人々の中での好人である」というのは、これは悪に対してほめるのである。「人々の中の妙好人である」というのは、これは粗悪に対してほめるのである。「人々の中の上々人である」というのは、これは下々に対して讃めるのである。「人々の中の希有人である」というのは、これは常に有るものに対して歎《ほ》めるのである。「人々の中の最勝人である」というのは、これは最も劣ったものに比べて褒めるのである。

## 【講　読】

### 標章の文について

讃歎念仏章は次のような構成となっています。

標章の文――雑善に約対して念仏を讃歎する文

引　文――『観経』「流通分」
　　　　――『観経疏』「流通分」五種の嘉誉の文

私　釈――第一問答　念仏と諸行を対比（比較）する理由を述べる
　　　　――第二問答　何故、念仏を下々品に説くのか、その理由を述べる
　　　　――第三問答　念仏を下品上生に説く理由について述べ、さらに、始益《しやく》（現益《げんやく》）と終益《じゅうやく》（当益《とうやく》）について述べる

これらの構成からわかるように、もろもろの善行に対して、いかに念仏がすぐれた行であり、利益があるかを讃えるのが、この章です。

ただし標章の文には、「雑善に約対して念仏を讃歎する文」となっています。意味のわかりにくいところがあります。もろもろの諸行と念仏を対比して念仏を讃えられますが、後に引証する善導大師の『観経疏』では、念仏三昧に対して、諸行を雑善とあらわしているように、「もろもろの善行」を「雑善」とあらわしています。法然聖人の『選択集』「二行章」などでは、諸行を「雑行」とあらわしていますので、念仏は正定業であり、本願の念仏であるという意をみることが出来ます。帰するところ、「雑善」とも「雑行」ともあらわされる他のもろもろの善行と比較するときに、本願に選ばれた念仏の行をひたすら称え相続することが、いかにすぐれた行であるかを、明らかにしようとしていることがわかります。

## 『観経』「流通分」について

標章の文を直接証明するために、次のような『観経』の原文を引かれています。

『観無量寿経』にのたまはく、「もし仏を念ずるもの、まさに知るべし、この人はすなはちこれ人中の分陀利華なり。観世音菩薩・大勢至菩薩、その勝友となる。まさに道場に坐して諸仏の家に生るべし」

とあります。『観経』の結び近く、阿弥陀仏と観音、勢至の二菩薩の名を聞くものは、無量劫の生死の罪を除くと説いて、さらに「念仏するものは、人中の分陀利華（白蓮華）」であると讃えられます。また二菩薩がすぐれた友となり、諸仏の家である無量寿仏の浄土に生れ、かならずさとりを開くことが説かれています（『註釈版聖典』一一七頁）。

蓮華は、泥の中にありながら染まらない清らかな華であり、念仏者を蓮《はす》の華の中でも最も高貴な白蓮華と讃えられるところに、最もすぐれた尊い人であることをあらわします。

この『観経』の原文をうけて『観経疏』では、さらにこの「白蓮華の人」を讃えるのです。

## 『観経疏』の引文―五種の嘉誉について

『観経』の引用の原文を善導大師は解釈されて、「まさしく念仏三昧《ねんぶつざんまい》の功能超絶《くのうちょうぜつ》して、実《じつ》に雑善《ぞうぜん》の比類《ひるい》となすことを得《う》るにあらざることを顕《あらわ》す」（『註釈版聖典（七祖篇）』四九九頁）と述べます。実に思い切った表現になっています。

念仏三昧の功徳が「超絶している（最もすぐれている）」と示し、「雑善の比類となすことを得るにあらざることを顕す」と述べて、諸行を「雑善」とあらわし、絶対に比較できないほど、念仏三昧はすぐれているのですとあらわします。「念仏三昧」は、専ら称名念仏を相続する意味もあらわしますので、次にその絶対にすぐれている功徳の内容を、先に引証した『観経』の文を五つに分けて解釈され、詳しく述べています。

①『観経』に「もし仏を念ずるもの」とあるのは、専ら阿弥陀仏の名号を称えること、②「まさに知るべし、この人は」とは、よく念仏する人を讃えること、③「すなはちこれ人中の分陀利華なり」とあるのは、念仏を相続する人は、大変希《まれ》であり、他に比較することができないので、分陀利華と讃え、好華、希有華《けうけ》、上上華《じょうじょうけ》、妙好華《みょうこうけ》とあらわし、古来より伝えられる蔡華（めでたい千葉《せんよう》の白蓮華）とも名づけていると述べます。また、さらにかさねてこのような念仏三昧の人を、人中の好人、妙好人、上上人、希有人、最勝人と五種のすぐれたほめ言葉（嘉誉）で讃歎します。このように念仏者を讃えた後に、④「観世音菩薩・大勢至菩薩、その勝友となる」について、弥陀の名号を称えるものは、観音、勢至の二菩薩がつねに影のかたちのようによりそって護《まも》って下さり、親しい友となって下さると讃えます。最後に、⑤「まさに道場に坐して諸仏の家に生るべし」とあるのは、この世では、このような利益をうけ、命終すれば、仏の家である浄土に生れて、永遠に聞法し、他方世界に到って諸仏を供養すると説きます。

以上のように、五項目にわたって、ひたすら阿弥陀仏の名前を称えることが、いかにすぐれた利益を得ることであるかを明らかにしています。

また、浄土に往生した後の利益とこの世の利益について、すなわち当益と現益の二益についてしぼって述べている点に注目すべきでしょう。

## 私釈―第一問答について

つづいて私釈では、三つの問答が示されます。第一問答では、『観経』では、「もし仏を念ずるもの、まさに知るべし、この人」などと念仏者について讃えているのに、なぜ善導大師の『観経疏』では、「雑善の比類となすことを得るにあらず（雑善とは比較出来ないほど念仏がすぐれている）」と述べて、念仏を讃歎するだけでなく、諸行と比較するのであろうかと問いを発しています。答えについては二つに分けて述べています。

第一に『観経』では、念仏だけを讃えているようにみえるが、『観経』には、定善の行と散善の行とが説かれ、さらに念仏を分陀利華に譬えているので、「諸行と比較する内容が『観経』のなかにすでにふくまれているのです」と述べられます。

そして、「雑善に待するにあらずは、いかんがよく念仏の功の余善諸行に超えたることを顕さん（雑善に対し比べるのでなければ、どうして念仏の功徳が他の諸行に超えすぐれていることを顕すことができようか、出来ないのです）」と、大変強い表現で、雑善の行と比較するからこそ、念仏の功徳がいよいよすぐれていることがはっきりわかるのですと述べられます。

しかもこの私釈を注意深く拝読しますと、定善、散善の行を「雑善」とあらわし、また「余善」、「諸行」とも示されるのです。

善導大師のお心をうけながら、法然聖人の主張がよくわかります。『観経』にさまざまな諸行業が説かれてあっても、それらは「雑善」、「雑行」として廃される行であり、念仏こそが往生の行業なのですという廃立の意をよみとることが出来るのです。さらに『選択集』のこの讃歎念仏章の意をうけて、親鸞聖人が、『教行信証』の「真実の巻」に対する「化巻」において、諸行往生第十九願の行信について述べられる意は、善導大師や法然聖人の行業の見方の影響をうけていることが知られます。

この私釈第一問答で注目すべき第二点は、念仏者の五種の嘉誉をさらに解釈している点です。これを整理すれば、①「人中の好人」は悪に対し、②「人中の妙好人」は粗悪に対し、③「人中の上上人」は下下に対し、④「人中の希有人」は常有《じょうう》に対し、⑤「人中の最勝人」は最劣《さいれつ》に対し、最もすぐれた人が念仏者であると説きます。雑行を修することは、悪ともなり、粗悪ともなり、下下であり、常有であり、最劣であるとみることができるのに対して、念仏者を讃歎されるのです。

また、「ほめる」についても、①「美《ほ》むる」②「称《しょう》する」③「讃《ほ》むる」④「歎《ほ》むる」⑤「褒《ほ》むる」とさまざまな表現が示されています。さまざまな表現をとりながら、「言葉では表しきれない」最高の徳を有する念仏者と讃歎されるのです。

このように念仏は諸行業にすぐれた行であり、さらにその行業を修する念仏者を言葉をつくして讃えられるのです。

「讃歎念仏章」に注目される五種の嘉誉は、親鸞聖人の『教行信証』には「真仏弟子釈」に影響を与えています。直接に『観経疏』の文が引用されています（『註釈版聖典』二六二頁）。親鸞聖人は、信心の人は、仏になるべき身と定まった「現生正定聚の位」についた人であり、これを最高の嘉誉をもって讃えられるのです。

また江戸時代の末期になると、学僧による「妙好人伝」が成立します。ひたすら聞法し、念仏に生き、信心に生きた人を「妙好人」と讃え、その生き方を通して、他の人びとも念仏者の生き方を学ぶことになりました。江戸時代という時代的な制約はあるとしても、現在でも念仏に生きた妙好人の生き方は大きな影響を与えています。

讃歎念仏章を拝読しますと、その深いこころは、今の私たちにも大きな影響を与えていることが知られます。

## 本文と意訳（二）

### 【本 文】

問《と》ひていはく、すでに念仏《ねんぶつ》をもつて上上《じょうじょう》と名《な》づけば、なんがゆゑぞ、上上品《じょうじょうぼん》のなかに説《と》かずして下下品《げげぼん》に至《いた》りて念仏《ねんぶつ》を説《と》くや。答《こた》へていはく、あに前《さき》にいはずや。念仏《ねんぶつ》の行《ぎょう》は広《ひと》く九品《ぼん》に亘《わた》ると。すなはち前《さき》に引《ひ》くところの『往生要集《おうじょうようしゅう》』（下）に、「その勝劣《しょうれつ》に随《したが》ひて九品《ぼん》を分《わか》つべし」といふこれなり。しかのみならず下品下生《げぼんげしょう》はこれ五逆重罪《ぎゃくじゅうざい》の人《ひと》なり。しかるによく逆罪《ぎゃくざい》を除滅《じょめつ》すること、余行《よぎょう》の堪《た》へざるところなり。ただ念仏《ねんぶつ》の力《ちから》のみありて、よく重罪《じゅうざい》を滅《めっ》するに堪《た》へたり。ゆゑに極悪最下《ごくあくさいげ》の人《ひと》のために極善最上《ごくぜんさいじょう》の法《ほう》を説《と》くところなり。例《れい》するに、かの無明淵源《むみょうえんげん》の病《やまい》は、中道府蔵《ちゅうどうふぞう》の薬《くすり》にあらずはすなはち治《じ》することあたはざるがごとし。いまこの五逆《ごぎゃく》は重病《じゅうびょう》の淵源《えんげん》なり。またこの念仏《ねんぶつ》は霊薬《れいやく》の府蔵《ふぞう》なり。この薬《くすり》にあらずは、なんぞこの病《やまい》を治《じ》せん。ゆゑに弘法大師《こうぼうだいし》の『二教論《きょうろん》』に、『六波羅蜜経《ぱらみっきょう》』を引《ひ》きていはく、「（中略）」と。以上このなか、五無間罪《むけんざい》はこれ五逆罪《ぎゃくざい》なり。すなはち醍醐《だいご》の妙薬《みょうやく》にあらずは、五無間《むけん》の病《やまい》ははなはだ療《りょう》しがたしとなす。念仏《ねんぶつ》もまたしかなり。往生《おうじょう》の教《きょう》のなかに念仏三昧《ねんぶつざんまい》はこれ総持《そうじ》のごとく、また醍醐《だいご》のごとし。もし念仏三昧《ねんぶつざんまい》の醍醐《だいご》の薬《くすり》にあらずは、五逆深重《ぎゃくじんじゅう》の病《やまい》ははなはだ治《じ》しがたしとなす、知《し》るべし。

問《と》ひていはく、もししからば下品上生《げぼんじょうしょう》はこれ十悪軽罪《あくきょうざい》の人《ひと》なり。なんがゆゑぞ念仏《ねんぶつ》を説《と》くや。答《こた》へていはく、念仏三昧《ねんぶつざんまい》は重罪《じゅうざい》なほ滅《めっ》す。いかにいはんや軽罪《きょうざい》をや。余行《よぎょう》はしからず。あるいは軽《きょう》を滅《めっ》して重《じゅう》を滅《めっ》せざるあり。あるいは一を消《け》して二を消《け》さざるあり。念仏《ねんぶつ》はしからず。軽重兼《きょうじゅうか》ね滅《めっ》す、一切《さい》あまねく治《じ》す。たとへば阿伽陀薬《あかだやく》のあまねく一切《さい》の病《やまい》を治《じ》するがごとし。ゆゑに念仏《ねんぶつ》をもつて王三昧《おうざんまい》となす。（中略）

おほよそ五種《しゅ》の嘉誉《かよ》を流《なが》し、二尊《そん》（観音・勢至）の影護《ようご》を蒙《こうむ》る、これはこれ現益《げんやく》なり。また浄土《じょうど》に往生《おうじょう》して、乃至《ないし》、仏《ぶつ》になる、これはこれ当益《とうやく》なり。また道綽禅師《どうしゃくぜんじ》念仏《ねんぶつ》の一行《ぎょう》において始終《しじゅう》の両益《りょうやく》を立《た》つ。『安楽集《あんらくしゅう》』（下）にいはく、「〈念仏《ねんぶつ》の衆生《しゅじょう》を摂取《せっしゅ》して捨《す》てたまはず、寿尽《いのちつ》きてかならず生《しょう》ず〉（観経）と。これを始益《しやく》と名《な》づく。終益《じゅうやく》といふは、『観音授記経《かんのんじゅききょう》』によるに、〈阿弥陀仏《あみだぶつ》、世《よ》に住《じゅう》すること長久《じょうく》にして、兆載永劫《ちょうさいようごう》にまた滅度《めつど》したまふことあり。般涅槃《はつねはん》の時《とき》、ただ観音《かんのん》・勢至《せいし》ありて、安楽《あんらく》に住持《じゅうじ》し、十方《ぼう》を接引《しょういん》す。その仏《ぶつ》の滅度《めつど》また住世《じゅうせ》と時節《じせつ》等同《とうどう》なり。しかるにかの国《くに》の衆生《しゅじょう》は、一切《さい》、仏《ぶつ》を覩見《とけん》するものあることなし。ただ一向《こう》にもつぱら阿弥陀仏《あみだぶつ》を念《ねん》じて往生《おうじょう》するもののみありて、つねに弥陀《みだ》は現《げん》にましまして滅《めっ》したまはずと見《み》る〉と。これはすなはちこれその終益《じゅうやく》なり」と。以上 まさに知《し》るべし。念仏《ねんぶつ》はかくのごとき等《ら》の現当《げんとう》二世《せ》、始終《しじゅう》の両益《りょうやく》あり、知《し》るべし。

（『註釈版聖典（七祖篇）』一二五七～一二六二頁）

## 【意　訳】

問うていう。すでに念仏をもって上上というならば、どういうわけで上上品の中に説かないで、下下品に至って念仏を説くのであるか。答えていう。前（三輩章・利益章）に念仏の行はひろく九品にわたるといったではないか。すなわち前（三輩章）に引いた『往生要集』の中に「その勝劣に随って九品を分けるべきである」というのがこれである。それに加えて、下品下生は五逆の重罪を犯した悪人である。しかるによく逆罪を滅ぼすことは、諸行のできないところであって、ただ念仏の力のみが、よくその重罪を滅ぼすことができる。それ故、極悪最下の人のために極善最上の法を説かれるのである。例えば、かの迷いの源である無明の病は、仏法の肝要である中道《ちゅうどう》を観ずる薬でなかったならば、治すことができないようなものである。いまこの五逆は重病の源であり、またこの念仏は霊薬《れいやく》の肝要である。この薬でなかったならば、どうしてこの病を治すことができようか。ゆえに弘法大師《こうぼうだいし》の『弁顕密二教論《べんけんみつにきょうろん》』に『六波羅蜜経』を引いていわれる。（中略）この中で五無間罪《ごむけんざい》というのは、五逆罪のことである。すなわち醍醐の妙薬《みょうやく》でなかったならば、五無間の病は甚だ治しがたい。念仏もまたその通りである。往生の教えの中で念仏三昧は総持（真言）のごとく、また醍醐のようである。もし念仏三昧の醍醐の薬でなかったならば、五逆の深重の病は甚だ治しがたいのである。よく知るべきである。

問うていう。もしそうであるなら、下品上生は十悪の軽罪の人であるのに、どういうわけで念仏を説かれるのか。答えていう。念仏三昧は、重罪でさえ滅するのに、まして軽罪を滅しないということがあろうか。他の行はそうではない。あるいは軽罪を滅して重罪を滅しないものがあり、あるいは一罪を消して二罪を消さないものがある。念仏はそうではなくて、軽罪・重罪のいずれも滅し、一罪・二罪などのすべてをあまねく治すのである。たとえば阿伽陀薬《あかだやく》があまねく一切の病を治すようなものである。ゆえに念仏をもって三昧の王とする。（中略）

およそ、五種の嘉誉をうけ、観音菩薩と勢至菩薩の二尊のお護りをこうむるのは、これは現生の利益である。また浄土に往生してついに仏に成るのは、これは当来《とうらい》の利益である。また道綽禅師は念仏の一行において始終《しじゅう》の両益を立てられる。すなわち『安楽集』に、「〈念仏の衆生を摂めとって捨てず、命終れば必ず浄土に生ずる〉（『観経』）と説かれてある。これを始益と名づける。終益というのは、『観音授記経』に説かれてあるのによれば、〈阿弥陀仏が浄土にましますことは、非常に長いけれども、また入滅されることがある。その入滅された時には、ただ観音・勢至の二菩薩だけがあって、浄土に住し維持して、十方の衆生を導かれる。その仏の入滅後も法のとどまることは在世の時節にひとしい。ところで、浄土の衆生（諸行往生者）は、すべて仏を見たてまつるものはないが、ただひたすらに阿弥陀仏を念じて往生した者だけが、つねに阿弥陀仏が現にましまして入滅なさらないお姿を見たてまつる〉と。これがすなわちその終益である」といわれている。念仏にはこのように現在と当来との二世に始終の両益があるのである。よく知るべきである。

## 【講　読】

### 最高の功徳を有する念仏

全体の構成で示したように、私釈の中に三問答があり、第一問答については、『観経』では「ただ念仏者について讃えている」のに、「善導大師は、なぜ諸行と比較して念仏のすぐれていることを述べるのであろうか」と問いを起し、『観経』ではすでに「定善の行」「散善の行」が説かれているので、これら諸行と比較するからこそ、いよいよ念仏の功徳がすぐれていることがはっきりわかるのですと述べています。また五種の嘉誉（ほめ言葉）をさらに解釈して、念仏者を最高の徳を有する人と讃えられます。

このように諸行と比較しながら、念仏が最高の功徳を有すること、念仏を称える人が最高の徳を有する人であることを明らかにして私釈の第二問答に入ります。

## 極悪最下の人に極善最上の法を説く

第二の問いでは、「上上」と名づけて、念仏を最高の功徳を有すると讃えるのであれば、『観経』九品の上上品で述べるべきであるのに、なぜ下下品にいたって念仏を説くのですかと述べています。確かに『観経』下下品には、一生悪行を重ねてきた者が、善知識の勧めによって称名念仏申せば、八十億劫の罪が滅せられると説かれていて（『註釈版聖典』一一五頁）、上上品には念仏は説かれていません。

その答えとしてまず、すでに三輩章や利益章で「念仏行は九品にわたって説かれている」と述べた通りであるとして、『往生要集』の「九品の勝劣にしたがって念仏が説かれている」という文を引いています。

そして特に注目すべき答えとして、下品下生は五逆重罪の人であり、その五逆罪の人の罪を滅することが出来るのは、他の行（諸行）では出来ないことであり、ただ念仏の力によると示し、「極悪最下の人のために極善最上の法を説く」と説いています。下下品の人を極重悪人と述べることは、悪人の救いを明らかにしています。法然聖人の教えにおいて、「悪人こそ救いのめあて」の主張があることが明らかであります。

その例証に「無明淵源《むみょうえんげん》の病は、中道府蔵《ちゅうどうふぞう》の薬《くすり》においてのみ治すことが出来る。五逆は重病の淵源であり、念仏は霊薬の肝要である」と示します。深い深い無明の闇を中道の教えによって治すと表現し、念仏が重病の五逆罪を治すすぐれた薬に譬えられています。念仏申すことで滅罪が成立することは、念仏は仏教の基本の教え、中道思想に基づくことを指摘しています。決して念仏は呪術ではなく、とらわれをこえ極端を排する仏教の原理の教えに基づくことを明らかにしています。

今は『観経』下下品の救いを論じていますから、特に五逆罪の救いに注目しています。

## 念仏は醍醐の妙薬

さらに五逆罪の救いを証明する文として弘法大師空海の『弁顕密二教論』を引きます。今は長文にわたるので省略いたしましたが、注目すべき主張ですので、言及しておきたいと思います。『弁顕密二教論』では『六波羅蜜経』を引いて、有情《うじょう》を教化する教えが、①素咀纜《そたらん》（経）、②毘奈耶《びなや》（律）、③阿毘達磨《あびだつま》（論）、④般若波羅蜜多《はんにゃはらみった》（真実の智慧の完成を説く諸種の大乗の教え）、⑤陀羅尼門《だらにもん》（真言密教）に分けられることが説かれ、その中でも陀羅尼門を重視します。四重・八重《はちじゅう》・五無間罪・謗方等《ほうほうどう》経《きょう》・一闡提《いっせんだい》等の重罪の者も、陀羅尼の法門によって罪を滅し涅槃《ねはん》のさ咀とりを得ると説きます。弘法大師は、真言密教の立場で、五逆罪・謗法罪・一闡提（正法を信じず、さとりを求める心がなく成仏できない者）の救いを説いていますが、これに法然聖人は注目しているのです。『弁顕密二教論』を引証した後、法然聖人は独自の見解を示され、

このなか、五無間罪《ごむけんざい》はこれ五逆罪《ぎゃくざい》なり。すなはち醍醐《だいご》の妙薬《みょうやく》にあらずは、五無間《むけん》の病《やまい》はなはだ療《りょう》しがたしとなす。念仏《ねんぶつ》もまたしかなり。

（『註釈版聖典（七祖篇）』一二五九頁）

と、五無間罪は五逆罪であると指摘して、真言の教法、陀羅尼の法門に相当するのが、往生の教法においては、念仏であり、醍醐の妙薬にあたることを示されます。弘法大師は、真言の教法におい

て五逆罪・謗法罪・一闡提の救いまで言及していますが、法然聖人は、五逆罪の救いにのみ注目して、他の重罪の救いについては言及されないのです。

ここは『観経』下下品の解釈ですので、五逆罪・謗法罪・一闡提の救いを最も表す善導大師の『観経疏』下下品の解釈や、『法事讃』の「謗法罪、一闡提の者も回心すれば浄土に往生する」(『註釈版聖典(七祖篇)』五一八頁、取意)という文についても述べられるべきでしょうが、法然聖人はまったくふれずに、五逆罪の救いのみについて言及されています。

善導大師は『観経疏』下下品の解釈で、五逆罪・謗法罪について、いまだ罪を犯していない者(未造《みぞう》)とすでに罪を犯した者(已造《いぞう》)に分けて、阿弥陀仏は大悲心をもって、未造の者は罪を造らないように抑止《おくし》し、已造の者は摂取すると説いています(『同』四九四頁)。これを承けて法然聖人は、謗法を強く誡《いまし》めながらも、謗法の者も念仏の教法に帰依すれば救われるとみておられたようですが、謗法罪の救いについては積極的には説かれていません。また、第十八願文に「唯除五逆誹謗正法《ゆいじょごぎゃくひほうしょうぼう》(ただ五逆と誹謗正法とをば除く)」(『註釈版聖典』一八頁)の文がありますが、この文について法然聖人は詳しい言及を控えておられます。

法然聖人は、謗法罪の問題については細心の注意をもって解釈や教化にあたったと思われます。謗法罪の摂取を積極的に説けば、念仏の法のみを良しとして他宗を誹謗する人びと、あるいは、外から念仏は仏教にあらずと批判攻撃する人びとをすべて認めることになる。専修念仏という教えを中心に生じてきた波紋の中で、謗法罪の問題は最も大きな課題であり、慎重に対応されたため、謗法罪の摂取を積極的に説かれなかったものと思われます。

『選択集』の後序では、九条兼実に、

庶幾《こいねが》はくは一たび高覧《こうらん》を経《へ》て後《のち》に、壁《かべ》の底《そこ》に埋《うず》みて、窓《まど》の前《まえ》に遺《のこ》すことなかれ。おそらくは破《は》法《ほう》の人《ひと》をして、悪道《あくどう》に堕《だ》せしめざらんがためなり（謹んでお願いいたしますが、この『選択集』をお読みくださった後は、壁の底に埋めて、窓の前に遺すようなことはしないで下さい。この書を読んだ者が謗法罪をなして悪道に堕《お》ちることになるのは避けたいのです）。

（『註釈版聖典（七祖篇）』一二九二頁）

と述べています。この書を読んで誤解し、念仏を批判するようになれば謗法罪になる、あるいは専修念仏の人が他の教法を誹謗するようなことになればこれも謗法罪になる、といった「謗法罪」の救いに対して慎重になられた法然聖人の深い心情をみることが出来ましょう。

## 現益と当益―始益と終益

私釈の中、第三問答においては、五逆・十悪の救いを下品下生の念仏で説くのであるならば、下品上生は十悪軽罪の人であり、どうしてここに念仏が説かれるのであろうかと問うています。

答えは、念仏三昧は、重罪の人を滅するのであるから当然、下品上生に説かれる軽罪の人も救うのであると述べています。そして、「余行はしからず（諸行は重罪・軽罪に通ずるということではありません）」と述べて、余行（諸行）は、軽罪の救いとなるけれど、重罪の救いとはならない場合もあり、ある人の救いとなるけれど、他の人の救いとならない場合もあることを指摘しています。それに対して、念仏は軽罪、重罪に通じ、すべての人の救いとなることを示します。それは阿伽陀薬が一切の病を治すようなものですと譬えられます。すでに本願章で選択本願の念仏がすべての者の救いであることを説いていますが、ここでは念仏の救いは九品すべてに通じ、余行（諸行）は誰にでも通じる行ではないことを明らかにするのです。

この私釈の結びで、念仏の利益について、現益と当益について述べます。善導大師は、五種の嘉誉（ほめ言葉）をもって念仏者を讃えられましたが、これは観音菩薩と勢至菩薩が今お護り下さっていることをあらわすので、今のお救いをあらわす現益であり、やがて浄土に往生して仏になることを当益と表しています。これを証明するために『安楽集』を引用します。『安楽集』では「念仏《ねんぶつ》の衆生《しゅじょう》を摂取《せっしゅ》して捨《す》てたまはず、寿尽《いのちつ》きてかならず生《しょう》ず（念仏の衆生を摂め取って捨てず、命終れば必ず浄土に生ずる）」（『註釈版聖典（七祖篇）』二五〇頁）という『観経』の文を始益と表します。さらに『観音授記経』の「阿弥陀仏は久しく浄土にましましますけれど、やがて涅槃に入られるその時、観音菩薩と勢至菩薩が浄土に住して、十方の人びとを導かれ、やがてこれらの方がたも入滅される。かの国の人びと（諸行を修する者）は、このように仏を見ることが出来ないが、一向に専ら称名念仏する者には、つねに阿弥陀仏は現にましまして入滅されないお姿を見たてまつる」という文を引いて、これを終益と表します。そして、『安楽集』の始益・終益と、法然聖人の述べられる現益と当益が重なることを示されます。

ここでは『安楽集』の終益は、諸行で往生した人は、仏の入滅を見ることになるが、一向専修の念仏者はつねに阿弥陀仏を見たてまつることが出来ますという表現になっていることに注目すべきでしょう。法然聖人が引文される『安楽集』のこのような終益の見方は、行業によって浄土の阿弥陀仏を見ることの出来ない人びともいるが、称名念仏の人は、永遠の阿弥陀仏を見たてまつるということですから、先師の研究で指摘されていますが、後に親鸞聖人が『教行信証』「化巻」や『浄《じょう》土《ど》三経往生文類《さんぎょうおうじょうもんるい》』において、第十九願・第二十願の行信の人は、方便化土《ほうべんけど》に往生し、華の蕾《つぼみ》の中にあって三宝を見たてまつることは出来ず、他力の行信の人こそが真実報土《しんじつほうど》に往生し、さとりをひらくという見方に影響を与えたことが知られます。

# 第十二章　念仏付属章のこころ

## 本文と意訳（一）

### 【本　文】

釈尊定散《しゃくそんじょうさん》の諸行《しょぎょう》を付属《ふぞく》せず、ただ念仏《ねんぶつ》をもつて阿難《あなん》に付属《ふぞく》したまふ文《もん》。

『観無量寿経《かんむりょうじゅきょう》』にのたまはく、「仏《ぶつ》、阿難《あなん》に告《つ》げたまはく、〈なんぢよくこの語《ご》を持《たも》て。この語《ご》を持《たも》てとは、すなはちこれ無量寿仏《むりょうじゅぶつ》の名《みな》を持《たも》てとなり〉」と。

同経《どうきょう》の『疏《しょ》』（散善義）にいはく、「〈仏告阿難汝好持是語《ぶつごうあなんにょこうじぜご》〉といふより以下《いげ》は、まさしく弥陀《みだ》の名号《みょうごう》を付属《ふぞく》して、遐代《かだい》に流通《るずう》することを明《あ》かす。上《かみ》よりこのかた定散両門《じょうさんりょうもん》の益《やく》を説《と》くといへども、仏《ぶつ》の本願《ほんがん》に望《のぞ》むるに、意《こころ》、衆生《しゅじょう》をして一向《こう》にもつぱら弥陀仏《みだぶつ》の名《みな》を称《しょう》せしむるにあり」と。

わたくしにいはく、『疏《しょ》』（散善義）の文《もん》を案《あん》ずるに二行《ぎょう》あり。一には定散《じょうさん》、二には念仏《ねんぶつ》

なり。初《はじ》めに定散《じょうさん》というはまた分《わか》ちて二となす。一には定善《じょうぜん》、二には散善《さんぜん》なり。初《はじ》めに定善《じょうぜん》につきて、その十三あり。（中略）

次《つぎ》に散善《さんぜん》につきて二あり。一には三福《ぷく》、二には九品《ぼん》なり。（中略）

次《つぎ》に念仏《ねんぶつ》とは、もつぱら弥陀仏《みだぶつ》の名《みな》を称《しょう》するこれなり。念仏《ねんぶつ》の義常《ぎつね》のごとし。しかるにいま、「正明付属弥陀名号流通於遐代《しょうみょうふぞくみだみょうごうるずうおかだい》」（同）といふは、おほよそこの『経《きょう》』（観経）のなかに、すでに広《ひろ》く定散《じょうさん》の諸行《しょぎょう》を説《と》くといへども、すなはち定散《じょうさん》をもつて阿難《あなん》に付属《ふぞく》し後世《ごせ》に流通《るずう》せしめず。ただ念仏三昧《ねんぶつざんまい》の一行《ぎょう》をもつてすなはち阿難《あなん》に付属《ふぞく》し遐代《かだい》に流通《るずう》せしむ。

問《と》ひていはく、なんのゆゑぞ定散《じょうさん》の諸行《しょぎょう》をもつて付属流通《ふぞくるずう》せざるや。もしそれ業《ごう》の浅《せん》深《じん》によりて嫌《きら》ひて付属《ふぞく》せずは、三福業《ぷくごう》のなかに浅《せん》あり深《じん》あり。その浅業《せんごう》は孝養父母《きょうようぶも》・奉《ぶ》事師長《じしちょう》なり。その深業《じんごう》は具足衆戒《ぐそくしゅかい》・発菩提心《ほつぼだいしん》・深信因果《じんしんいんが》・読誦大乗《どくじゅだいじょう》なり。すべからく浅《せん》業《ごう》を捨《す》てて、深業《じんごう》を付属《ふぞく》すべし。もし観《かん》の浅深《せんじん》によりて嫌《きら》ひて付属《ふぞく》せずは、十三観《がん》のなかに浅《せん》あり深《じん》あり。その浅観《せんかん》といふは日想《にっそう》・水想《すいそう》これなり。その深観《じんかん》といふは、地観《じかん》より始《はじ》めて雑想《ざっそう》に終るまで、すべて十一観《かん》これなり。すべからく浅観《せんかん》を捨《す》てて、深観《じんかん》を付属《ふぞく》すべし。就中第九観《なかんずくだいかん》は、これ阿弥陀仏観《あみだぶつかん》なり。すなはちこれ観仏三昧《かんぶつざんまい》なり。すべからく十二観《かん》を捨《す》てて、観仏三昧《かんぶつざんまい》を付属《ふぞく》すべし。就中同疏《なかんずくどうしょ》の「玄義分《げんぎぶん》」のなかにいはく、「この経《きょう》は観仏三昧《かんぶつざんまい》を宗《しゅう》となし、または念仏三昧《ねんぶつざんまい》を宗《しゅう》となす」と。すでに二行《ぎょう》をもつて一経《きょう》の宗《しゅう》となす。なんぞ観仏三昧《かんぶつざんまい》を廃《はい》して念仏三昧《ねんぶつざんまい》を付属《ふぞく》するや。答《こた》へていはく、「仏《ぶつ》の本願《ほんがん》に望《のぞ》むに、意《こころ》、衆生《しゅじょう》をして一向《こう》にもつぱら弥陀仏《みだぶつ》の名《みな》を称《しょう》せしむるにあり」（散善義）といふ。定散《じょうさん》の諸行《しょぎょう》は本願《ほんがん》にあらず。ゆゑにこれを付属《ふぞく》せず。またそのなかにおいて、観仏三昧《かんぶつざんまい》は殊勝《しゅしょう》の行《ぎょう》といへども、仏《ぶつ》の本願《ほんがん》にあらず。ゆゑに付属《ふぞく》せず。念仏三昧《ねんぶつざんまい》はこれ仏《ぶつ》の本願《ほんがん》なるがゆゑに、もつてこれを付属《ふぞく》す。「仏《ぶつ》の本願《ほんがん》に望《のぞ》む」といふは、『双巻経《そうかんぎょう》』（大経）の四十八願《がん》のなかの第《だい》十八の願《がん》を指《さ》す。「一向専称《こうせんしょう》」といふは、同経《どうきょう》の三輩《ぱい》のなかの「一向《こう》専念《せんねん》」を指《さ》す。本願《ほんがん》の義《ぎ》、つぶさに前《さき》に弁《べん》ずるがごとし。

（『註釈版聖典（七祖篇）』一二六二～一二七一頁）

**【意訳】**

釈尊が定善と散善の諸行を付属されず、ただ念仏のみを阿難に付属されるの文。

『観無量寿経（観経）』に説かれてある。「仏が阿難に告げられる。〈そなたはよくこの語をたもてよ。この語をたもてというのは、すなわち無量寿仏のみ名をたもてということである〉」と。

善導大師が『観経』の註釈書である『観経疏』の「散善義」にいわれてある。

「〈仏が阿難に告げられる。そなたはよくこの語をたもてよ〉より以下は、まさしく阿弥陀仏の名号を付属して、末の代まで流通することを明かされたのである。これまで『観経』の始めから定善・散善の両門の利益を説いてきたけれども、阿弥陀仏の本願に望めてみると、釈尊の思召しは、人々をして一向に専ら阿弥陀仏の名号を称えさせることにあるのである。

わたくしにいう。『観経疏』の文をうかがうと二行があげられてある。一つには定・散、二つには念仏である。はじめに定・散というのは、これをまた分けて二とする。一つには定善、二つには散善である。はじめに定善についていうと、これに十三ある。（中略）次に散善について、二つ説かれてある。一つには三福《さんぷく》、二つには九品である。（中略）

次に念仏とは、専ら阿弥陀仏の名号を称えることがこれである。念仏の意味は常にいう通りである。しかるに、今、「まさしく阿弥陀仏の名号を付属して、末の代まで流通することを明かす」というのは、およそこの『観経』の中に、ひろく定善・散善の諸行を説いたけれども、定善・散善をもって阿難に付属して、はるか後の代まで流通させることをしないで、ただ念仏三昧の一行のみをもって阿難に付属して末の世まで流通させるのである。

問うていう。どういうわけで、定善・散善の諸行を付属・流通せられないのか。もし行業の浅い深いによって、嫌って付属せられないのであれば、三福の行業の中に浅い行業もあり、深い行業もある。その浅い行業とは、父母に孝養し、師長に奉事することである。深い行業とは、衆戒《しゅかい》を具足し、菩提心を発し、深く因果を信じ、大乗経典を読誦することである。よろしく浅い行業を捨てて、深い行業を付属すべきである。もし観の浅い深いによって、嫌って付属せられないのであれば、十三観の中に浅い観もあり、深い観もある。その浅い観とは、日想観・水想観がこれである。その深い観とは、はじめ地想観《じそうかん》より終りの雑想観《ざっそうかん》に至るまで、総じて十一観がこれである。よろしく浅い観をすてて深い観を付属すべきである。中でも第九観は阿弥陀仏観である。すなわちこれは観仏三昧である。よろしく他の十二観を捨ててこの観仏三昧を付属すべきである。殊に同じ『観経疏』の「玄義分」の中に、「この経は観仏三昧を宗《しゅう》とし、また念仏三昧を宗とする」といわれてある。すでに観仏・念仏の二行をもって『観経』一経の宗要《しゅうよう》としているのに、どうして観仏三昧を廃して、念仏三昧を付属するのか。答えていう。「散善義」に「阿弥陀仏の本願に望めてみると、釈尊の思召しは、人々をして一向に専ら阿弥陀仏の名号を称えさせることにあるのである」といわれてある。定善・散善の諸行は本願の行でないから、これを付属せられぬ。またその中で、観仏三昧は殊に勝れた行であるけれども、仏の本願に誓われた行でないから付属されないのである。念仏三昧は仏の本願の行であるからこれを付属されるのである。「阿弥陀仏の本願に望めてみる」とは『大経』の四十八願の中の第十八願を指す。「一向に専ら称える」とは、同じく『大経』の三輩往生の中の「一向に専ら念ずる」とあるのを指すのである。本願の意味は、前にくわしく述べた通りである。

**【講　読】**

### 念仏付属章の構成と標章の文について

念仏《ねんぶつ》付《ふ》属章《ぞくしょう》は次のような構成となっています。

- 標章の文 ―― 釈尊定散の諸行を付属せず、ただ念仏をもって阿難に付属したまふ文
- 引　文
  - 『観経』念仏付属の文
  - 善導大師『観経疏』の文（念仏付属の文の解釈）
- 私　釈
  - 定善の行・散善の行（三福・九品の行）について詳しく述べ（今回は原文を省略しました）、続いて念仏について述べる
  - 第一問答　なぜ念仏を付属されたかを明らかにする
  - 第二問答　なぜ『観経』では念仏以外の諸行を詳しく述べるのかを明らかにする

最初に標章の文には、「釈尊定散の諸行を付属せず、ただ念仏をもつて阿難に付属したまふ文」と示されています。

「付属」とは、釈尊が説法を終ろうとされる時、説法を聴いていた代表にこの法を後世に伝えるように、与え託されることを言います。今は『観経』の終り近くに、釈尊がお弟子の阿難に念仏を付属された文を中心に、釈尊のお心を尋ねることになります。

この章の構成からもわかるように、経典の終り近くに、念仏をお勧めくださるのが『観経』ですが、定善の行・散善の行についても詳しく説かれています。この章では、『観経』には、なぜそれらの諸行でなく念仏を付属し、なぜ廃すべき諸行についても詳しく述べられたのかを明らかにされます。ですから、この標章の文には、『観経』には、定善や散善といった諸行が説かれているのに、なぜ最後にいたって、釈尊は「ただ念仏」の道を示されたのか、という「念仏付属章」の主題があらわれていることになります。

## 『観経』付属の文について

『観経』の結びには、法然聖人がここに引用された次の念仏付属の文といわれる文があります。

仏《ぶつ》、阿難《あなん》に告《つ》げたまはく、「なんぢよくこの語《ご》を持《たも》て。この語《ご》を持《たも》てといふは、すなはちこれ無量寿仏《むりょうじゅぶつ》の名《みな》を持《たも》てとなり」と。
（『註釈版聖典』一一七頁）

ここで釈尊は、『観経』を結ぶにあたって、お弟子の阿難に、「そなたはこのことをしっかりと心《こころ》にとどめるがよい。このことを心《こころ》にとどめよというのは、すなわち無量寿仏《むりょうじゅぶつ》の名《な》を心《こころ》にとどめよということである」（『浄土三部経（現代語版）』二一四頁）と語ります。

さて、『観経』は大変魅力のあるお経です。それは、子ども（阿闍世）に背かれた韋提希夫人（王妃）が悲しさや愚かさを隠さずに、釈尊の前に身を投げ出して、苦悩なき世界に生れることを願ったというように、我われと同じような苦悩を抱えた凡夫の救いが説かれている経典だからです。釈尊はまず韋提希に、苦悩なき世界に生れるための「観察の行」を説かれます。それは、日想観・水想観・地想観といった十三の観察の行です。さらに続いて、九品の人びとのために諸種の行業が説かれます。九品の中、下品三生（下品上生・下品中生・下品下生）といった一生涯悪を重ねてきた人びとへは、称名念仏の勧めが説かれます。

中国仏教では、この魅力ある『観経』についての解釈が分かれます。一つには、観察という難しい行が説かれているのが『観経』であって、愚かな姿を見せて浄土往生を願う韋提希夫人も実は善行や難行を修めた高い位の菩薩（聖者）であり、我われも同じように善行や難行を修めて、浄土を願うべきであるとみる見方です。いま一つは『観経』は悪行を重ねて生きる愚かな人びとの救いを説いた経典で、韋提希夫人は聖者ではなく凡夫であり、『観経』の行業の中心は、観察の行ではなく、称名念仏にあるとするという見方です。

この二つの『観経』の解釈の中で、前者の見方が、浄影寺慧遠《じょうようじえおん》や吉蔵《きちぞう》といった聖道諸師の見方です。これに対して、善導大師は後説の立場をとります。善導大師の主張を継承する法然聖人が、「念仏付属の文」をここに引かれるということは、『観経』の結論は、定善・散善の行ではなく、称名念仏にあると見られたことになります。

## 『観経疏』の文意

善導大師の『観経疏』の解釈は、前述のように諸師の見解とは異なり、大変明確に称名念仏が結論として説かれます。今、続いて引用される善導大師の念仏付属の文についての主張をまとめると次のようになります。

「釈尊は阿弥陀さまの名号を付属され、末代までこの名号がいきわたるように明らかにされました。『観経』では、はじめから広く、定善・散善とその行業と利益について述べてきましたが、阿弥陀仏の本願の意《こころ》をうかがってみると、釈尊の真意は、人びとにひたすら（一向に）阿弥陀さまの名を称《とな》えさせることにあります」（『註釈版聖典（七祖篇）』五〇〇頁、取意）。

さらに、これらから次のような善導大師の意をみることが出来ます。

①阿弥陀仏の名号を付属するということは、すべて人びとに名号がいきわたるということである。

②名号がいきわたるということは、称名念仏がいきわたるということである。

③その称名念仏は、本願に誓われた念仏なのである。

④この本願の意とは、善導大師の著述の各所に説かれている「称我名字」「称我名号」の本願の見方である。

⑤定善・散善の行が説かれてあっても、釈尊の真意ではなく、これらを付属せず、廃していく意をみているのである。

一般に「念観廃立《ねんかんはいりゅう》」といわれる意が明確に出されたのです。勿論このような善導大師の見方には、凡夫が聖者になっていく教えではなく、凡夫が凡夫のまま本願力によって救われていくという機と法の二種深信（『同』四五七頁）の教法が基本となっていることも注目すべきでしょう。

## 私釈のこころ

すでに念仏付属章の構成のところで述べましたが、『観経』と『観経疏』の引文は、釈尊の付属の意が、定善・散善の諸行をとらず称名念仏にあり、称名念仏を専ら修めることこそが『観経』の中心であることを簡潔に示されたものでした。続いて、法然聖人は、私釈に諸行の内容を詳しく述べられます。原文は省略いたしましたが、先述の『観経疏』で「定散両門《じょうさんりょうもん》の益《やく》を説くといへども」と言われている、定善の行、散善の行を具体的に述べられるのです。このことは、すでに三輩章で、今この章で注目する『観経疏』の付属の文をあげて（『註釈版聖典（七祖篇）』一二一七頁）、廃《はい》・助《じょ》・傍《ぼう》の三義をあげ、諸行が説かれた意味をみとめつつ、善導大師の意によれば、諸行は廃するべきであり、本願の行である称名念仏をとるべきことを明らかにしています。

今、この章では、定善・散善の行について、もう一度丁寧に示し、なぜ称名念仏が付属されたのかを説くのです。まず定善十三観、次いで散善に三福・九品があることをあげ、それらについて順次解釈されていきます。例えば「父母に孝養する」「師長に奉事する」ことなどについて、世間的な見方、出世間的な見方を示します。また「菩提心を発す」ことについて、言葉は同一でも、各宗において意味は異なることを示して、天台の菩提心、真言の三種の菩提心、華厳の菩提心、三論・法相の菩提心、そして、善導大師の菩提心をあげ、「往生を願うものは、自宗の菩提心を発すべし」（同』一二六五頁、取意）と述べます。広い視野から、もろもろの行業が述べられ、『観経』に説かれる行業が仏教にとっていかに重要であるか、しぼられて述べるのです。これらの主張を通し「智慧第一の法然房」と讃えられたことがうなずかれます。決して本願の念仏の選びが、狭い視点から主張されたのではないことがわかります。

もろもろの行業について広く詳しく述べた後に、私釈の中で最も述べたい称名念仏の付属の問題を論じています。釈尊が、定善・散善の諸行を付属せず、称名念仏を付属して、末の世まで長くいきわたらされたことの意味を問答します。まず、その問答の問いを要約すれば、次のようになります。

なぜ、定善・散善を付属しないのですか。行業の浅い深いによって付属しないのであれば、三福の行業のなかに、浅業《せんごう》と深業《じんごう》があります。浅業は、世間的な行業である、「父母に孝養する」、「師長に奉事する」であり、深業は出世間的な行業である「衆戒を具足する」、「菩提心を発す」、「因果を深信《じんしん》する」、「大乗を読誦する」になりますから、これらの深業を付属すべきです。

もし「観」の浅い深いによって付属されないのであれば、浅観《せんかん》は、はじめの観察行である日想観、水想観であり、深観《じんかん》は、地想観より雑想観の十一観になります。特に第九の阿弥陀仏観は「観仏三昧」の法ですから、「観仏三昧」が中心であれば、他の十二観を捨てて、この第九の観仏三昧を付属すべきです。けれども善導大師は、すでに『観経疏』「玄義分」に「観仏三昧《かんぶつざんまい》をもつて宗《しゅう》とし、念仏三昧《ねんぶつざんまい》をもつて宗《しゅう》とする」（『註釈版聖典（七祖篇）』三〇五頁）と述べて、観仏三昧・念仏三昧の二行が『観経』の中心の行と述べています。称名念仏を付属することになれば、念仏三昧を結論とすることになります。どうして観仏三昧を廃して、念仏三昧を付属されたのでしょうか。

続いてこの問いに答えます。称名念仏が付属された理由として、善導大師の「仏の本願に望むるに、意、衆生をして一向にもっぱら弥陀仏の名を称せしむるにあり」という文をあげて、定善・散善の諸行は本願の行ではなく、観仏三昧は殊勝な行であるけれども本願の行ではなく、念仏三昧は本願の行であるから付属されたのです、と法然聖人の見方を提示します。そして、善導大師が「仏の本願に望むるに」といわれた「本願」とは四十八願の中の第十八願であり、「一向にもっぱら弥陀仏の名を称せしむるにあり」といわれた「一向専称」は、『大経』の三輩往生の「一向専念」にあたると言われます。

「本願」の意については、すでに本願章で明らかにしたように、阿弥陀仏が一切の諸行を選び捨て、称名念仏を本願とされたのは、称名念仏は、阿弥陀仏の平等の慈悲心によって選択された行業であり、誰でもが行ずることができ、最もすぐれた数にとらわれない他力の行業だからです。

このように、「念仏付属」は帰するところ、「本願の行であるか否か」が最も根本にあり、阿弥陀仏の大悲心がはたらき、すべての人びとの救いがもたらされる称名念仏だからこそ、釈尊は阿難に称名念仏を付属されたとみることができます。

## 本文と意訳（二）

### 【本　文】

問《と》ひていはく、もししからば、なんがゆゑぞただちに本願《ほんがん》の念仏《ねんぶつ》の行《ぎょう》を説《と》かず、煩《わずら》はしく本願《ほんがん》にあらざる定散諸善《じょうさんしょぜん》を説《と》くや。答《こた》へていはく、本願念仏《ほんがんねんぶつ》の行《ぎょう》は、『双巻経《そうかんぎょう》』（大経）のなかに委《くわ》しくすでにこれを説《と》く。ゆゑにかさねて説《と》かざるのみ。また定散《じょうさん》を説《と》くことは、念仏《ねんぶつ》の余善《よぜん》に超過《ちょうか》したることを顕《あらわ》さんがためなり。もし定散《じょうさん》なくは、なんぞ念仏《ねんぶつ》のことに秀《ひい》でたることを顕《あらわ》さんや。例《れい》するに『法華《ほっけ》』の三説《せつ》の上《うえ》に秀《ひい》でたるがごとし。もし三説《せつ》なくは、なんぞ『法華《ほっけ》』第一《だい》を顕《あらわ》さん。ゆゑにいま定散《じょうさん》は廃《はい》せんがために説《と》き、念《ねん》仏三昧《ぶつざんまい》は立《りゅう》せんがために説《と》く。ただし定散《じょうさん》の諸善《しょぜん》みなもつて測《はか》りがたし。おほよそ定善《じょうぜん》とは、それ依正《えしょう》の観《かん》、鏡《かがみ》を懸《か》けて照臨《しょうりん》す。往生《おうじょう》の願《がん》、掌《たなごころ》を指《さ》して速疾《そくしつ》なり。あるいは一観《かん》の力《ちから》、よく多劫《たこう》の罪愆《ざいけん》を祛《さ》く。あるいは具憶《ぐおく》の功《こう》、つひに三昧《さんまい》の勝利《しょうり》を得《う》。しかればすなはち往生《おうじょう》を求《もと》むる人《ひと》、よろしく定観《じょうかん》を修行《しゅぎょう》すべし。就中第九《なかんずくだい》の真身観《しんしんかん》は、これ観仏三《かんぶつざん》昧《まい》の法《ほう》なり。行《ぎょう》もし成就《じょうじゅ》せば、すなはち弥陀《みだ》の身《しん》を見《み》たてまつる。弥陀《みだ》を見《み》たてまつるがゆゑに、諸仏《しょぶつ》を見《み》たてまつることを得《う》。諸仏《しょぶつ》を見《み》たてまつるがゆゑに、現前《げんぜん》に記《き》を授《さず》けらる。この観《かん》の利益《りやく》もつとも甚深《じんじん》なり。しかるをいま『観経《かんぎょう》』の流通分《るずうぶん》に至《いた》りて、釈迦《しゃか》如来《にょらい》、阿難《あなん》に告命《ごうみょう》して往生《おうじょう》の要法《ようぼう》を付属流通《ふぞくるずう》せしむるちなみに、観仏《かんぶつ》の法《ほう》を嫌《きら》ひてなほ阿難《あなん》に付属《ふぞく》せず、念仏《ねんぶつ》の法《ほう》を選《えら》びてすなはちもつて阿難《あなん》に付属《ふぞく》したまふ。観仏三昧《かんぶつざんまい》の法《ほう》、なほもつて付属《ふぞく》したまはず。いかにいはんや日想《にっそう》・水想等《すいそうとう》の観《かん》においてをや。しかればすなはち十三定観《じょうかん》は、みなもつて付属《ふぞく》せざるところの行《ぎょう》なり。しかるに世《よ》の人《ひと》、もし観仏《かんぶつ》等《とう》を楽《ねが》ひて念仏《ねんぶつ》を修《しゅ》せざるは、これ遠《とお》く弥陀《みだ》の本願《ほんがん》を乖《そむ》くのみにもあらず、またこれ近《ちか》くは釈尊《しゃくそん》の付属《ふぞく》に違《たが》ふ。行者《ぎょうじゃ》よろしく商量《しょうりょう》すべし。

次《つぎ》に散善《さんぜん》のなかに、大小持戒《だいしょうじかい》の行《ぎょう》あり。世《よ》みなおもへらく、持戒《じかい》の行者《ぎょうじゃ》はこれ真要《しんよう》に入《い》るなり。破戒《はかい》のものは往生《おうじょう》すべからずと。また菩提心《ぼだいしん》の行《ぎょう》あり。（中略）また解第一義《げだいぎ》の行《ぎょう》あり。（中略）また読誦大乗《どくじゅだいじょう》の行《ぎょう》あり。（中略）おほよそ散善《さんぜん》の十一人《にん》、みな貴《とうと》ぶといへども、そのなかにおいてこの四箇《か》の行《ぎょう》は、当世《とうせ》の人《ひと》ことに欲《ほっ》するところの行《ぎょう》なり。これらの行《ぎょう》をもつてほとほと念仏《ねんぶつ》を抑《おさ》ふ。つらつら経《きょう》の意《こころ》を尋《たず》ぬれば、この諸行《しょぎょう》をもつて付《ふ》属流通《ぞくるずう》せず。ただ念仏《ねんぶつ》の一行《ぎょう》をもつて、すなはちこれ後世《ごせ》に付属流通《ふぞくるずう》せしむ。知《し》るべし、釈《しゃく》尊《そん》の諸行《しょぎょう》を付属《ふぞく》したまはざる所以《ゆえん》は、すなはちこれ弥陀《みだ》の本願《ほんがん》にあらざるゆゑなり。また念仏《ねんぶつ》を付属《ふぞく》する所以《ゆえん》は、すなはちこれ弥陀《みだ》の本願《ほんがん》のゆゑなり。いままた善導和尚《ぜんどうかしょう》、諸《しょ》行《ぎょう》を廃《はい》して念仏《ねんぶつ》に帰《き》する所以《ゆえん》は、すなはち弥陀《みだ》の本願《ほんがん》たる上《うえ》、またこれ釈尊《しゃくそん》の付属《ふぞく》の行《ぎょう》なり。ゆゑに知《し》りぬ、諸行《しょぎょう》は機《き》にあらず時《じ》を失《しっ》す。念仏往生《ねんぶつおうじょう》は機《き》に当《あた》り、時《とき》を得《え》たり。感応《かんおう》あに唐捐《とうえん》せんや。まさに知《し》るべし、随他《ずいた》の前《さき》にはしばらく定散《じょうさん》の門《もん》を開《ひら》くといへども、随自《ずいじ》の後《のち》には還《かえ》りて定散《じょうさん》の門《もん》を閉《と》づ。一たび開《ひら》きて以後《のち》永《なが》く閉《と》ぢざるは、ただこれ念仏《ねんぶつ》の一門《もん》なり。弥陀《みだ》の本願《ほんがん》、釈尊《しゃくそん》の付属《ふぞく》、意《こころ》これにあり。行者《ぎょうじゃ》知《し》るべし。またこのなかに「遐代《かだい》」とは、『双巻経《そうかんぎょう》』（大経）の意《こころ》によらば、遠《とお》く末法万年《まっぽうまんねん》の後《のち》の百歳《ひゃくさい》の時《とき》を指《さ》す。これすなはち遐《とお》きを挙《あ》げて邇《ちか》きを摂《せっ》するなり。しかれば、法滅《ほうめつ》の後《のち》なほもつてしかなり。いかにいはんや末法《まっぽう》をや。末法《まっぽう》すでにしかり。いかにいはんや正法《しょうぼう》・像法《ぞうぼう》をや。ゆゑに知《し》りぬ、念仏往生《ねんぶつおうじょう》の道《みち》は正像末《しょうぞうまつ》の三時《じ》、および法滅百歳《ほうめつひゃくさい》の時《とき》に通《つう》ず。

（『註釈版聖典（七祖篇）』一二七一～一二七四頁）

**【意訳】**

問うていう。もしそうであるならば、どういうわけで、直ちに本願念仏の行を説かずに、わずらわしく本願の行でない定善・散善の諸善を説かれるのか。答えていう。本願念仏の行は、『大経』の中にすでにくわしくこれを説かれてあるから、重ねては説かれないのである。また定・散の諸行を説くことは、念仏がその他の善に超え勝れていることを顕すためである。もし定・散の諸行がなかったならば、どうして念仏が特に秀でた行であることを顕されようか。例えば『法華経』が、それ以前の説、同時の説、それ以後の説の三説の上に秀でているようなものである。もし三説がなかったならば、どうして『法華経』が第一に秀でていることを顕されようか。ゆえに今、定・散の諸行はこれを廃するために説き、念仏三昧はそれを立てるために説かれるのである。しかしながら定・散の諸善は、みなその利益が広大で測りがたい。およそ定善というのは、浄土の依報《えほう》・正報《しょうぼう》の観法《かんぼう》は、鏡を懸《か》けて照らすように観じ、往生の願いは掌《たなごころ》を指すようにすみやかに成就する。あるいはいずれか一観の力がよく多劫《たこう》の罪や過ちを除き、あるいはつぶさに憶想《おくそう》の功をかさねてついに三昧のすぐれた利益を得るのである。そうであるから往生を求める人はよろしく定善の観法を修行すべきである。その中でも、第九の真身観は観仏三昧の法である。この行がもし成就するならば、阿弥陀仏の御身を見たてまつる。阿弥陀仏を見たてまつるから諸仏を見たてまつることができ、諸仏を見たてまつるから、まのあたりに成仏の予言・約束を授けられる。この観の利益は最も深いのである。しかるに、今『観経』の流通分に至って、釈迦如来が阿難に告げて往生のかなめの法を付属し流通させるについて、観仏の法でさえも嫌って阿難に付属されず、念仏の法を選んでこれを付属される。観仏の法でさえ付属されないのに、まして日想観・水想観などの観法を付属されることがあろうか。こういうわけであるから定善の十三観はみな付属されない行である。しかるに世間の人が、もし観仏などをねがって念仏を修めないならば、これは遠く阿弥陀仏の本願にそむき、近くは釈尊の付属に違《たが》うことになるのではないか。行者はよろしく思いはかるべきである。

次に散善の中に、大乗・小乗の戒律を持つ行がある。世間の人はみな、持戒の行者はさとりに入る要《かなめ》であり、破戒の者は往生できないと思っている。また菩提心の行がある。（中略）また第一義（真如実相）を解する行がある。（中略）また大乗経典を読誦する行がある。（中略）およそ散善の十一句（世福四種・戒福三種・行福四種）は、人がみな貴ぶところであるが、その中でも持戒・発菩提心・解第一義・読誦大乗の四種の行は、当世の人が特に望むところの行である。そこでこれらの行をもって、念仏を修することをほとんど抑えている。よくよく経の意を尋ねてみると、これらの諸行を付属し流通させないで、ただ念仏一行をもって後世に付属し流通せしめられている。まさに知るべきである。釈尊が諸行を付属されないわけは、それが弥陀の本願に誓われた行ではないからであり、また念仏を付属されるわけは、それが弥陀の本願に誓われた行であるからである。今また善導大師が諸行を廃して念仏に帰させるわけは、すなわち念仏が弥陀の本願の行である上に、またこれ釈尊が付属された行だからである。このゆえに知られる、諸行は根機（教えを受ける者の性質・資質）に適せず末法の今の時にあわないのである。念仏往生は根機に適し今の時にかなって、その受ける利益は決してむなしくない。そこでよく知るべきである、他に随って説く場合には、しばらく定散諸行の門を開かれるけれども、仏自らの本意を説かれた上は、かえって定散諸行の門は閉じられるのである。一たび開かれて後、とこしえに閉じられないのは、ただ念仏の一門のみである。弥陀の本願や釈尊の付属の思召しはここにある。行者はまさに知るべきである。また上に引いた『観経疏』の文に「遐《か》代《だい》」（はるか後の世）というのは、『大経』の意によると、遠く末法万年の後、とこしえの代を指す。これは、はるか後の世を挙げて近い世を摂めるのである。そこで、法滅の後でさえなおその通りであるから、まして末法の今の時においてはいうまでもない。末法の時がすでにその通りであるから、まして正法・像法の時においてはいうまでもない。故に、念仏往生の道は正法・像法・末法の三時および法滅の後とこしえに通ずるということが知られるのである。

## 【講　読】

### 諸行を説くのは廃立のため

すでに第一問答において、釈尊が定善・散善の諸行を付属せず、称名念仏を付属したのは、本願の意に望めると、「称名念仏は阿弥陀仏が本願（第十八願）で選択された行であるから」ということが明らかになりました。

これをうけて第二問答では、釈尊が称名念仏を付属したことが結論であるとするならば、『観経』では、なぜ付属しない定善・散善の行を詳しく説くのかと問うています。答えは、非常に長文で、丁寧な内容となっています。

まず本願念仏の行は『大経』の中に詳しく説かれるので『観経』では重ねて説かれないと述べます。次に「定散を説くことは、念仏の余善に超過したることを顕さんがためなり」と述べています。「念仏が最もすぐれた行であることを顕すために、定・散二善を説く」と述べることは、非常に逆説的ですが、すでに三輩章（『註釈版聖典（七祖篇）』一二一七頁）の念仏と諸行の関係を述べるところで、廃立の義をあげ、諸行を廃して念仏を立てるために、諸行を説くと述べる意と同じであると言えます。

具体的には、已説《いせつ》（『法華経』が説かれる以前の経典）、今説《こんぜつ》（『法華経』と同時に説かれた『無量義経』）、当説《とうせつ》（『法華経』以後に説かれた『涅槃経』）の三説の中、この『法華経』が最もすぐれた経典であるとの例示があります。比較するべき三説があって『法華経』のすぐれたことが顕れるように、廃すべき定・散の諸行をあげることによって、称名念仏が最もすぐれた行であることが顕れるという譬えを示して、「定散は廃せんがために説き、念仏三昧は立せんがために説く」とその結論を述べます。

この後、定善十三観についてすぐれた行であることが述べられた上で、この行は付属の行ではないと述べられます。

いま原文を要約すれば、次のようになります。

①定善・散善は、利益が広大で、非常に深い内容をふくむのでそう簡単には述べられません。

②定善の行に国土を観ずる依報観と阿弥陀仏と聖衆を観ずる正報観があります。この観法によれば、鏡に物がそのまま映るように、観智《かんち》によって国土や聖衆が照らし出され、その功徳によって、浄土を願えば速やかに往生を得るのです。

③観察の行業力によって、多劫の罪や過ちを除き、くわしく憶想することによって三昧の利益を得ることになります。

④ですから往生を願う人は、定善の観法を修すべきです。
⑤中でも第九の真身観は観仏三昧の行であり、この行が成就すれば、阿弥陀仏、諸仏を見たてまつり、まのあたりに、未来に最高のさとりを得ることを予言・約束されます。

いかに定善の行がすぐれた行法であるか、なかでも真身観の観法は甚深の行法であると述べます。しかし『観経』流通分では、これを付属されないのですから、日想観や水想観などの観法を付属されないのは当然のことであり、「もし観仏三昧などの法を往生の行業とするならば、阿弥陀仏の本願に背き、釈尊の付属の意に違ふことになる」と述べられます。こうして、定善の行を重視し、真身観の観法を甚深の行とみとめつつも、定善は阿弥陀仏の本願の意に背く行法であることを明らかにされるのです。

次に散善の行についても、定善と同じくいずれも重要な行としてみとめています。『観経』には散善の行業として、世福に四種（孝養父母・奉事師長・慈心不殺《じしんふせつ》・修十善業《しゅじゅうぜんごう》）、戒福に三種（受持三《じゅじさん》帰《き》・具足衆戒《ぐそくしゅかい》・不犯威儀《ふぼんいぎ》）、行福に四種（発菩提心・深信因果・読誦大乗・勧進行者《かんじんぎょうじゃ》）の行業が説かれていますが、法然聖人は、当時の世間の人びとは、①持戒者はさとりに入る要《かなめ》であり、破戒の人は往生は出来ないと考え、②菩提心の行を重視し、③第一義（真如実相）を解する行を重視し、④大乗経典を読誦する行を重視していると述べています。この「四箇《しか》の行《ぎょう》」を特にとりあげて、当世の人びとが望むところの行だと指摘されるのです。中でも聖人は、今回原文は省略しましたが、菩提心について、「菩提心《ぼだいしん》はこれ浄土《じょうど》の綱要《こうよう》なり。もし菩提心《ぼだいしん》なくは、すなはち往生《おうじょう》すべからず」（『註釈版聖典（七祖篇）』一二七二頁）とまで述べて、菩提心の行を重視するのです。こうして「四箇の行」がいかに注目すべき行であるかを詳しく述べた上で、定善の行で述べたように、散善は阿弥陀仏の本願の行ではなく、釈尊の付属の行ではないと結びます。

## 念仏は時機相応の行

続いて、善導大師が、諸行を廃して念仏に帰させる意を、「弥陀の本願たる上、またこれ釈尊の付属の行なり」と、くりかえし述べてきた結論を再び示して、その理由を次のように明らかにします。

①諸行は機（教えをうける者の性質・資質）に適せず、末法の今の時にあわない。念仏往生は機に適し、今の時にかなっている。

②諸行は、他の請いによって開かれた随他《ずいた》の法であるが、仏自らの本意を説かれた上では、定善・

散善は閉じられた方便の教法となる。念仏は、仏自らの本意に随って説かれた随自《ずいじ》の法で、つねにいつの時代でも開かれた真実の教法であり、すべての人びとの救いとなる。

帰するところ、念仏の法は時機相応であると同時にすべての人に開かれた教えであることを示されるのです。

仏の本願の意に望み、「選択本願の念仏」こそが往生の行業であることは、すでに本願章に詳しく述べられたところですが、そこには勝・易の二徳が説かれていました（『註釈版聖典（七祖篇）』一二〇七頁参照）。あらゆる徳を摂めた万徳《まんどく》の帰するところの念仏であること、すべての人に開かれ、破戒・無戒の人であろうと、この専修念仏《せんじゅねんぶつ》の法によって救われることを示されていましたが、この念仏付属章では、末法思想を強く意識して、諸行は時機に応ぜず、念仏こそ末法の世にすべての人に開かれた行法であることを説かれます。

## 末法思想と念仏のすすめ

ところで、末法思想とは、釈尊入滅後、時を経るに従って世の中も濁り、教えを行じ、証る人も少なくなり、遂には、すべての教法が滅してしまう法滅の時代を迎えるという考え方に基づきます。

正法の時代　――釈尊入滅後、五百年か一千年の間、教・行・証の三つがそろっている時代。
像法の時代　――正法の後、一千年の間、教・行はあるが、証る人がいなくなる時代（像とは、形だけが似ていること）。
末法の時代　――像法の後、一万年の間で、教のみあるが行ずる人も証る人もいない時代。
法滅の時代　――末法の後、教・行・証がすべて滅してしまう時代。

『大経』では、「当来《とうらい》の世《よ》に経道滅尽《きょうどうめつじん》せんに、われ慈悲《じひ》をもつて哀愍《あいみん》して、特《こと》に此《こ》の経《きょう》を留《とど》めて止住《しじゅう》すること百歳《ひゃくさい》せん（やがて将来、わたしが説いたさとりへの教えはみな失われてしまっても、わたしは、慈しみの心をもって哀れみ、特にこの教えだけは、百年の間留めておこう）」（『註釈版聖典』八二頁）と法滅の時代に『大経』を留めると説かれます。この経文に注目した法然聖人は『選択集』特留章で、『大経』を留めるということは、「釈迦《しゃか》、慈悲《じひ》をもつて念仏《ねんぶつ》を留《とど》めんがため」（『註釈版聖典（七祖篇）』一二二七頁）であると述べています。法滅の時代が来て、すべての教法が滅しても『大経』に説かれる、本願の念仏の法は、百年残るとみておられます。百年とは、満数《まんすう》（その数にすべてを含むとみる）の意で、どのような時代を迎えても、念仏の法は永遠であるとみておられていたことが知られます。

いまこの念仏付属章では、末法の世にあっても、念仏はつねに開かれているという主張をうけて、善導大師が、『観経』の「無量寿仏の名を持て」という意は、弥陀の名号を付属して「遐代」（はるか後の世）に流通することを明らかにする、とみられたことを次のように述べられます。

「遐代《かだい》」とは、『双巻経《そうかんぎょう》』（大経）の意《こころ》によらば、遠《とお》く末法万年《まっぽうまんねん》の後《のち》の百歳《ひゃくさい》の時《とき》を指《さ》す。これすなはち遐《とお》きを挙《あ》げて邇《ちか》きを摂《せっ》するなり。しかれば、法滅《ほうめつ》の後《のち》なほもつてしかなり。いかにいはんや末法《まっぽう》をや。末法《まっぽう》すでにしかり。いかにいはんや正法《しょうぼう》・像法《ぞうぼう》をや。ゆゑに知《し》りぬ、念仏往生《ねんぶつおうじょう》の道《みち》は正像末《しょうぞうまつ》の三時《じ》、および法滅百歳《ほうめつひゃくさい》の時《とき》に通《つう》ず。（『註釈版聖典（七祖篇）』一二七四頁）

この文をもって念仏付属章を結びます。念仏が付属された理由は、選択本願の念仏であるからということをくりかえし述べつつ、末法の世に開かれた念仏であることを示されますが、先述のような時代区分にとらわれない末法思想の見方が述べられています。法滅の時でさえ、念仏の法が残り、人びとに伝えられるということは、今の末法の時はもとより、像法も正法もつねに念仏の法が盛んであるということになります。

振り返って、この章で明らかになったことは、『観経』に説かれる、定善・散善の行を非常に重視しているということでした。それは、法然聖人に影響を与えられた善導大師の『観経疏』が、結論は「本願の意に望めば、往生の行は称名念仏にあり」とみられつつ、「定善・散善」の諸行業を、丁寧に大事に解釈されている点に法然聖人は注目されていると言えましょう。それほど重要な行業であるならば、釈尊はなぜそれらの諸行業を付属されず、ただ念仏のみを付属されたのか。そのことを明らかにすることで、より明らかに称名念仏往生の真意、阿弥陀仏の願心が知らされることになります。法滅の時代に念仏の法がとどまるという主張から、今の末法の時はいうまでもなく、正・像・末の三つの時代を通じて、さらには法滅の時代にも永遠に、念仏の法は通じるという見方は最も注目すべきでしょう。

# 第十三章　多善根章のこころ

## 本文と意訳

### 【本　文】

念仏《ねんぶつ》をもつて多善根《たぜんごん》となし、雑善《ぞうぜん》をもつて少善根《しょうぜんごん》となす文《もん》。

『阿弥陀経《あみだきょう》』にのたまはく、「少善根福徳《しょうぜんごんふくとく》の因縁《いんねん》をもつて、かの国《くに》に生《しょう》ずることを得《う》べからず。舎利弗《しゃりほつ》、もし善男子《ぜんなんし》・善女人《ぜんにょにん》ありて、阿弥陀仏《あみだぶつ》を説《と》くを聞《き》きて、名号《みょうごう》を執持《しゅうじ》して、もしは一日《にち》、もしは二日《にち》、もしは三日《にち》、もしは四日《にち》、もしは五日《にち》、もしは六日《にち》、もしは七日《にち》、心《しん》を一にして乱《みだ》らずは、その人命 終《ひとみょうじゅう》の時《とき》に臨《のぞ》みて、阿弥陀仏《あみだぶつ》もろもろの聖衆《しょうじゅ》と現《げん》じて、その前《まえ》にましまさん。この人《ひと》終時《じゅうじ》に心顛倒《しんてんどう》せずして、すなはち阿弥陀仏《あみだぶつ》の極楽国土《ごくらくこくど》に往生《おうじょう》することを得《う》」と。

善導《ぜんどう》この文《もん》を釈《しゃく》していはく（法事讃・下）、

「極楽無為涅槃《ごくらくむいねはん》の界《さかい》には、縁《えん》に随《したが》ふ雑善《ぞうぜん》はおそらくは生《しょう》じがたし。

ゆゑに如来《にょらい》（釈尊）、要法《ようぼう》を選《えら》びて、教《おし》へて弥陀《みだ》を念《ねん》ぜしむること専《せん》にしてまた専《せん》ならしむ。七日《にち》七夜《や》、心無間《しんむけん》なれ。長時《じょうじ》に行《ぎょう》を起《おこ》すもますますみなしかなり。終《おわ》りに臨《のぞ》みて聖衆《しょうじゅ》、華《はな》を持《も》ちて現《げん》じたまふ。身心踊躍《しんしんゆやく》して金蓮《こんれん》に坐《ざ》す。坐《ざ》する時《とき》にすなはち無生忍《むしょうにん》を得《う》。一念《ねん》に迎《むか》へ将《い》て仏前《ぶつぜん》に至《いた》る。法侶衣《ほうりょころも》をもつて競《きお》ひ来《きた》りて着《き》す。不退《ふたい》を証得《しょうとく》して三賢《げん》に入《い》る」と。

わたくしにいはく、「少善根福徳《しょうぜんごんふくとく》の因縁《いんねん》をもつて、かの国《くに》に生《しょう》ずることを得《う》べからず」といふは、諸余《しょよ》の雑行《ぞうぎょう》はかの国《くに》に生《しょう》じがたし。ゆゑに「随縁雑善恐難生《ずいえんぞうぜんくなんしょう》」といふ。少善根《しょうぜんごん》とは多善根《たぜんごん》に対《たい》する言《ことば》なり。しかればすなはち雑善《ぞうぜん》はこれ少善根《しょうぜんごん》なり、念仏《ねんぶつ》はこれ多善根《たぜんごん》なり。ゆゑに龍舒《りゅうじょ》の『浄土文《じょうどもん》』にいはく、「襄陽《じょうよう》の石《いし》に『阿弥陀経《あみだきょう》』を刻《え》れり。すなはち隋《ずい》の陳仁稜《ちんじんりょう》が書《か》けるところの字画《じかく》、清婉《せいえん》にして人多《ひとおお》く慕《ねが》ひ玩《もてあそ》ぶ。〈一心不乱《しんふらん》〉より下《しも》に、〈専持名号以称《せんじみょうごういしょう》 名故諸罪《みょうこしょざい》 消滅即是多善根福徳因縁《しょうめつそくぜたぜんごんふくとくいんねん》〉といふ。今世《こんぜ》の伝本《でんぽん》にこの二十一字《じ》を脱《だつ》せり」と。以上 ただ多少《たしょう》の義《ぎ》あるのみにあらず。また大小《だいしょう》の義《ぎ》あり。いはく雑善《ぞうぜん》はこれ小善根《しょうぜんごん》なり、念仏《ねんぶつ》はこれ大善根《だいぜんごん》なり。また勝劣《しょうれつ》の義《ぎ》あり。いはく雑善《ぞうぜん》はこれ劣《れつ》の善根《ぜんごん》なり、念仏《ねんぶつ》はこれ勝《しょう》の善根《ぜんごん》なり。その義知《ぎし》るべし。

（『註釈版聖典（七祖篇）』一二七四～一二七六頁）

## 【意訳】

念仏をもって多善根《たぜんごん》とし、雑善《ぞうぜん》をもって少善根《しょうぜんごん》とせらるるの文。

『阿弥陀経』に説かれてある。「少善根福徳《ふくとく》の因縁をもっては、かの国に生れることはできない。舎利弗《しゃりほつ》よ、もし善男《ぜんなん》・善女《ぜんにょ》があって、阿弥陀仏のいわれを説くのを聞き、その名号をたもって、あるいは一日、あるいは二日、あるいは三日、あるいは四日、あるいは五日、あるいは六日、あるいは七日の間、一心にして乱れないならば、その人の臨終には、阿弥陀仏が多くの聖衆とともに、その前に現れてくださる。そこで、この人は命の終るとき心が乱れ戸惑うことなく、ただちに阿弥陀仏の極楽に生れることができる」と。

善導大師がこの文を解釈していわれてある。(『法事讃』下巻)

「極楽は無為涅槃《むいねはん》の境界である。人それぞれの縁にしたがって修める雑善では恐らく生れがたい。それゆえ釈迦如来は要法《ようぼう》を選んで、専ら弥陀を信じて一心に念仏せよと教えられた。七日七夜心に間断なく、さらに長いあいだ念仏するならば、臨終には聖衆が華を持って現れ、行者は身も心も踊躍《ゆやく》して金の蓮台《れんだい》に坐る。坐ると同時に無生法忍《むしょうぼうにん》を得、しばしの間に迎えられて仏の前に至る。そこで法のなかまたちが衣を持ってきて競い着せ、不退をさとって三賢《さんげん》の位に入る」と。

私見を述べる。「少善根福徳の因縁をもっては、かの国に生れることはできない」というのは、念仏よりほかのいろいろの自力の行では、かの国に生れ難いから、「人それぞれの縁にしたがって修める雑善では恐らく生れがたい」というのである。少善根というのは、多善根に対する言葉である。そうであるから雑善は少善根であり、念仏は多善根である。そこで龍舒《りゅうじょ》の『浄土文《じょうどもん》』に、「襄陽《じょうよう》にある石に刻んだ『阿弥陀経』は、すなわち隋の陳仁稜《ちんじんりょう》が書いたもので、字がうるわしく、人が多く慕い愛《め》でるが、〈一心に乱れず〉の下に〈専ら名号を持《たも》ち、名《みな》を称するを以ての故に諸罪消滅す。即ち是れ多善根福徳の因縁なり〉と記されてある。今の世に伝わる本には、この二十一字が脱けている」といってある。ただ多少の義があるばかりでなく、また大小の義もある。すなわち雑善は小さい善根であり、念仏は大きい善根である。また勝劣の義もある。すなわち雑善は劣った善根であり、念仏は勝れた善根である。その義を知るべきである。

【講　読】

## 多善根章の構成と標章について

すでに「本願章」などで、名号が万徳の所帰であり、誰もが称えやすい易行であるから、念仏が選択本願の行であることを説かれていましたが、第一章から第六章までは『大経』によって、第七章から第十二章までは『観経』によって、そして、この多善根章より後の四章は、『小経』を引いて、往生浄土の教えである選択本願念仏の徳を讃歎します。『大経』『観経』『小経』が同じ教えを説くとみる三経一致《さんぎょういっち》の立場で、念仏往生を明らかにするのです。この章では標章の文に、「念仏をもって多善根」と表すだけではなく、「雑善をもつて少善根となす」と述べ、念仏と念仏以外のさまざまな善行と対比させて、念仏の真意を明らかにしようとしています。

多善根章は次のような構成となっています。

標章の文——念仏をもって多善根となし、雑善をもって少善根となす文
引　文——『阿弥陀経』「修因段《しゅいんだん》（因果段、往因段《おういんだん》）」の文
　　　└善導大師の『法事讃』（巻下）の文

私　釈
┬ 念仏と雑善とを対比させ、多善根である念仏で往生を得ることを示す。
└ 念仏を多善根と主張する『阿弥陀経』（二十一字増）の文が彫られた襄陽の石刻の文を重視する。

なお、親鸞聖人は、『大経』『観経』『小経』の三経に隠顕を見られ、「顕説」の見方では、『観経』は定散二善の法を説くもので、第十九願の諸行往生を開説したもの、『小経』は、多善根多功徳の自力念仏を説くもので、第二十願の法を開説したものと見られます。三経が別の教えを説くものと見るので、これを三経差別門《さんぎょうしゃべつもん》といいます。また、「隠彰」の見方では、二経共に『大経』と同じ他力念仏往生を説いたものと見られます。これを三経一致門といいます。一方、法然聖人には、三経差別の見方はなく、三経一致の立場ですので、『小経』の念仏も、第十八願の他力念仏と見られて、念仏往生を明らかにされていきます。

## 『阿弥陀経』修因段（因果段、往因段）の引文

この章の冒頭の引文は『小経』「修因段」（『註釈版聖典』一二四頁）の文で、

少善根福徳《しょうぜんごんふくとく》の因縁《いんねん》をもつてかの国《くに》に生《しょう》ずることを得《う》べからず。

と諸行は少善根であるから往生は不可であると述べます。その後、釈尊は舎利弗に呼びかけられます。

善男子善女人が、阿弥陀仏の名号のいわれを説くのを聞きて、名号を執持して、一日から七日の間、心を一にして乱れなければ、その人の命終の時に、阿弥陀仏が多くの聖衆とともにその前に現れてくださる。そのためこの人は、心が乱れず阿弥陀仏の極楽国土に往生することができるのである

ここに、一日から七日の間に一心不乱に称名念仏申す人が、臨終来迎によって浄土に生れることを述べられますが、これは一見すると自力の念仏のようにも思われます。しかし、法然聖人は『阿弥陀経釈』に、

これ則ち念仏三昧《ねんぶつざんまい》を修する時節《じせつ》の延促《えんそく》なり、文は一日七日を挙《あ》ぐと雖《いえど》も、意は一生ないし十《じっ》声《しょう》・三声《さんしょう》・一声《いっしょう》等の時節を兼《か》ぬ（『昭和新修法然上人全集』、一三五頁）

といわれます。すなわち、ここに説かれた念仏は期間を限るものではなく、多ければ一生、少なければ一声の念仏であるとされ、称える数に限定のない他力の念仏であることが示されます。

またこの『小経』の文には直接述べられていませんが、この念仏が、私釈にいたって「多善根多功徳」と示されます。この修因段の意を明らかにするためにも、後述する襄陽の石刻の文が重要な

意味を持つのです。

## 『法事讃』引文の意

『小経』修因段の引証につづいて、『法事讃』の引証となります。『法事讃』の意を要約すれば次のように表すことが出来ます。

極楽はおさとりの世界ですから、人それぞれの縁にしたがって修める善根では恐らく生れることは難しい。

従って釈迦如来は、すぐれた要法を選んで、もっぱら阿弥陀仏の名号を称することを勧められた。

七日七夜相続して、ひいては一生涯にわたり長時に称名念仏するなら、

臨終には、仏・菩薩などの聖衆が、蓮の華を持って現れてくださるのを見ることができる。その人は、身心によろこびがみちて、金の蓮の華に坐することができる。

坐する時に、不生不滅の真理をさとり、一瞬の間に迎えられて、阿弥陀仏の御前に至ることができる。

法の仲間が、競い来りて法の衣を着せる。その人は迷界に退転することがない不退の位に到

り、三賢の位（修行の位のうち十住、十行、十回向の位）に入るのである。

『法事讃』の中、後半の部分に『小経』を讃える部分がありますが、そこよりの引文であります。この『法事讃』の引文で何より注目すべきは、「極楽無為涅槃界の界には」とある文です。『小経』は、西方に阿弥陀仏を中心の仏とする極楽世界があると華やかな世界が説かれていますが、善導大師は、その世界を同時に「無為涅槃界」という、生滅変化もなく、色・形もなく、とらわれをこえた「おさとりの世界」と表しています。そして「おさとりの世界」であるから、人それぞれの縁にしたがって修める善根は、さまざまの雑善をふくむので、そのさとりの世界に生ずることは出来ないと述べられています。善導大師は、極楽というおさとりの世界は、さまざまな各個人の善根では、自力の不純心がふくまれているので往生は不可となる。そのため釈迦如来は、弥陀の名をひたすら称えるという最もすぐれた要法を選ばれたとみておられます。

善導大師が、大変深いところを述べられていますのでわかりにくい点もあります。法然聖人は、この『法事讃』の「随縁雑善恐難生」の文によって、『小経』の「少善根福徳因縁」を、念仏以外の諸行と見られたといえます。反対に、往生を得ることのできる一日から七日におよぶ称名念仏を、多善根とみられることになりますが、それを私釈において、襄陽の石刻の文によって証明されます。

## 私釈のこころ――襄陽の石刻を引く

前に述べた『法事讃』の引文の意図を私釈では次のように明快に述べています。

「なぜ少善根福徳の因縁では往生できないか」と言えば、それぞれの縁にしたがって行う善根であり、雑善、自力の行であるから往生不可である。これを少善根と言うのは、雑善の行であるからであり、一方、念仏は多善根である。

今までのところで、選択本願の念仏が多善根であるという意は、充分表れていますが、この意では『阿弥陀経』の修因段に説かれる一日から七日にわたる念仏に注目して、それに善導大師の『法事讃』の意をくみ、念仏は多善根なりと定義づけるのです。

さらにここで注目するのは、襄陽の石刻について言及しておられることです。従来述べてきましたように「念仏は多善根である」という表現は『阿弥陀経』には直接ありません。修因段にある文では「少善根福徳の因縁をもつて、かの国に生ずることを得べからず」と述べていますが、直接的に念仏を、多善根、多功徳とする肯定的な表現は、この正依の鳩摩羅什《くまらじゅう》訳の『阿弥陀経』にはありません。ところが襄陽（中国湖北省北西部にある都市）にある石碑には、隋の陳仁稜が書いた美しい文字の『阿弥陀経』が刻まれていて、「一心不乱」の下に、専持《せんじ》名号《みょうごう》以称《いしょう》名《みょう》故《こ》諸罪《しょざい》消滅《しょうめつ》即是《そくぜ》多《た》善根《ぜんごん》福徳《ふくとく》因縁《いんねん》（もっぱら名号を持《たも》つ。称名をもってのゆゑに諸罪消滅す。すなはちこれ多善根福徳の因縁なり）。

という二十一文字が明確に刻まれてあり、法然聖人はこの文を大変貴重な文として『選択集』の中に引用され、今伝えられている『阿弥陀経』には、この二十一文字が欠けているとも指摘されます。またここで、念仏を明確に「称名」としていることも注目に値するでしょう。

なお襄陽の石刻の『阿弥陀経』の二十一文字については、南宋《なんそう》の王日休《おうにっきゅう》編になる『龍舒浄土文《りゅうじょじょうどもん》』全十二巻の第一巻に収められています。王日休は盧州龍舒（現在の安徽省盧江）の人で龍舒居士とも号し、浄土教に関する文を集めた同書は、浄土往生の手だてを示すものとして多くの人に読まれました。はじめ十巻であったものが、後に二巻追加されています。この宋より送られたと伝わる二十一字増の『阿弥陀経』を刻した石碑が筑前《ちくぜん》の宗像大社《むなかたたいしゃ》（福岡県宗像市）に残っており、国宝に指定されています。詳細な研究成果もおさめられています。

念仏が多善根であることをはっきりと示した後に、この章を結ぶにあたって、念仏と念仏以外のもろもろの善行を対比するについて、多少の義だけでなく、大小の義、勝劣の義があると示されます。これは、あらゆる角度より念仏と諸善根を比較されるのです。それは微妙な表現ですが、数量の面で、あるいは質的な内容の面で、時間的、空間的すべての面で念仏がすぐれていることを明らかにされているのです。

親鸞聖人は、『選択集』のこの文をうけて『唯信鈔文意《ゆいしんしょうもんい》』（『註釈版聖典』七〇九頁）に善導大師の『法事讃』の文を解釈され、「極楽無為涅槃界」の語から、極楽を感覚的な世界ではなく、さとりの世界であることを表していかれます。そして「〈涅槃界〉というは無明のまどひをひるがへして、無上涅槃のさとりをひらくなり。〈界〉はさかひといふ、無上涅槃のさとりをひらくさかひなり」といわれ、極楽浄土に往生することは、そのままこの上なきさとりを得ることであるという、往生即成仏の教えをあらわされています。また、涅槃＝滅度《めつど》＝無為《むい》＝安楽《あんらく》＝常楽《じょうらく》＝実相《じっそう》＝法身《ほっしん》＝法性＝真如＝一如＝仏性＝如来と展開させて、凡夫が迷いを転じてさとりをひらくことができるのは、涅槃の顕現である如来のはたらきによることが示されます。したがって、「随縁雑善《ずいえんぞうぜん》」という自力の善根では、真実の浄土（実報土《じっぽうど》）には生れることができないと指摘します。そして釈迦如来がすすめられるのは、「選択本願の名号」を一向に専修することだと示されます。

以上、多善根章をもとに、善導大師、法然聖人、親鸞聖人と展開する行業論や救いの構造をみてまいりました。善導大師のお言葉をもとに念仏を多善根と表現された法然聖人の教えが、親鸞聖人にいたって、明確に他力回向の名号による救いとしてその根拠が示されたといえましょう。

# 第十四章　証誠章のこころ

## 本文と意訳

### 【本　文】

六方恒沙《ぼうごうじゃ》の諸仏《しょぶつ》余行《よぎょう》を証誠《しょうじょう》せず、ただ念仏《ねんぶつ》を証誠《しょうじょう》したまふ文《もん》。

善導《ぜんどう》の『観念法門《かんねんぼうもん》』にいはく、「また『弥陀経《みだきょう》』にのたまふがごとし。〈六方《ぼう》におのおの恒河沙等《ごうがしゃとう》の諸仏《しょぶつ》ましまして、みな舌《した》を舒《の》べてあまねく三千世界《ぜんせかい》に覆《おお》ひて、誠実《じょうじつ》の言《ごん》を説《と》きたまふ。《もしは仏《ぶつ》（釈尊）の在世《ざいせ》にもあれ、もしは仏《ぶつ》の滅後《めつご》にもあれ、一切《さい》の造罪《ぞうざい》の凡夫《ぼんぶ》、ただ心《しん》を回《え》して阿《あ》弥陀仏《みだぶつ》を念《ねん》じて、浄土《じょうど》に生《しょう》ぜんと願《がん》じて、上百年《かみひゃくねん》を尽《つく》し、下《しも》七日《にち》・一日《にち》、十声《しょう》・三声《しょう》・一声等《しょうとう》に至《いた》るまで、命終《いのちおわ》らんと欲《ほっ》する時《とき》、仏《ぶつ》、聖衆《しょうじゅ》とみづから来《きた》りて迎接《こうしょう》したまひて、すなはち往《おう》生《じょう》を得《う》》と。上《かみ》のごとき六方等《ぼうとう》の仏《ぶつ》、舌《した》を舒《の》べて、さだめて凡夫《ぼんぶ》のために証《しょう》をなしたまふ、罪滅《つみめっ》して生《しょう》ずることを得《う》と。もしこの証《しょう》によりて生《しょう》ずることを得《え》ずは、六方諸仏《ぼうしょぶつ》の舒《の》べたまへ

る舌《した》、一たび口《くち》より出《い》でて以後《のち》、つひに口《くち》に還《かえ》り入《い》らずして、自然《じねん》に壊爛《えらん》せん」と。（中略）

わたくしに問《と》ひていはく、なんがゆゑぞ六方《ぼう》の諸仏《しょぶつ》の証誠《しょうじょう》、ただ念仏《ねんぶつ》の一行《ぎょう》に局《かぎ》るや。答《こた》へていはく、もし善導《ぜんどう》の意《こころ》によらば、念仏《ねんぶつ》はこれ弥陀《みだ》の本願《ほんがん》なり、ゆゑにこれを証誠《しょうじょう》す。余行《よぎょう》はしからず、ゆゑにこれなし。

問《と》ひていはく、もし本願《ほんがん》によりて念仏《ねんぶつ》を証誠《しょうじょう》せば、『双巻《そうかん》』（大経）・『観経《かんぎょう》』等《とう》に念仏《ねんぶつ》を説《と》く時《とき》、なんぞ証誠《しょうじょう》せざるや。答《こた》へていはく、解《げ》するに二義《ぎ》あり。一に解《げ》していはく、『双巻《そうかん》』・『観経《かんぎょう》』等《とう》のなかに本願念仏《ほんがんねんぶつ》を説《と》くといへども、兼《か》ねて余行《よぎょう》を明《あ》かす。ゆゑに証誠《しょうじょう》せず。この『経《きょう》』（小経）のなかに一向《こう》にもつぱら念仏《ねんぶつ》を説《と》く。ゆゑにこれを証誠《しょうじょう》す。二に解《げ》していはく、かの『双巻《そうかん》』等《とう》のなかに証誠《しょうじょう》の言《ことば》なしといへども、この『経《きょう》』にすでに証誠《しょうじょう》あり。これに例《れい》してかれを思《おも》ふに、かれらの経中《きょうちゅう》（大経・観経）において説《と》くところの念仏《ねんぶつ》、また証誠《しょうじょう》の義《ぎ》あるべし。文《もん》この『経《きょう》』にありといへども、義《ぎ》かの経《きょう》に通《つう》ず。ゆゑに天台《てんだい》（智顗）の『十疑論《ぎろん》』にいはく、「また『阿弥陀経《あみだきょう》』・『大無量寿経《だいむりょうじゅきょう》』・『鼓《く》音声陀羅尼経《おんじょうだらにきょう》』等《とう》にのたまはく、〈釈迦仏《しゃかぶつ》、経《きょう》を説《と》きたまふ時《とき》に、十方世界《じっぽうせかい》におのおの恒《ごう》河沙《がしゃ》の諸仏《しょぶつ》ましまして、その舌相《ぜっそう》を舒《の》べてあまねく三千大千世界《ぜんだいせんせかい》に覆《おお》ひて、《一切衆生《さいしゅじょう》の阿弥陀仏《あみだぶつ》を念《ねん》じて仏《ぶつ》の本願大悲願力《ほんがんだいひがんりき》に乗《の》るがゆゑに、決定《けつじょう》して極楽世界《ごくらくせかい》に生《しょう》ずることを得《う》》と証誠《しょうじょう》したまふ〉」と。

（『註釈版聖典（七祖篇）』一二七六～一二七九頁）

## 【意訳】

六方恒沙の諸仏は余行を証誠せず、ただ念仏だけを証誠せられるの文。

善導大師の『観念法門』にいわれてある。「また『阿弥陀経』に説かれている通りである。〈六方におのおの恒河《ごうが》の沙《すな》の数ほどの諸仏がおられ、みな舌相《ぜっそう》をのばしひろげてあまねく三千大千世界を覆い、誠実《じょうじつ》の言を説かれる。《もしは釈尊の在世、もしは釈尊の滅後のすべての造罪の凡夫が、ただ心をふり向けて阿弥陀仏を念じ、浄土に生れようと願うならば、上は百年を尽くすものから、下はわずかに七日・一日、十声・三声・一声などのものに至るまで、その命の終ろうとするとき、阿弥陀仏は聖衆と共にみずから来て迎えとり、すなわち往生を得る》と。上の六方などの仏が舌をのばしひろげられるのは、定めて凡夫のために、罪を滅して往生を得る、と証明してくださるのである。もしこの証明によって往生を得ないならば、六方の諸仏ののばしひろげられた舌は、一たび口より出てのち、ついに口に還り入らずに、おのずからくさってしまうであろう」。（中略）

わたしに問うていう。どういうわけで六方の諸仏がたの証誠は、ただ念仏の一行のみに限るのか。答えていう。もし善導大師の意によれば、念仏は弥陀の本願に誓われた行であるからこれを証誠し、ほかの行はそうでないから証誠されないのである。

問うていう。もし仏の本願によって念仏を証誠されるというならば、『大経』・『観経』などに念仏を説かれる時に、諸仏はどうして証誠されないのか。答えていう。これを解釈するのに二つの義がある。一つには、『大経』や『観経』には本願の念仏が説かれるけれども、兼ねてほかの行も明かされてあるから証誠されない。この『阿弥陀経』には一向にもっぱら念仏のみが説かれてあるから、これを証誠されるのである。二つには、かの『大経』などの中には、証誠の言葉はないけれども、この『阿弥陀経』にすでに証誠があるから、これに例してかの『大経』などを思うと、かの『大経』・『観経』などに説かれる念仏にもまた証誠の義があるべきである。証誠の文は、この『阿弥陀経』にあるけれども、その義はかの『大経』などにも通ずる。ゆえに天台大師智顗の『十疑論《じゅうぎろん》』に、「また『阿弥陀経』・『大無量寿経』・『鼓音声陀羅尼経』などにいわれる。〈釈迦仏がこの経を説く時には、十方世界におのおの恒河の数ほどの諸仏がましまして、そのみ舌をのばしひろげてあまねく三千大千世界を覆い、《一切衆生が、阿弥陀仏を念じ、仏の本願に乗ずるならば、大悲の願力のゆえに間違いなく極楽世界に往生することができる》と証誠されるのである」といってある。

## 【講　読】

### 「証誠章」の構成と標章について

この証誠章も、前の多善根章に引き続き、『小経』のお示しを拠《よ》りどころとする一章です。「証誠」とは、誠《まこと》であると証《しょう》すること、つまりその教えが間違いなく「真実であると証明する」という意味です。

『小経』の証誠段（六方段）には、釈尊が『小経』の上に示された念仏往生の教えが真実であることを、六方のあらゆる諸仏がそれぞれの国土において、広長《こうじょう》の舌相を出して証明されたことが説かれています（『註釈版聖典』一二五～一二七頁参照）。広長の舌相という仏のすがたや、舌を出すという身体表現は、いずれもその所説が真実にして虚妄《こもう》でないことを表すものです。

この『小経』の文について、主に善導大師の著作によってその説意を明らかにしていかれます。標章の文に「六方恒沙の諸仏余行を証誠せず、ただ念仏を証誠したまふ文」とあるように、諸仏の証誠の上から「余行（念仏以外の諸行）」による往生の教えと「念仏」による往生の教えとの相違を示され、ただ念仏の信心を勧めようとされます。

証誠章は次のような構成となっています。

標章の文――六方恒沙の諸仏余行を証誠せず、ただ念仏を証誠したまふ文

引　文――善導大師の『観念法門』の文
　　　　　善導大師の『往生礼讃』から二文
　　　　　善導大師の『観経疏』「散善義」の文
　　　　　善導大師の『法事讃』（巻下）の文
　　　　　法照禅師《ほっしょうぜんじ》の『浄土五会法事讃』の文

私　釈――第一問答、諸仏の証誠はなぜ念仏一行に局《かぎ》るのか
　　　　　第二問答、諸仏は『大経』『観経』が説かれた時には、なぜその教えを証誠されなかったのか

## 『観念法門』の文

最初に善導大師の『観念法門』の文が引かれます。「また『弥陀経』にのたまふがごとし」とありますが、善導大師は『小経』の文を大胆に取意されて、そのこころを示されています。すなわち、諸仏が証誠された念仏往生の教えとは、「仏の滅後」の「一切の造罪の凡夫」のための教えであること、その念仏とは「上百年を尽し、下七日……三声・一声等に至るまで」の回数を

問わない他力の念仏であること、そしてこの証誠にもかかわらず念仏によって往生できなければ諸仏の舌はただれくさるであろう、それほどの覚悟の上での確信に満ちた諸仏の証誠であることが示されているなど、『小経』の説意を深く読みとられた引文となっています。また、「さだめて凡夫のために証をなしたまふ」と、釈尊の念仏の説法が凡夫のためであるのと同様、諸仏の証誠もまた凡夫のためのものであると述べられている点も注目されます。

加えてこの後の引文では、「信《しん》ぜざることを恐畏《くい》して」（『観経疏』「散善義」）、「疑《うたがい》を生《しょう》ずることなかれ」（『法事讃』）ともあります。法然聖人は『阿弥陀経釈』に、念仏を証誠される諸仏のこころを幾つかの点から説かれていますが、そのなかで、

五逆《ごぎゃく》十悪《じゅうあく》の罪人《ざいにん》、自《みずか》らその身《み》において疑《うたが》いをなして云《いわ》く、我《われ》等はこれ十悪《じゅうあく》・五逆《ごぎゃく》の罪人《ざいにん》なり、業障《ごっしょう》年深《としふか》し、たとひ念仏《ねんぶつ》を修《しゅ》するといへども、いかんが極楽《ごくらく》に生《しょう》ずることを得《え》ん。かくのごとく自《みずか》ら疑《うたが》ひて、敢《あ》へて往生《おうじょう》を信《しん》ぜず。これによりてこの証誠《しょうじょう》あり。

（『真宗聖教全書』四、三七一頁）

と、「私のような罪深い者では念仏してもとても往生できない」と「自身を疑う」者のためにこの証誠があるのだと述べられます。また、往生は読誦大乗などの殊勝《しゅしょう》の行によってこそ可能であり、念仏のような易しい行ではとても往生できない、と「法を疑う」者のためとも示されています（同

頁)。『小経』の証誠段の文を、信心の問題と関わるところで、自力のはからいにとらわれ本願の不思議を疑う凡夫のための証誠であると、主体的に受けとめられていることが知られます。

引文ではさらに、善導大師の著作から四文、法照禅師の『浄土五会法事讃』から一文を引いて、あらゆる諸仏が念仏往生の教えを証誠されていることが、繰り返し述べられています。

なお、このうち『観経疏』の文と『浄土五会法事讃』の文には、「六方」ではなく「十方」の諸仏が念仏を証誠されているとありますが、これは『小経』の異訳である『称讃浄土経《しょうさんじょうどきょう》』(唐の玄奘《げんじょう》訳)によるものと考えられます。

## 私釈—念仏を証誠する理由

証誠章の私釈は二つの問答からなります。第一の問答では、諸仏の証誠はなぜ念仏一行に局《かぎ》るのか、と問われます。法然聖人はこの問いに対し、

もし善導の意によらば、念仏はこれ弥陀の本願なり、ゆゑにこれを証誠す。余行はしからず、ゆゑにこれなし。

と、念仏は本願に誓われた行であるから諸仏が証誠されるのであり、余行は非本願の行であるから証誠されないのだと示されます。

『選択集』では、さまざまな観点から、ただ念仏往生の教えのみが、凡夫が仏となることのできる唯一の教えであることが明らかにされています。本章では、諸仏がただ念仏のみを証誠するという点から、そのことが示されていると言えるでしょう。しかもそれぞれの主張は、つねに「称名念仏は選択本願の行である」という、法然聖人の根本主張に支えられていることが知られます。これまでのところでも、特留章、摂取章、化讃章、念仏付属章など、いずれも選択本願の行という点に、各章の主張の根拠が求められていたことを確認したいと思います。

## 私釈——諸仏証誠と大観二経

第二の問答では、本願の行ゆえに念仏を証誠するのであれば、なぜ『大経』『観経』が説かれた時には、諸仏はその教えを証誠されなかったのか、これらの経典にも念仏の教えが説かれているではないか、と問われます。これについて二義をもって答えられます。まず一つには次のように答えられます。

『双巻』・『観経』等のなかに本願念仏を説くといへども、兼ねて余行を明かす。ゆゑに証誠せず。この『経』（小経）のなかに一向にもつぱら念仏を説く。ゆゑにこれを証誠す。

すでに三輩章そして念仏付属章においても問題とされたように、『大経』の三輩段には菩提心などの余行が、また『観経』でも定散の諸行が説かれています。もし大観二経において念仏を証誠すれば、併せて余行も証誠されたかのような誤解が生じかねません。それゆえに諸仏は、もっぱら念仏のみが説かれる『小経』においてこの教えを証誠されたのだと示されます。

この答えからは、経文の会通《えつう》という以上に、法然聖人が諸仏の証誠の上に、念仏と諸行に対する厳しい廃立の意味を見られていることが注意されます。標章の文にも「余行を証誠せず」とありました。また後に見ます第十六章慇懃付属章では「選択証誠《せんじゃくしょうじょう》」（『註釈版聖典（七祖篇）』一二八四頁）とも表現されています。念仏の選択は、同時に、余行の選捨を含みます。しかもあらゆる諸仏が同心《どうしん》に証誠されると示されるのであり、ここに法然聖人の革新的な仏教観を窺うことができます。

次に第二の義では、『大経』『観経』には、文としては諸仏の証誠はないが、『小経』に例すれば、義としては念仏が証誠されていると見ることができると説かれます。そして天台大師の撰述《せんじゅつ》とされる『浄土十疑論』に、

また『阿弥陀経』・『大無量寿経』・『鼓音声陀羅尼経』等にのたまはく、〈釈迦仏、経を説きたまふ時に、十方世界におのおの恒河沙の諸仏ましまして……

とある文を引いて、『小経』の他、『大経』や『鼓音声陀羅尼経』という他経典の上にも、念仏の教えが証誠されていると見る先例のあることが示されます。

先哲の研究のなかでは、『大経』や『鼓音声陀羅尼経』には、諸仏証誠の文はないが、いずれの経にも諸仏が弥陀を讃嘆する文があり、そこに証誠の義が含まれていると見ることができると指摘されています。傾聴すべき見解でしょう。

以上のように証誠章では、主に善導大師の文によって、あらゆる諸仏が同心にただ念仏のみを証誠されている、余行は証誠されないとの大胆な主張が示され、その根拠には念仏が本願の行であることが挙げられます。また、『大経』『観経』の上にも、証誠の義のあることが示されます。そして、『小経』に説かれる諸仏の証誠を、『大経』の本願思想との関わりにおいて捉え、また『大経』そのものの上にも証誠の意を見ていく法然聖人の見方は、さらに親鸞聖人において、諸仏の証誠を阿弥陀仏の第十七願成就の相と受けとめる見方に継承されます（『一念多念文意』『註釈版聖典』六八六頁、『親鸞聖人御消息』『註釈版聖典』七七六頁）。第十七願には、あらゆる諸仏に我が名を称えられん、ほめられんと誓われており、証誠の義は願文の上に明らかでありません。しかし親鸞聖人は、証誠の義を含むものとして第十七願を理解されることで、衆生に信を得せしめるための、本願自らの展開として諸仏の証誠を位置づけられていくことになります。

# 第十五章　護念章のこころ

## 本文と意訳

### 【本　文】

六方諸仏《ぼうしょぶつ》、念仏行者《ねんぶつぎょうじゃ》を護念《ごねん》したまふ文《もん》。

『観念法門《かんねんぼうもん》』にいはく、「また『弥陀経《みだきょう》』に説《と》くがごとし。〈もし男子《なんし》・女人《にょにん》ありて、七日《にち》七夜《や》および一生《しょう》を尽《つく》して、一心《しん》にもつぱら阿弥陀仏《あみだぶつ》を念《ねん》じて往生《おうじょう》を願《がん》ずれば、この人《ひと》はつねに六方恒河沙等《ろっぽうごうがしゃ》の仏《ぶつ》、ともに来《きた》りて護念《ごねん》したまふことを得《う》。ゆゑに護念経《ごねんぎょう》と名《な》づく〉と。護念《ごねん》の意《こころ》は、またもろもろの悪鬼神《あくきじん》をして便《たよ》りを得《え》しめず、また横病《おうびょう》、横死《おうし》、横《おう》に厄難《やくなん》あることなく、一切《さい》の災障《さいしょう》自然《じねん》に消散《しょうさん》しぬ。不至心《ふししん》をば除《のぞ》く」と。

『往生礼讃《おうじょうらいさん》』にいはく、「〈もし仏《ぶつ》を称《しょう》して往生《おうじょう》するものは、つねに六方恒沙等《ぼうごうじゃとう》の諸仏《しょぶつ》のために護念《ごねん》せらる。ゆゑに護念経《ごねんぎょう》と名《な》づく〉（小経）と。いますでにこの増上《ぞうじょう》の誓願《せいがん》あり、憑《たの》むべし。もろもろの仏子等《ぶっしとう》、なんぞ意《こころ》を励《はげ》まさざらんや」と。

わたくしに問《と》ひていはく、ただ六方《ぼう》の如来《にょらい》のみましまして行者《ぎょうじゃ》を護念《ごねん》したまふはいかんぞ。答《こた》へていはく、六方《ぼう》の如来《にょらい》のみには限《かぎ》らず。弥陀《みだ》・観音等《かんのんとう》また来《きた》りて護念《ごねん》したまふ。ゆゑに『往生礼讃《おうじょうらいさん》』にいはく、「『十往生経《じゅうおうじょうきょう》』にのたまはく、〈もし衆生《しゅじょう》ありて阿弥《あみ》陀仏《だぶつ》を念《ねん》じて往生《おうじょう》を願《がん》ずれば、かの仏《ぶつ》すなはち二十五の菩薩《ぼさつ》を遣《つか》はして、行者《ぎょうじゃ》を擁護《ようご》したまふ。もしは行《ぎょう》、もしは坐《ざ》、もしは住《じゅう》、もしは臥《が》、もしは昼《ちゅう》、もしは夜《や》、一切《さい》の時《とき》、一切《さい》の処《ところ》に、悪神《あくじん》をしてその便《たよ》りを得《え》しめず〉と。また『観経《かんぎょう》』にのたまふがごとし。〈もし阿弥陀仏《あみだぶつ》を称《しょう》・礼《らい》・念《ねん》して、かの国《くに》に往生《おうじょう》せんと願《がん》ずれば、かの仏《ぶつ》すなはち無数《むしゅ》の化《け》仏《ぶつ》、無数《むしゅ》の化観音《けかんのん》・勢至菩薩《せいしぼさつ》を遣《つか》はして、行者《ぎょうじゃ》を護念《ごねん》したまふ〉と。また前《さき》の二十五の菩薩等《ぼさつとう》と百重千重《ひゃくじゅうせんじゅう》行者《ぎょうじゃ》を囲繞《いにょう》して、行住坐臥《ぎょうじゅうざが》を問《と》はず、一切《さい》の時処《じしょ》に、もしは昼《ひる》、もしは夜《よる》、つねに行者《ぎょうじゃ》を離《はな》れたまはず。いますでにこの勝益《しょうやく》あり。憑《たの》むべし。願《ねが》はくはもろもろの行者《ぎょうじゃ》、おのおのすべからく至心《ししん》に往《ゆ》くことを求《もと》むべし」と。（略）

（『註釈版聖典（七祖篇）』一二八〇～一二八一頁）

## 【意　訳】

六方の諸仏が行者を護念されるの文。

『観念法門』にいわれてある。「また『小経』に説かれているとおりである。〈もし男子や女人が七日七夜、さらには一生を終るまで、一心にもっぱら阿弥陀仏を念じて往生を願うならば、この人には常に六方の恒河の沙の数ほどの仏たちがともに来って護念せられる。それ故この経を護念経と名づける〉と。護念という意味は、またすべての悪鬼《あくき》や悪神《あくじん》にその手がかりを得させず、また不慮の病や不慮の死や不慮の厄難があることなく、一切の災障《さいしょう》もおのずから消散することである。まことの心でないものを除く」。

『往生礼讃』にいわれてある。「〈もし仏のみ名を称えて往生する者は、つねに六方の恒河の沙の数ほどの仏たちに護られるから護念経と名づける〉と。今すでにこのすぐれた誓願があるのだから、信ぜよ。多くの仏弟子たちよ、どうして一生懸命に往生を願わないでおられようか」。

わたくしに問うていう。ただ六方の如来のみがあって、念仏の行者を護念せられるのかどうか。答えていう。六方の如来のみとは限らない。阿弥陀仏や観世音菩薩なども、また来って護念せられるのである。ゆえに『往生礼讃』にいわれる。「『十往生経』に説かれている。〈もし衆生があって、阿弥陀仏を念じて往生を願えば、かの仏は二十五菩薩を遣《つか》わして行者を護られ、もしは歩むも、もしは坐るも、もしは住《とど》まるも、もしは臥《ふ》すも、もしは昼、もしは夜、あらゆる時、あらゆる処において、悪鬼・悪神にその手がかりを得させないのである〉と。また『観経』に説かれている通りである。〈もし阿弥陀仏のみ名を称え、礼拝・憶念して、かの国に往生しようと願えば、かの仏はすぐさま無数の化仏や無数の観音・勢至の化身を遣わして行者を護ってくださる〉と。そしてまた前の二十五菩薩などと共に、行者を百重千重にとりかこんで、歩むも住まるも坐るも臥すも、いずれの時・処でも昼夜を問わず、つねに行者の身辺から離れたまわぬ。今すでにこのすぐれた利益があるから信ずべきである。願わくば多くの行者よ、心から往生を求めよ」と。（略）

## 【講　読】

### 「護念章」の構成と標章について

前の証誠章においては、六方諸仏の証誠により、念仏の信心が勧められていました。これをうけて護念章では、同じく『小経』によりながら、信心を得た念仏者のたまわる現生の利益として、諸仏の護念が明かされます。

念仏者のたまわる現生の利益としては、すでに摂取章において、摂取不捨の益が説かれていましたが、この摂取不捨の益と、そして今回の護念章に明かされる諸仏護念の益は、『選択集』に示される現生の利益の中心的なものと言えます。

護念章は次のような構成となっています。

- 標章の文――六方諸仏、念仏行者を護念したまふ文
- 引　文
  - 善導大師の『観念法門』の文
  - 善導大師の『往生礼讃』の文
- 私　釈
  - 問い、念仏の行者を護念されるのは六方の諸仏のみであるのか
  - 答え、弥陀・観音等も来りて護念されると示され、以下の文が引証される
  - 善導大師の『往生礼讃』の文
  - 善導大師の『観念法門』から三文

## 善導大師の『阿弥陀経』引文

冒頭、善導大師の『観念法門』と『往生礼讃』の文によって、『小経』に説かれる諸仏護念のこころが示されます。『観念法門』では、

「また『弥陀経』に説くがごとし。〈もし男子・女人ありて、七日七夜および一生を尽して、一心にもつぱら阿弥陀仏を念じて往生を願ずれば、この人はつねに六方恒河沙等の仏、ともに来《きた》りて護念したまふことを得。ゆゑに護念経と名づく〉と。

とあります。『小経』に説かれる念仏往生の教えを信ずる者は、一切の諸仏に護念される。それゆえに六方の諸仏は『小経』のことを「護念経（一切諸仏所護念経《いっさいしょぶつしょごねんぎょう》）」と呼ばれるのであると、経名の由来を通して念仏者が護念の利益を得ることが明かされています。さらに、護念されるとはどういうことかを示して、

護念の意は、またもろもろの悪鬼神をして便りを得しめず、また横病、横死、横に厄難あることなく、一切の災障自然に消散しぬ。不至心をば除く。

と説かれます。悪鬼神とは仏法に帰依せず人々に害をなす存在ですが、諸仏に護念されるゆえに、念仏者は悪鬼神によって害されることがない。また、不慮の病や不慮の死、不慮の厄難なく、一切の災障もおのずから消滅すると示されます。末尾に「不至心をば除く」とあるのは、諸仏の護念が、信心の行者の得る利益であり、信心の定まらない者にはこの利益のないことを示されたものです。

また『往生礼讃』の文には、『小経』を引いた後に、

いますでにこの増上の誓願あり、憑むべし。もろもろの仏子等、なんぞ意を励まさざらんや

とあります。増上の誓願とは、阿弥陀仏の選択本願です。信心の行者の利益を明かしながら、本願をたのむべきことが勧められています。すなわち、災いを除く現世の利益が説かれながらも、その利益を求めて念仏せよというのではありません。存覚上人《ぞんかくしょうにん》の『持名鈔《じみょうしょう》』に、『稾幹喩経《こうかんゆきょう》』という経典を引かれ、

稲《いね》を得《う》るものはかならず稾《わら》を得《う》るがごとくに、後世《ごせ》をねがへば現世《げんぜ》ののぞみもかなふなり。

（『註釈版聖典』一〇一三頁）

と説かれるように、こうした利益は、如来の仰せを聞いて往生成仏すべき身と定まるところに、おのずから恵まれるものとして示されています。

## 私釈──弥陀・諸菩薩・諸天神による護念

私釈では、念仏者を護念するのは六方の諸仏のみであるかと問われます。すなわち、諸仏による護念のあることはすでに明らかにされたけれど、その他の諸菩薩や諸天神、また阿弥陀仏においてはいかがであるか、という問いです。

『往生礼讃』の文では、まず『十往生経』によって、阿弥陀仏は浄土から二十五菩薩を遣わして念仏者を擁護されると説かれます。この二十五菩薩は、日本では平安末期以降、臨終に来迎する菩

薩として信仰されました。現在でも、奈良県の当麻寺《たいまでら》で行われる練供養《ねりくよう》などが有名です。しかし善導大師、法然聖人は、二十五菩薩を臨終来迎の菩薩と見るのではなく、現生においてつねに念仏者を擁護する菩薩として示されています。また、『往生礼讃』の文では、続けて『観経』によって、無数の化仏、化観音、勢至菩薩による護念が説かれます。

私釈ではこの後、『観念法門』の文が続けて三文引かれます。最初の二文により、観音・勢至菩薩、さらには一切の諸天および四天大王・竜神八部による護念が明かされます。また、最後の引文では、阿弥陀仏自らも聖衆とつねに来たりて護念されること、そして護念を蒙るゆえに、念仏者は延年転寿《えんねんてんじゅ》(寿命をのばすこと)を得ると説かれています。こうして、念仏者は諸仏のみならず、阿弥陀仏をはじめ、観音・勢至などの諸菩薩、諸天神、浄土の聖衆によっても、こぞって護念されていると示されます。

## 念仏者の信心をまもる

本章には引用されていませんが、善導大師の『法事讃』には、次のような文があります。

六方《ろっぽう》の諸仏信心《しょぶつしんじん》を護念《ごねん》し、浄土《じょうど》の弥陀慈心《みだじしん》をもつて摂受《しょうじゅ》したまへ。

(『註釈版聖典(七祖篇)』五九二頁)

ここでは、諸仏による護念の内容が、悪鬼神や災いからまもるということではなく、念仏者の信心をまもることとして説かれています。

このように護念の意味には、大別して二つの意味があると言えます。先哲は護念の語義を解釈して、「護」は「覆護《ふご》の義（外から障りのないように守ること）」で、念仏の行者には、外から悪魔悪鬼等の障りのないようにまもること。「念」は「記念の義（心に覚え持つこと）」で、恒沙の諸仏の念力をもって、しばらくも行者を忘れず、念仏の行者の心の中の信心を退せぬようにまもることと述べられています。いま先哲の言葉を借りて、護念の内容を、「覆護」と「記念」の二つで理解するならば、本章における護念の益は、主に、悪魔悪鬼等の障りのないようにまもるという「覆護」を中心に明かされていたと言えるでしょう。

法然聖人の著書や法語のなかでは、諸仏の護念は、信心をまもるという「記念」の意味では、直接には説かれていないようです。しかし法然聖人は、「覆護」の護念を説きながら、それがおのずから「記念」にも通ずると見られていたように思われます。『和語灯録《わごとうろく》』第二の「浄土宗略抄《じょうどしゅうりゃくしょう》」では、諸仏菩薩が念仏者を囲繞《いにょう》して、もろもろの横悩《おうのう》をなす悪鬼神のたよりを除き、不慮の災いを除かれることを示された上で、

されば念仏《ねんぶつ》を信《しん》じて往生《おうじょう》をねがふ人《ひと》、ことさらに悪魔《あくま》をはらはんために、よろづのほとけ・かみにいのりをもし、つゝしみをもする事《こと》は、なじかはあるべき。

（『真宗聖教全書』四、六二五頁）

と、諸仏に護念される念仏者は、ことさらに悪魔をはらうために、阿弥陀仏以外の神仏を祈ったり、物忌《ものい》みをする必要はないと述べられます。これを護念される諸仏の上から言えば、弥陀一仏への信心を退転せしめず、念仏者が誤った教えに迷わないように（記念）、さまざまな災いを除く利益を恵まれている（覆護）と窺うことができるでしょう。

仏教では、諸行無常《しょぎょうむじょう》・一切皆苦《いっさいかいく》の厳しい事実を説き、急ぎ涅槃を求めるべきことを教えるのが本来です。しかし、私たちにとっては、横病《おうびょう》や横死《おうし》など、もし避けることのできる災いであるならば、なんとかして避けたいと思うのが凡情《ぼんじょう》というものでしょう。状況によっては、現世利益を宣伝する迷信に心を動かされないとも限りません。諸仏は、そんな私たちのために、信心の退転の縁となるものにまどわされず、念仏申す人生を全うさせたいとお護りくださっているのです。

## 親鸞聖人の受けとめ

以上のような法然聖人のお示しをうけ、親鸞聖人もまた諸仏護念の益を念仏者のたまわる他力信心の利益として位置づけられています。親鸞聖人の受けとめの特徴は、一つには、護念の上に、信心をまもるはたらきのあることが明示される点です。『浄土和讃《じょうどわさん》』の「現世利益讃《げんぜりやくさん》」には、

無礙光仏《むげこうぶつ》のひかりには
無数《むしゅ》の阿弥陀《あみだ》ましまして
化仏《けぶつ》おのおのことごとく
真実信心《しんじつしんじん》をまもるなり
（『註釈版聖典』五七六頁）

と詠われています。これは弥陀の化仏を讃嘆された御和讃ですが、諸仏・諸菩薩の護念においても、同じように信心をまもるはたらきを見ておられると窺われます。

存覚上人の『六要鈔《ろくようしょう》』には、「六方《ろっぽう》の諸仏《しょぶつ》の証誠《しょうじょう》を護念《ごねん》と名《な》づくなり」（『真宗聖教全書』二、二四七頁）と、諸仏が念仏往生の教えを証誠されていることが、そのまま念仏者の信心を護念されていることであると見る理解も示されています。

二つ目の特徴としては、諸仏の護念を阿弥陀仏の本願そのものの展開した相（すがた）と位置づけられていることです。諸仏の証誠を第十七願成就の相と見ておられることは、すでに述べましたが、諸仏の護念についてもやはり同様に受けとめられています（『一念多念文意』『註釈版聖典』六八六頁参照）。また、本願そのものの展開した相（すがた）ということは、阿弥陀仏自らの救済力を具体的に開いたものということでもあります。先哲は、諸仏護念の益の根本には、阿弥陀仏の光明によって常に護《まも》られるという「心光常護《しんこうじょうご》の益《やく》」（『同』二五一頁）があると、この二つの利益につながりを見ておられます。

# 第十六章　慇懃付属章のこころ

## 本文と意訳

**【本　文】**

釈迦如来《しゃかにょらい》、弥陀《みだ》の名号《みょうごう》をもって慇懃《おんごん》に舎利弗等《しゃりほっとう》に付属《ふぞく》したまふ文《もん》。

『阿弥陀経《あみだきょう》』にのたまはく、「仏《ぶつ》この経《きょう》を説《と》きたまふこと已《おわ》りて、舎利弗《しゃりほつ》およびもろもろの比《び》丘《く》、一切世間《さいせけん》の天《てん》・人《にん》・阿修羅等《あしゅらとう》、仏《ぶつ》の所説《しょせつ》を聞《き》きて、歓喜《かんぎ》し信受《しんじゅ》して、礼《れい》をなして去《さ》りにき」と。

善導《ぜんどう》の『法事讃《ほうじさん》』（下）に、この文《もん》を釈《しゃく》していはく、

「世尊《せそん》法《ほう》を説《と》きたまふこと、時《とき》まさに了《おわ》りなんとして、慇懃《おんごん》に弥陀《みだ》の名《みな》を付属《ふぞく》したまふ。

五濁《じょくぞう》増《ぞう》の時《とき》は疑謗《ぎほう》多《おお》く、道俗《どうぞく》あひ嫌《きら》ひて聞《き》くことを用《もち》ゐず。

修行《しゅぎょう》することあるを見《み》ては瞋毒《しんどく》を起《おこ》して、方便《ほうべん》して破壊《はえ》して競《きお》ひて怨《あだ》を生《しょう》ず。

かくのごとき＊生盲闡提《しょうもうせんだい》の輩《ともがら》は、頓教《とんぎょう》を毀滅《きめつ》して永《なが》く沈淪《ちんりん》す。
大地微塵劫《だいじみじんこう》を超過《ちょうか》すとも、いまだ三途《ず》の身《み》を離《はな》るることを得《う》べからず。
大衆同心《だいしゅどうしん》にみな、あらゆる破法罪《はほうざい》の因縁《いんねん》を懺悔《さんげ》せよ」と。

わたくしにいはく、おほよそ三経《ぎょう》の意《こころ》を案《あん》ずるに、諸行《しょぎょう》のなかに念仏《ねんぶつ》を選択《せんじゃく》してもつて旨帰《しき》となす。先《ま》づ『双巻経《そうかんぎょう》』（大経）のなかに三の選択《せんじゃく》あり。一には選択本願《せんじゃくほんがん》、二には選《せん》択讃歎《じゃくさんだん》、三には選択留教《せんじゃくるきょう》なり。一に選択本願《せんじゃくほんがん》といふは、念仏《ねんぶつ》はこれ法蔵比丘《ほうぞうびく》、二百《ひゃく》一十億《おく》のなかにおいて選択《せんじゃく》するところの往生《おうじょう》の行《ぎょう》なり。細《くわ》しき旨上《むなかみ》に見《み》えたり。ゆゑに選択本願《せんじゃくほんがん》といふ。（中略）次《つぎ》に『観経《かんぎょう》』のなかにまた三の選択《せんじゃく》あり。一には選択摂取《せんじゃくせっしゅ》、二には選択化《せんじゃくけ》讃《さん》、三には選択付属《せんじゃくふぞく》なり。一に選択摂取《せんじゃくせっしゅ》といふは、『観経《かんぎょう》』のなかに定散《じょうさん》の諸行《しょぎょう》を説《と》くといへども、弥陀《みだ》の光明《こうみょう》ただ念仏《ねんぶつ》の衆生《しゅじょう》を照《て》らして、摂取《せっしゅ》して捨《す》てたまはず。ゆゑに選択摂《せんじゃくせっ》取《しゅ》といふ。（中略）次《つぎ》に『阿弥陀経《あみだきょう》』のなかに一の選択《せんじゃく》あり。いはゆる選択証誠《せんじゃくしょうじょう》なり。すでに諸経《しょきょう》のなかにおいて多《おお》く往生《おうじょう》の諸行《しょぎょう》を説《と》くといへども、六方《ぼう》の諸仏《しょぶつ》かの諸行《しょぎょう》において証誠《しょうじょう》せず、この『経《きょう》』（小経）のなかに至《いた》りて念仏往生《ねんぶつおうじょう》を説《と》きたまふときに、六方恒沙《ぼうごうじゃ》の諸仏《しょぶつ》、おのおの舌《した》を舒《の》べて大千《だいせん》に覆《おお》ひて、実《じつ》の語《ご》と証誠《しょうじょう》して、これを証誠《しょうじょう》したまふ。ゆゑに選択証誠《せんじゃくしょうじょう》といふ。しかのみならず『般舟三昧経《はんじゅざんまいきょう》』のなかにまた一の選択《せんじゃく》あり。いはゆる選択《せんじゃく》我名《がみょう》なり。（中略）本願《ほんがん》・摂取《せっしゅ》・我名《がみょう》・化讃《けさん》、この四はこれ弥陀《みだ》の選択《せんじゃく》なり。讃歎《さんだん》・留教《るきょう》・付属《ふぞく》、この三はこれ釈迦《しゃか》の選択《せんじゃく》なり。証誠《しょうじょう》は六方恒沙《ぼうごうじゃ》の諸仏《しょぶつ》の選択《せんじゃく》なり。しかればすなはち釈迦《しゃか》・弥陀《みだ》および十方《ぽう》のおのおのの恒沙等《ごうじゃとう》の諸仏《しょぶつ》、同心《どうしん》に念仏《ねんぶつ》の一行《ぎょう》を選択《せんじゃく》したまふ。余行《よぎょう》はしからず。ゆゑに知《し》りぬ、三経《ぎょう》ともに念仏《ねんぶつ》を選《えら》びてもつて宗致《しゅうち》となすのみ。

（『註釈版聖典（七祖篇）』一二八二～一二八五頁）

＊「生盲」の語については、『註釈版聖典（七祖篇）』の補注10（一四〇八頁）をご参照ください。

【意訳】

釈迦如来が、弥陀の名号をもってねんごろに舎利弗などに授け与えられる（付属）の文。

『小経』に説かれてある。「世尊がこの経を説き終られると、舎利弗をはじめ多くの弟子たちや、あらゆる世界の天・人・阿修羅《あしゅら》などは、この世尊の説法を聞いて喜び信じ、うやうやしく礼拝して立ち去ったのである」。

善導大師の『法事讃』に、この文を解釈していわれる。

「釈尊の説法がまさに了《おわ》ろうとする時、ねんごろに弥陀の名号を舎利弗に付属された。

末法は五つのけがれがいよいよ盛んな時であるから疑い謗る人が多く、一般の僧俗がともにこの法を嫌って聞こうとしない。

念仏を行ずる人を見ては瞋りの心を起し、いろいろのてだてをもってこれを破壊し競ってさまたげる。

このような仏になる因をもたない者は、この尊い念仏の教えをそしって永く沈み、大地《だいじ》微塵劫《みじんごう》より長い間をすぎても、なお三塗《さんず》の身を離れることができない。

大衆《だいしゅ》は心を同じくして、みな仏法を破る罪の因縁を懺悔《さんげ》せよ」


わたくしにいう。およそ三経の意味を考えると、すべての行の中で念仏を選択して、これを本旨とされる。まず『大経』の中に三つの選択がある。一つには選択本願、二つには選択讃嘆、三つには選択留教《るきょう》である。一つには選択本願とは、念仏は法蔵比丘が二百一十億の諸仏の法の中で選択せられた往生の行である。そのくわしい模様は、上に述べた通りである。ゆえに選択本願という。（中略）次に『観経』の中に、また三つの選択がある。一つには選択摂取、二つには選択化讃、三つには選択付属である。一つには選択摂取とは、『観経』の中に定散の諸行が説かれてあるけれども、阿弥陀仏の光明はただ念仏の衆生のみを照らし、摂取して捨てられない。ゆえに選択摂取という。（中略）次に『小経』の中に、一つの選択がある。いわゆる選択証誠である。すでに諸経の中に多く往生の諸行を説かれるけれども、六方の諸仏はかの諸行においては真実であると証明（証誠）されず、この『小経』の中に念仏往生を説くに至って、六方恒沙の諸仏はおのおの舌をのばしひろげて大千世界を覆い、誠実の語を説いてこれを証誠せられる。ゆえに選択証誠という。そればかりでなく、『般舟三昧経』の中にまた一つの選択がある。いわゆる選択我名《がみょう》である。（中略）選択本願と選択摂取と選択我名と選択化讃と、この四つは弥陀の選択である。選択讃嘆と選択留教と選択付属と、この三つは釈迦の選択である。選択証誠は六方恒沙の諸仏の選択である。こういうわけであるから、釈迦・弥陀および十方恒沙の諸仏がたが、心を同じくして念仏の一行を選択されたのである。余行はそうではない。ゆえに三経ともに念仏を選んで、これを主旨とせられることが知られるのである。

## 【講　読】

### 慇懃付属章の構成と標章について

本章も『小経』の内容にもとづく章ですが、引文の後の八選択《はっせんじゃく》の文は、全十六章の総括と言うべきもので、改めて「浄土三部経」の本旨が念仏にあることが明らかにされます。

慇懃付属章は次のような構成となっています。

標章の文――釈迦如来、弥陀の名号をもって慇懃に舎利弗等に付属したまふ文

引　文┬『阿弥陀経』流通分の文
　　　└善導大師の『法事讃』の文

八選択の文―浄土三部経の本旨は念仏の選択にあることを八選択により明らかにする

標章の文は、釈尊の説法がまさに了ろうとする時　ねんごろに弥陀の名号を舎利弗に付属されたというもので、引文では、『小経』の流通分の文（『註釈版聖典』一二八頁）とこれを釈された善導大師の『法事讃』（『註釈版聖典（七祖篇）』五七六頁参照）の文が引かれ、『小経』の流通分に名号付属の意のあることが説かれます。

なお、名号とはもちろん南無阿弥陀仏のことですが、法然聖人は「名号」とあっても多くの場合、これを「念仏」と同義と見られます。ですから、名号の付属とは「念仏の教えを仏弟子に授け与え、後世に伝えるよう託すこと」の意味となります。

続く八選択の文では、これまでの『選択集』の内容を総括して、念仏の一行は「浄土三部経」な

らびに『般舟三昧経』のなかで、弥陀・釈迦・諸仏によって同心に選択された往生行であると説いて、浄土三部経の教えは念仏の選択に帰結することを明らかにされます。

## 『阿弥陀経』の名号付属

すでに特留章・念仏付属章には、『大経』・『観経』の流通分に、釈尊によって仏弟子に念仏の教えが付属されていることが論じられていました。これら流通分の文の上に、様々な往生行のなかでも、ただ念仏のみを勧められる釈尊の真意が表れていると、法然聖人は示されていたわけです。

この「慇懃付属章」は、釈尊は『小経』の流通分においても、やはり大・観二経を説かれたときと同じように、念仏の教えのみを付属し勧められていることを明かすものです。ただし『小経』の流通分では、念仏の教えを付属するという内容は直接には見られません。しかしながら法然聖人は、この『小経』の文を釈された善導大師の『法事讃』の文に、

世尊法を説きたまふこと、時まさに了りなんとして、慇懃に弥陀の名を付属したまふ。

とあることによって、『小経』の流通分にも名号（念仏）付属の意があることを示されるのです。これによって、浄土三部経ではいずれも例外なく念仏の教えが付属されていることが明示されるわけですから、この『法事讃』の文は、三部経を通じた本旨を念仏に帰結される法然聖人にとって、

大切なものであったことが窺われます。

なお、覚如上人の『口伝鈔《くでんしょう》』（『註釈版聖典』九〇一頁参照）では、いまの『法事讃』の文の「釈尊の説法がまさに了ろうとする時」とは、『小経』の説法の終りという意味にとどまらず、「釈尊一代の説法の終りにあたって」という意味であると説かれています。これは『小経』を釈尊の一代結経《いちだいけっきょう》（生涯で最後に説かれた結びの経典）と見て、『小経』の流通分の名号付属は、念仏の教えが釈尊のあらゆる教えの最終結論であることを表していると主張されるものです。

ただし、こうした覚如上人の『小経』の見方は、自力聖道門を念仏の教えに入らしめるための仮の手だてとする親鸞聖人の聖道方便説の上に展開されたものと言えます。法然聖人においては、後に見ます八選択の文にもあるとおり、あくまで「浄土門（浄土三部経）の本旨は念仏である」という形で主張されており、聖道門の説かれた意図までも浄土門に引き込んでしまう説き方はなされません。そこには、はじめて浄土宗の独立を成し遂げた法然聖人の、慎重な配慮があるようにも思われます。

## 法難の予言と心構え

『法事讃』の引文は、前掲の文の後にも、

五濁増の時は疑謗多く、道俗あひ嫌ひて聞くことを用ゐず。……

と続きます。五濁の盛んな時は疑い謗る人が多く、僧俗ともにこの法を嫌って聞こうとしない。念仏を行ずる人を見ては瞋りの心を起し、いろいろのてだてをもってこれを破壊し競ってさまたげるというのです。そしてこのような疑謗《ぎほう》の人は、大地微塵劫より長い間をすぎてもなお三塗の身を離れることができない等と説かれます。

この文は、名号の付属という本章のテーマと直接関連するものではありませんが、法然聖人にとっては「念仏者が疑謗と迫害にさらされることの予言と、迫害に対する心構えを教えられたもの」(梯實圓『法然教学の研究』、一三九頁)と言われる意味を持つものでした。法然聖人はいくつかのお手紙のなかで、この『法事讃』の文を引かれて、念仏の教えを謗る人に対する心構えを教えておられます。

その一つに、鎌倉幕府に仕える御家人であった津戸三郎《つのとのさぶろう》への返書があります(『真宗聖教全書』四、二五五)。頼朝《よりとも》に随従して上洛した際、法然聖人を訪ね、我身の罪業を深く懺悔して念仏に帰した津戸三郎ですが、帰郷後、周りの人たちに「それはお前が他の行ができない無智《むち》の人だから、法然はやむなく念仏だけを勧めたのだ」と言われたようです。これに対し法然聖人は、今の『法事讃』の文を引いて、念仏の教えを妨害し危害を加えてこれを止めさせようとする人は、仏になる因をもたない者であり、仏法を謗る罪により三悪道《さんまくどう》に沈む者であると示され、そのような人は、かえって気の毒な哀れむべき人であると心得て、どんなに人々があれこれ言おうとも、心をさわがすことのないようにしてくださいと教えておられます。

なお、本文に「生盲」とありますが、それは真実を正しく見ることができない人という意味です。しかしながら、それを「生盲」と譬えることで心身に障がいをもつ人を差別して傷つけ痛めつけることになるのなら、大きな誤りといわねばなりません。阿弥陀仏の本願には、すべてのものを差別なく平等に救うと誓われています。障がいのある人を差別したり、謗りの対象とすることは決して許されることではありません。

## 八選択の文

引文の後の八選択の文は、これまで説き来たった『選択集』の内容をふまえ「浄土三部経の本旨は何であるか」を改めて明らかにするものです。まず冒頭の文に、

おほよそ三経の意を案ずるに、諸行のなかに念仏を選択してもつて旨帰となす

と、「浄土三部経はすべての行のなか念仏を選択することをもって本旨とする」との結論が示されます。続いて、この結論の論証として、八選択が提示されます。すなわち『大経』に三つの選択、『観経』に三つの選択、『小経』に一つの選択、さらに『般舟三昧経』にも一つの選択があると言われます。そして、それぞれの選択が、弥陀・釈迦・諸仏のいずれによる念仏の選択であるかが明かさ

れます。これを図示すれば次のとおりです。

『大経』の選択
　選択本願（本願章）……弥陀の選択
　選択讃嘆（利益章）……釈迦の選択
　選択留教（特留章）……釈迦の選択
『観経』の選択
　選択摂取（摂取章）……弥陀の選択
　選択化讃（化讃章）……弥陀の選択
　選択付属（念仏付属章）……釈迦の選択
『小経』の選択
　選択証誠（証誠章）……諸仏の選択
『般舟三昧経』の選択
　選択我名（所明なし）……弥陀の選択

このうち、最初の「選択本願」から七つ目の「選択証誠」までは、図に示した『選択集』各章の内容と対応しているわけですが、ただしこの八選択の文では、「選択」の語によって、阿弥陀仏だけではなく釈尊や諸仏の上でも、念仏の選取と諸行の選捨という、主体的な選び取りのあったことが強調されていることは注目すべきでしょう。しかも、それら仏がたの選択の根本は、阿弥陀仏の

「選択本願」にあります。これもまた大切な点です。なぜ釈尊が念仏のみを讃嘆・留教（教えを留める）・付属され、諸仏が証誠（真実であると証明する）されるのか、その理由は念仏が阿弥陀仏の選択本願の行であるからに他なりません。すでに各章において論じられていたとおりです。

なお、最後の『般舟三昧経』における「選択我名」だけは、ここで初めて出てきました。これは『般舟三昧経』のなかで、跋《ばつ》（颰）陀和《だわ》菩薩《ぼさつ》が釈尊の教示にしたがい「どのような教えによれば往生できるのでしょうか」と問うたのに対して、阿弥陀仏自らが「常念我名《じょうねんがみょう》（常に我が名を念じよ）」（現在伝わる一巻本では「当念《とうねん》我名」『大正新脩大蔵経』一三、八九九頁中）とお答えになられたという文です。法然聖人がこの文に注目されたのは、おそらくは善導大師の『観念法門』（『註釈版聖典（七祖篇）』六一一頁）のお示しに依られたものでしょう。こうして結びの文では、

しかればすなはち釈迦・弥陀および十方のおのおの恒沙等の諸仏、同心に念仏の一行を選択したまふ。余行はしからず。ゆゑに知りぬ、三経ともに念仏を選びてもつて宗致となすのみ

と、釈迦・弥陀・十方恒沙の諸仏が同心に念仏を選択されているから、これにより浄土三部経が、ともに念仏を選択することをもって宗致とすることが知られると示されます。この文は、次に見ます三選の文とともに、『選択集』の結論的な主張と言うことができます。

# 第十七章　三選の文・後述のこころ

## 本文と意訳

### 【本　文】

はかりみれば、それすみやかに生死《しょうじ》を離《はな》れんと欲《おも》はば、二種《しゅ》の勝法《しょうぼう》のなかに、しばらく聖道《しょうどう》門《もん》を閣《さしお》きて選《えら》びて浄土門《じょうどもん》に入《い》るべし。浄土門《じょうどもん》に入《い》らんと欲《おも》はば、正雑《しょうぞう》二行《ぎょう》のなかに、しばらくもろもろの雑行《ぞうぎょう》を抛《なげす》てて選《えら》びて正行《しょうぎょう》に帰《き》すべし。正行《しょうぎょう》を修《しゅ》せんと欲《おも》はば、正助《しょうじょ》二業《ごう》のなかに、なほ助業《じょごう》を傍《かたわ》らにして選《えら》びて正定《しょうじょう》をもつぱらにすべし。正定《しょうじょう》の業《ごう》とは、すなはちこれ仏名《ぶつみょう》を称《しょう》するなり。名《みな》を称《しょう》すれば、かならず生《しょう》ずることを得《う》。仏《ぶつ》の本願《ほんがん》によるがゆゑなり。

問《と》ひていはく、華厳《けごん》・天台《てんだい》・真言《しんごん》・禅門《ぜんもん》・三論《ろん》・法相《ほっそう》の諸師《しょし》、おのおの浄土法門《じょうどほうもん》の章疏《しょうしょ》を造《つく》る。なんぞかれらの師《し》によらずして、ただ善導《ぜんどう》一師《し》を用《もち》ゐるや。答《こた》へていはく、かれらの諸師《しょし》おのおのみな浄土《じょうど》の章疏《しょうしょ》を造《つく》るといへども、浄土《じょうど》をもつて宗《しゅう》となさず、ただ聖道《しょうどう》をもつてその宗《しゅう》となす。ゆゑにかれらの諸師《しょし》によらず。善導《ぜんどう》和尚《かしょう》は偏《ひとえ》に浄土《じょうど》をもつて宗《しゅう》となして、聖道《しょうどう》をもつて宗《しゅう》となさず。ゆゑに偏《ひとえ》に善導一師《ぜんどういっし》に依《よ》る。（中略）

静《しず》かにおもんみれば、善導《ぜんどう》の『観経《かんぎょう》の疏《しょ》』はこれ西方《さいほう》の指南《しなん》、行者《ぎょうじゃ》の目足《もくそく》なり。しかればすなはち西方《さいほう》の行人《ぎょうにん》、かならずすべからく珍敬《ちんぎょう》すべし。就中《なかんずく》、毎夜《まいや》に夢《ゆめ》のうちに僧《そう》ありて、玄義《げんぎ》を指授《しじゅ》す。僧《そう》とはおそらくはこれ弥陀《みだ》の応現《おうげん》なり。しかればいふべし、この『疏《しょ》』はこれ弥陀《みだ》の伝説《でんせつ》なりと。いかにいはんや、大唐《だいとう》にあひ伝《つた》へていはく、「善導《ぜんどう》はこれ弥陀《みだ》の化身《けしん》なり」と。しかればいふべし、またこの文《もん》はこれ弥陀《みだ》の直説《じきせつ》なり。すでに「写《うつ》さんと欲《おも》はば、もつぱら経法《きょうぼう》のごとくせよ」（散善義）といふ、この言《ことば》誠《まこと》なるかなや。仰《あお》ぎて本地《ほんじ》を討《たず》ぬれば、四十八願《がん》の法《ほう》王《おう》（阿弥陀仏）なり。十劫正覚《こうしょうがく》の唱《とな》へ、念仏《ねんぶつ》に憑《たの》みあり。俯《ふ》して垂迹《すいしゃく》を訪《とぶら》へば、専修念仏《せんじゅねんぶつ》の導《どう》師《し》（善導）なり。三昧正受《さんまいしょうじゅ》の語《ご》、往生《おうじょう》に疑《うたが》なし。本迹《ほんしゃく》異《こと》なりといへども化道《けどう》これ一なり。

ここに貧道《ひんどう》（源空）、昔《むかし》この典《てん》（観経疏）を披閲《ひえつ》して、ほぼ素意《そい》を識《し》る。立《た》ちどころに余行《よぎょう》を舎《と》めてここに念仏《ねんぶつ》に帰《き》す。それよりこのかた今日《こんにち》に至《いた》るまで、自行化他《じぎょうけた》ただ念仏《ねんぶつ》を縡《こと》とす。しかるあひだ希《まれ》に津《しん》を問《と》ふものには、示《しめ》すに西方《さいほう》の通津《つうしん》をもつてし、たまたま行《ぎょう》を尋《たず》ぬるものには、誨《おし》ふるに念仏《ねんぶつ》の別行《べつぎょう》をもつてす。これを信《しん》ずるものは多《おお》く、信《しん》ぜざるものは尠《すく》なし。まさに知《し》るべし。浄土《じょうど》の教《きょう》、時機《じき》を叩《たた》きて行運《ぎょううん》に当《あた》れり。念仏《ねんぶつ》の行《ぎょう》、水月《すいがつ》を感《かん》じて昇降《しょうこう》を得《え》たり。しかるにいま図《はか》らざるに仰《おお》せを蒙《こうむ》る。辞謝《じしゃ》するに地《ところ》なし。よりていまなまじひに念仏《ねんぶつ》の要《よう》文《もん》を集《あつ》めて、あまつさへ念仏《ねんぶつ》の要義《ようぎ》を述《の》ぶ。ただし命旨《めいし》を顧《かえり》みて不敏《ふびん》を顧《かえり》みず。これすなはち無慚無愧《むざんむぎ》のはなはだしきなり。庶幾《こいねが》はくは一たび高覧《こうらん》を経《へ》て後《のち》に、壁《かべ》の底《そこ》に埋《うず》みて、窓《まど》の前《まえ》に遺《のこ》すことなかれ。おそらくは破法《はほう》の人《ひと》をして、悪道《あくどう》に堕《だ》せしめざらんがためなり。

選択本願念仏集《せんじゃくほんがんねんぶつしゅう》

（『註釈版聖典（七祖篇）』一二八五～一二九二頁）

【意　訳】

おもうに、そもそも速やかに生死の境界を離れようと思うならば、二種のすぐれた法の中で、まず聖道門をさしおいて浄土門に入れ。浄土門に入ろうと思うならば、正雑二行の中で、まず雑行を捨てて選んで正行に帰せよ。正行を修めようと思うならば、正助二業の中で、なお助業をかたわらにして選んで正定の業をもっぱらに修めよ。正定の業とは、すなわち仏のみ名を称えることである。称名する者はかならず往生を得る。阿弥陀仏の本願にもとづくからである。

問うていう。華厳・天台・真言・禅宗・三論・法相の諸師たちが、おのおの浄土の法門に関する書を造られている。それに、どうしてかの師たちに依らないで、ただ善導一師を用いるのか。答えていう。かの諸師たちは、おのおのみな浄土の法門に関する書を造られたけれども、浄土往生をもってその宗《しゅう》とせず、ただ聖道をもってその宗とされる。ゆえにかの諸師たちに依らないのである。善導和尚は、ひとえに浄土往生をもって宗とし、聖道をもって宗とされない。ゆえにひとえに善導一師に依るのである。（中略）

静かに考えてみると、善導大師の『観経疏』は、西方往生の指南であり、行者の目や足となるものである。そこで、西方を願う行者は必ず敬い尊ぶべきである。中でも、毎夜夢の中に、僧が出てこられて、奥深い教義についての科文を教え授けられた。この僧というのは、恐らく、阿弥陀仏の応現《おうげん》されたものであろう。そうであるから、この疏文は阿弥陀仏の伝えられたものというべきである。まして唐の国の云い伝えに、「善導大師は弥陀の化身である」といわれている。そうすると、この文は弥陀の直々に説かれたものということができる。すでに「この書を写そうと思うものはもっぱら経典を写すようにせよ」といわれる。このお言葉は真実である。仰いで善導大師の本来のすがたを尋ねると、四十八願を建てられた阿弥陀法王である。十劫の昔に正覚《しょうがく》を成ぜられたということは、念仏の心強いたのみである。俯してその仮のすがたを訪ねると、専修念仏の導師である。三昧を得られた善導大師のお言葉であるから、これによれば往生は疑いない。本地《ほんじ》と垂迹《すいしゃく》とのちがいはあるけれども、その化導は一である。

そこで、道の智慧が貧しい私（源空）は、昔この『観経疏』を見て、ほぼその本意を知り、立ちどころに余行を捨てて、念仏に帰した。それよりこのかた今日に至るまで、自分の行も、人にすすめるのも、ただ念仏のみをつとめとしている。そうであるから、希に迷いを出る方法を問う者には、西方浄土の法をもって示し、その行を尋ねる者には、念仏の別行をもっておしえる。これを信ずる者は多くて、信じないものは少ない。まさに知るべきである。浄土の法門は時や根機に応じて行われる時運にあたり、念仏の行は水と月のごとくよく相応する。しかるに今、はからずも藤原（九条）兼実公の仰せをこうむって、どうしても辞退することができない。よって、今やむをえず念仏の要文を集め、その上、念仏の要義を述べた。ただ御命令の旨を顧みたのみで、みずからの不敏を顧みない。これはまことに無慚無愧《むざんむぎ》の至りである。願わくは、一たび御覧になった後は、これを壁の中に埋めて、人の目につかないようにしていただきたい。それは、念仏の法をそしる人が悪道に堕ちる、ということがないようにとの配慮からである。

選択本願念仏集

【講　読】

## 三選の文・後述の構成について

『選択集』全十六章の末尾に付された三選の文と後述《こうじゅつ》は、次のような構成となっています。

三選の文――本書の主張を総括する

後　述┬四つの問答により偏依善導一師の理由を明かし、続いて『観経疏』は「弥陀の伝説」であり、さらには「弥陀の直説」であると示す
　　　└本書制作の由縁を記す

## 三選の文

最初に有名な三選の文があります。「三選」とは、聖道門を閣《さしお》いて浄土門を選びとる第一選、雑行を抛《なげす》てて正行（五正行）を選びとる第二選、助業を傍《かたわ》らにして正定業（称名念仏）を選びとる第三選のことです。その後に、「称名必得生《しょうみょうひっとくしょう》、依仏本願故《えぶつほんがんこ》」の二句により、称名念仏往生の根拠が阿弥陀仏の本願（第十八願）にあることが明示されています。この三選の文は、『選択集』全体の

総括と見られますが、なかでも本書の綱格を明かした二門章、二行章、本願章の主張をうけたものと言えます。各章との具体的な対応については、先哲の見解でも諸説ありますが、今は、第一選は二門章をうけたもの、第二選と第三選は行業論である二行章をうけたもの、末尾の二句が本願章をうけたものと見たいと思います。

ところで、この三選の文は、生死を離れようと思うならば、浄土門を選びとり、正行を選びとり、正定業を選びとるべきであるというように、私たちの側の選ぶべき事柄として表されています。ただ、その選択が私たち凡夫の恣意的な判断でしかないならば、必ず往生できるという揺るぎない安堵心とはなりません。しかし念仏は、私たちに先んじて、すでに阿弥陀仏によって第十八願の上に選びとられた正定の業であり、そのことが、最後の「依仏本願故」の一句に明かされています。また、前に見ました八選択の文にも、念仏は弥陀・釈迦・諸仏により同心に選択された往生行であることが説かれていました。ですから、いまの三選の文にある三つの選択とは、仏自らによって提示された出離生死の道であり、念仏申すことは、その仏意に信順することに他ならないと言えるでしょう。ちょうど、『観経疏』の二河譬のなかで、四五寸の白道を渡る旅人の決断が説かれますが、その決断は釈迦の発遣と弥陀の招喚によるものであるのと同じです（『註釈版聖典（七祖篇）』四六七頁参照）。

なお、日蓮聖人《にちれんしょうにん》が『立正安国論《りっしょうあんこくろん》』のなかで、法然聖人の教えを「捨閉閣抛《しゃへいかくほう》」と表現しながら批判されたことはよく知られています（『大正大蔵経』八四、二〇五頁下）。このうち「閣」と「抛」がこの三選の文によることは明らかですが、「捨」と「閉」は三選の文とは文字が対応しません。「捨」は第一「二門章」に「聖道《しょうどう》を捨《す》てて」（『註釈版聖典（七祖篇）』一一八三頁）、第二「二行章」に「雑行《ぞうぎょう》を捨《す》てて」（『同』一一九一頁）等とあることによるもので、「閉」は第十二「念仏付属章」の「随自《ずいじ》の後《のち》には還《かえ》りて定散《じょうさん》の門《もん》を閉《と》づ」（『同』一二七三頁）の文によるものと見られます。

## 偏依善導一師

続いて後述に入り、「偏に善導一師に依る（偏依善導一師）」という法然聖人の教学的立場に関し、その理由が四つの問答により明かされます。

第一問答では、華厳・天台等の諸師も浄土の法門に関する書を造られているのに、なぜこれらの師たちによらないで、ただ善導一師を用いるのかと問いを設け、これに対し、聖道の諸師は、自身が宗《しゅう》（拠り処）とする教えの立場から浄土の教法を解釈しているのに対し、善導大師は浄土の教法そのものを宗としているからであると答えられます。すなわち、これらの諸師は、自ら行を修めて仏果を開いていくという聖道門の自因自果の考え方を基本として、浄土の教法をこれと同じ立場で解釈しているということでしょう。これに対し善導大師は、阿弥陀仏の本願を根拠として、凡夫がただ念仏して報土に生ずるという「凡夫入報《ぼんぶにっぽう》」の説を打ち出されたわけです。

続く三つの問答は、今回の本文では省略していますが、概要を押さえておきたいと思います。まず第二問答では、浄土の祖師と言われる方は、迦才や慈愍など少なくないが、なぜかれらによらず、ただ善導一師を用いるのかと問われます。これに対し、善導大師は三昧発得《さんまいほっとく》の人であり、その行徳《ぎょうとく》の如実であることが証明されているからだと答えられます。三昧発得とは、阿弥陀仏や浄土のありさまをまのあたり感見することを言います。

第三問答では、善導大師の弟子であった懐感禅師を取り上げ、懐感禅師は三昧発得の人であるのに、なぜ用いないのかと問われます。法然聖人は、懐感禅師は弟子であり、師資《しし》（師匠と弟子）の釈に多く相違があるから懐感禅師の釈は用いないのだと答えられます。

第四問答では、師によって弟子によらないというなら、道綽禅師は善導大師の師であるのに、なぜこれを用いないのかと問われます。これに対し、道綽禅師は師ではあるが、いまだ三昧を発得していないからであると答えられます。

このように概観しますと、「偏依善導一師」の理由には、主に教義内容に関するものと（第一問答・第三問答）、三昧発得の有無に関するもの（第二問答、第四問答）に分けられます。教義内容から善導大師に依ると言われるのは、至極当然のことであろうと思いますが、善導大師が三昧発得の人であったことも、法然聖人が重視されていたことが窺われます。とくに、善導大師の三昧発得の体験のなかでも、次に見ます『観経疏』後跋《ごばつ》の文に記されたものには、『観経疏』の真実性の証明という格別の意義が認められます。法然聖人も特にこの点に重きを置かれて、善導大師の三昧発得に注目されたものと見られます。

## 『観経疏』は弥陀の伝説・弥陀の直説

後述では、「偏依善導一師」に関する問答に続いて、『観経疏』へと話題が移ります。『観経疏』の後跋の文が長く引かれ、善導大師が自身の『観経』の解釈が仏の願意に称《かな》っているならば、浄土の荘厳相を見させてほしいと願を発されたこと、その夜、大師の願いどおり、西方の空に浄土が出現する霊瑞《れいずい》のあったことが記されます。またそれ以後、毎夜夢の中に一人の僧があらわれ、善導大師に『観経』の玄義の科文《かもん》を授けられたことなどが引用されます。引文の後、法然聖人は、

僧とはおそらくはこれ弥陀の応現なり。しかればいふべし、この『疏』はこれ弥陀の伝説なりと。

と、『観経疏』は阿弥陀仏が善導大師に直接に伝え説かれたものであるから、「弥陀の伝説」と言うべきであると述べられます。またさらに続けて、

いかにいはんや、大唐にあひ伝へていはく、「善導はこれ弥陀の化身なり」と。しかればいふべし、またこの文はこれ弥陀の直説なり。

と、善導大師は弥陀の化身であるから、『観経疏』は「弥陀の直説」であるとさえ言われます。善導大師を弥陀の化身とする説は、宋の時代に王日休の編纂した『龍舒浄土文』のなかに出ており（『大正大蔵経』四七、二六七頁上）、法然聖人の編纂された『類聚浄土五祖伝』の善導伝にも収録されています（『真宗聖教全書』四、四九四頁参照）。

また、法然聖人は、これら文献上の記述のみならず、ご自身の体験を通しても、善導大師が弥陀の化身であると確信されていたようです。親鸞聖人の書写された『西方指南抄《さいほうしなんしょう》』巻中には、法然聖人が夢の中で、上半身は墨染《すみぞ》めの衣を着た僧形《そうぎょう》、下半身は金色に輝く善導大師と対面されたことが記されています（『同』、一三〇頁参照）。こうした法然聖人の善導大師に対する見方は、次の文章に集約されています。

仰ぎて本地を討ぬれば、四十八願の法王（阿弥陀仏）なり。十劫正覚の唱へ、念仏に憑みあり。俯して垂迹を訪へば、専修念仏の導師（善導）なり。三昧正受の語、往生に疑なし。本迹異なりといへども化道これ一なり。

善導大師の本地（本来のすがた）は四十八願の法王すなわち阿弥陀仏であり、また垂迹（仮にあらわれたすがた）は専修念仏の導師であると示されます。『観経疏』は善導大師の本地からすれば「弥陀の直説」に他ならず、また垂迹の上から見れば「弥陀の伝説」となります。すなわち『観経疏』は、阿弥陀仏自身がその真意を開顕された仏語そのものであると同時に、善導大師が凡夫《ぼんぶ》の自覚に立って、弥陀の本願を仰ぎその仏意に参入された信仰の書でもあると言えます。そして、法然聖人はそのいずれにも尊い意味を見られているのです。

## 『選択集』制作の由縁

最後に、『選択集』制作の由縁が記されます。四十三歳のとき、黒谷の経蔵で『観経疏』を見て本願の念仏に帰依されたこと、それ以来、自行化他《じぎょうけた》の中で念仏をつとめとし、時機に応じた浄土の教えは、多くの人に伝わっていったのであると述懐されます。そして、いま図らずも藤原（九条）兼実公の要請によって、どうしても辞退できずに念仏の要文を集め、念仏の要義を述べたのであると記されています。続いて、次のように本書を結ばれます。

庶幾はくは一たび高覧を経て後に、壁の底に埋みて、窓の前に遺すことなかれ。おそらくは破法の人をして、悪道に堕せしめざらんがためなり。

壁の底に埋めてほしいというのは、単なる謙遜の表現ではないでしょう。すでに法然聖人は「破法の人」の存在を十分に予測されており、それだけ本書のもつ思想的な革新性をご自身で認識されていたと言わねばなりません。『選択集』が信頼のおける門弟のみに書写を許され、法然聖人の生存中は、秘書として公開が憚られた事実ともあわせ、外からの批判に対する慎重な配慮であったと見られます。

ところで親鸞聖人は『教行信証』の後序に、

もしこの書《しょ》を見聞《けんもん》せんもの、信順《しんじゅん》を因《いん》とし、疑謗《ぎほう》を縁《えん》として、信楽《しんぎょう》を願力《がんりき》に彰《あらわ》し、妙果《みょうか》を安《あん》養《にょう》に顕《あらわ》さんと。（『註釈版聖典』四七三頁）

と、『教行信証』を見聞する者は、疑謗をも縁として信を得てほしいと書かれています。今の『選択集』の文と比べると、対照的でさえあります。しかし、親鸞聖人は、師の法然聖人と異なる立場をとろうとされたということではないでしょう。むしろこのお言葉を書かれた親鸞聖人の脳裏には、様々な疑難や誇りをも縁として包み込みながら、しかも偏《ひとえ》に念仏の教えを説いていかれた、法然聖人の懐かしいお姿があったのではないかと想像いたします。

○著者紹介○

**浅井成海**（あさい　なるみ）

1935年福井県生まれ。

龍谷大学文学部仏教学科真宗学専攻卒。元浄土真宗本願寺派教学伝道研究センター所長。龍谷大学名誉教授。博士（文学）。敦賀市浄光寺前住職。

2010年逝去。

著　書　『聖典セミナー 三帖和讃Ⅲ　正像末和讃』『浄土教入門』『真宗を学ぶ』『いのち華やぐ』『法に遇う人に遇う花に遇う』（以上、本願寺出版社）『法然とその門弟の教義研究―法然の基礎教義の継承と展開―』（永田文昌堂）、他。

編　著　『法然と親鸞―その教義の継承と展開―』（永田文昌堂）、『日本浄土教の形成と展開』（法蔵館）、他。

**【編集・執筆協力】**

高田文英（たかだ　ぶんえい）

1977年福井県生まれ。

現在、龍谷大学文学部准教授。文学（博士）。鯖江市西照寺衆徒。

※2010年の著者逝去に伴い、「第十四章　証誠章のこころ」より執筆に協力。

聖典セミナー「選択本願念仏集」

2017年2月1日　第一刷発行

著　者　浅井成海

発　行　本願寺出版社

〒600-8501

京都市下京区堀川通花屋町下ル

浄土真宗本願寺派（西本願寺）

TEL 075（371）4174　FAX 075（314）7753

http://hongwanji-shuppan.com/

印　刷　株式会社 図書印刷 同朋舎



ISBN978-4-89416-032-3 C3015　BD02-SH1-①20-71